房地产经纪人
从入门到精通

方铭贤 ◎ 著

电子工业出版社
Publishing House of Electronics Industry
北京·BEIJING

未经许可，不得以任何方式复制或抄袭本书之部分或全部内容。
版权所有，侵权必究。

图书在版编目（CIP）数据

房地产经纪人从入门到精通 / 方铭贤著. — 北京：电子工业出版社，2023.6
ISBN 978-7-121-45471-4

Ⅰ.①房… Ⅱ.①方… Ⅲ.①房地产业－经纪人－基本知识 Ⅳ.①F293.3

中国国家版本馆CIP数据核字（2023）第071329号

责任编辑：张　毅
印　　刷：三河市兴达印务有限公司
装　　订：三河市兴达印务有限公司
出版发行：电子工业出版社
　　　　　北京市海淀区万寿路173信箱　邮编：100036
开　　本：787×1092　1/16　印张：15.5　字数：276千字
版　　次：2023年6月第1版
印　　次：2023年6月第1次印刷
定　　价：69.00元

凡所购买电子工业出版社图书有缺损问题，请向购买书店调换。若书店售缺，请与本社发行部联系，联系及邮购电话：（010）88254888，88258888。
质量投诉请发邮件至zlts@phei.com.cn，盗版侵权举报请发邮件至dbqq@phei.com.cn。
本书咨询联系方式：（010）57565890，meidipub@phei.com.cn。

前　言

房地产经纪人，一个挑战自我的职位、一份历练人生的工作。然而，拒绝、冷脸、跑单、跳单……这些情况在房地产行业屡见不鲜；找客户、寻房源、谈价格、办手续……任何一样工作做不好，都难以成功签约。因此，要想成为一名优秀的房地产经纪人并不容易。

房地产经纪人的工作性质决定了其不仅要通晓房地产开发、销售等专业知识，而且要熟知法律、金融、建筑、宏观政策、心理学等方面的知识。同时，对房地产经纪人的个人能力素质方面也有较高的要求，如出色的语言表达能力、灵活高效的人际交往手段、积极乐观的心态、强大的心理抗压能力等，这些都是一流的房地产经纪人必须具备的。

本书围绕房地产经纪人如何提高职业水平和精通经纪业务这一主题，运用知识、技能、工具、案例，"四位一体"地呈现了房地产经纪人必须提升的11项技能：了解房地产经纪人；获取房源；获取客源；了解需求，合理匹配；带客看房，消除异议；促成交易，签订合同；完成交接，做好售后；租赁业务不能丢；新建商品房租售代理；职业操守是关键，好心态创造好业绩，旨在提升房地产经纪人的业务知识与技能，帮助房地产经纪人从"菜鸟"到"达人"、从普通到卓越的晋级，是房地产经纪人实现自我成长的指导工具书。

全书通俗易懂、全而不繁，让房地产经纪人在轻松阅读中掌握与业主、客户打交道的知识与技能，以赢得更多的签约机会。具体来说，本书内容具有以下特点。

1. **案例解读**：再现房地产经纪人工作情景，并对工作情景进行分析、解读，有助于房地产经纪人在实际工作中总结经验、参照使用。

2. **知识演绎**：注重房地产经纪业务的全流程，尤其是二手房买卖、租赁知识的筛选与更新，囊括了大量房地产市场方面的名词与术语，让房地产经纪人能紧跟时代潮流。

3. **图表演示**：展现房地产经纪人在遇到困境时应该采取的方案与对策，以便其看了就能用，顺利地实现自我提升。

4. **工具模板**：为房地产经纪人提供了大量与日常业务开展相关的话术、工具，以便其"拿来即用"或"稍改即用"。

本书既适合房地产企业、经纪门店培训员工使用，也适合房地产经纪人自我提升使用，还适合房地产营销培训师、职业技能院校教师开展培训和教学使用。

目　录

第 1 章　了解房地产经纪人

1.1	房地产经纪人是做什么的	002
1.2	专业知识与技能是前提	006
1.3	职业形象值千金	008
1.4	待客礼仪不可少	011
1.5	有目标有计划再行动	014
1.6	掌控自己的业务时间	020
1.7	日清日结，要事第一	021
1.8	不断复盘，超越自己	024

第 2 章　获取房源

2.1	了解房源信息	028
2.2	开发房源有方法	029
2.3	房源勘察打基础	039
2.4	努力签独家房源	043

2.5	房源信息发布有技巧	046
2.6	复盘信息要及时	050
2.7	做好服务增人脉	052

第 3 章 获取客源

3.1	了解什么是客源	056
3.2	多途径开拓客源	056
3.3	不放过任何机会	058
3.4	客户信息的管理	059
3.5	老客户也是资源	066
3.6	私人友谊攒资源	070

第 4 章 了解需求，合理匹配

4.1	客户需求的分析	076
4.2	房源、客源信息匹配	079
4.3	房源推荐有技巧	081
4.4	双赢才能获认可	083
4.5	诚信能够拢人心	086

第 5 章 带客看房，消除异议

5.1	带客看房前的准备	090

5.2	带客看房有技巧	091
5.3	带客看房注意事项	094
5.4	做沟通，除异议	095
5.5	比一比更有说服力	100
5.6	应对各类型客户和业主	102
5.7	异议消除有模板	106

第 6 章
促成交易，签订合同

6.1	把握好交易时机	114
6.2	"抓住"成交关键人	116
6.3	促成交易有方法	118
6.4	价格磋商促成交	123
6.5	交易资金要把控	131
6.6	合同签订的细节	133
6.7	合同模板	136

第 7 章
完成交接，做好售后

7.1	房屋交验准备齐	156
7.2	贷款代办要专业	158
7.3	不动产登记代办	160
7.4	对客户负责到底	163
7.5	与客户和业主成为朋友	166

第 8 章 租赁业务不能丢

8.1 代理租赁重配对、撮合 … 172
8.2 租赁托管核心在服务 … 173

第 9 章 新建商品房租售代理

9.1 营销方案是基础 … 178
9.2 客户分析是依据 … 182
9.3 规范服务遵流程 … 184

第 10 章 职业操守是关键

10.1 一视同仁，真诚待客户和业主 … 188
10.2 说到做到，不过度承诺 … 189
10.3 客户的事＝自己的事 … 191
10.4 该说"不"时就说"不" … 193
10.5 不带着目的对待客户 … 196
10.6 真正做到替客户着想 … 198
10.7 积极主动做经纪 … 200
10.8 准确面对四型人格 … 204
10.9 职业道德是底线 … 205

第 11 章 好心态创造好业绩

11.1	热爱	210
11.2	激情	212
11.3	信心	214
11.4	谦虚	218
11.5	挫折	220
11.6	宽容	222
11.7	恒心	223
11.8	野心	225
11.9	压力	227
11.10	坚持	232

第1章

了解房地产经纪人

众所周知，房地产经纪人是一个连接业主和客户进行房地产买卖与出租活动的中间人，一手牵两家，虽然准入门槛不高，但要想做得有声有色并不容易。

1.1 房地产经纪人是做什么的

房地产经纪人是在房屋的买卖、租赁、转让等业务活动中充当媒介作用，撮合、促进房地产交易，收取佣金的自然人。房地产经纪人在房屋买卖、租赁、转让等业务活动中具体涉及的经纪业务类型如表1-1所示。

表1-1 房地产经纪业务类型

分类	类型	说明
市场类型	新建商品房经纪业务	是以促成房地产开发企业新建商品房交易为主的经纪业务，包括新建住宅小区的销售代理、写字楼租售代理等
	存量房经纪业务	是以促成二手房交易为主的经纪业务
交易类型	买卖经纪业务	是以房地产买卖为主的经纪业务
	租赁经纪业务	是以房地产租赁为主的经纪业务
房地产用途	居住房地产经纪业务	是以居住为目的的房地产经纪业务，其主体包括普通商品住宅、公寓、别墅等
	商业房地产经纪业务	是以商业经营为目的的房地产经纪业务，其主体又可分为零售物业（如购物中心、百货店、家居中心、专卖店等）、批发市场、物流仓储用房、酒店、写字楼等
服务方式	居间（中介）经纪业务	经纪机构属于中立的第三方，只为房地产交易双方提供交易合同的订立或媒介服务
	代理经纪业务	经纪机构代表交易双方中的某一方与另一方进行交易

根据以上房地产经纪业务类型，房地产经纪人在房地产经纪业务中的工作内容如图1-1所示。

1. 提供买卖或租赁信息

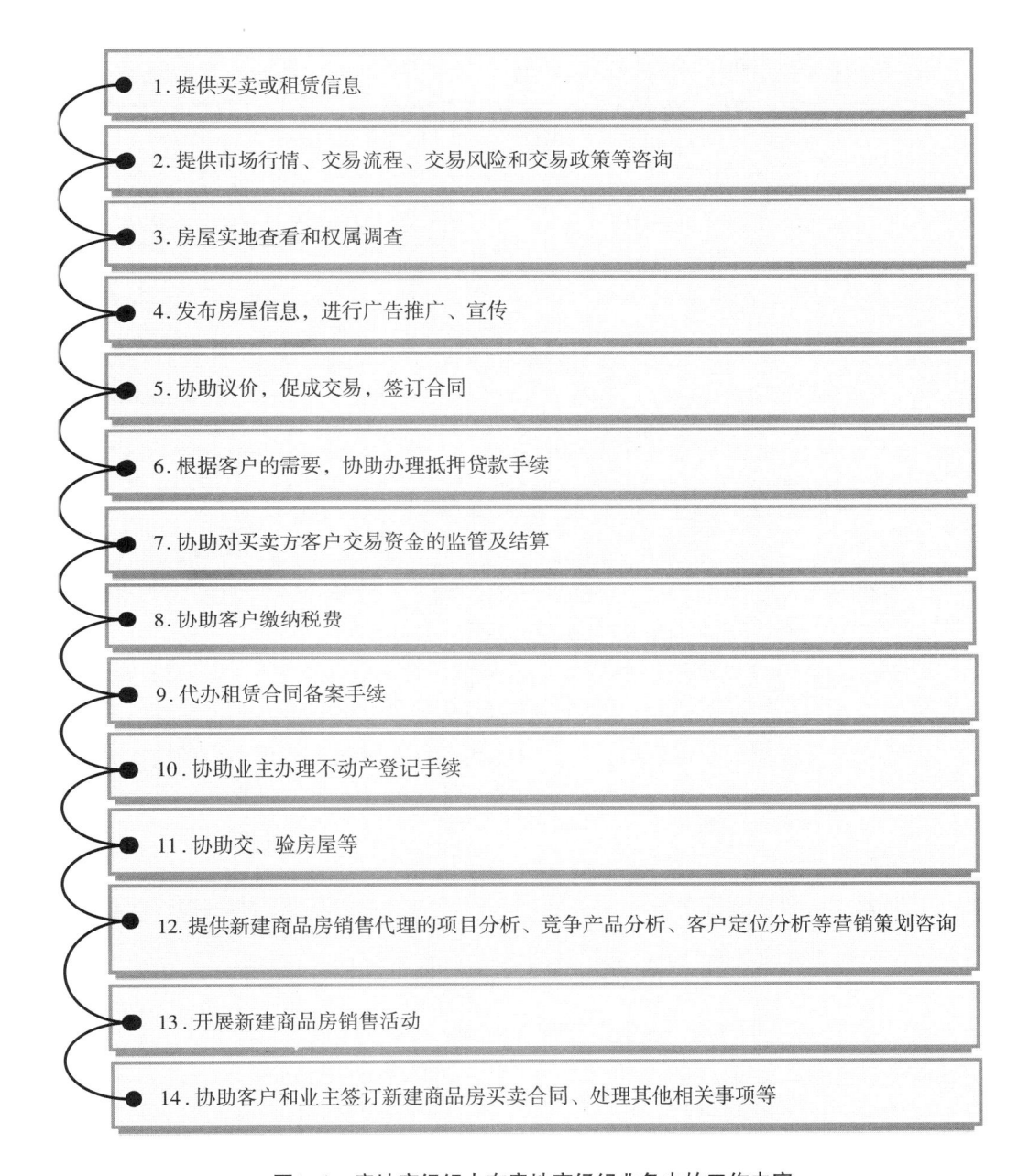

2. 提供市场行情、交易流程、交易风险和交易政策等咨询

3. 房屋实地查看和权属调查

4. 发布房屋信息，进行广告推广、宣传

5. 协助议价，促成交易，签订合同

6. 根据客户的需要，协助办理抵押贷款手续

7. 协助对买卖方客户交易资金的监管及结算

8. 协助客户缴纳税费

9. 代办租赁合同备案手续

10. 协助业主办理不动产登记手续

11. 协助交、验房屋等

12. 提供新建商品房销售代理的项目分析、竞争产品分析、客户定位分析等营销策划咨询

13. 开展新建商品房销售活动

14. 协助客户和业主签订新建商品房买卖合同、处理其他相关事项等

图1-1 房地产经纪人在房地产经纪业务中的工作内容

房地产经纪人主要有以下9大工作事项。

1. 找房源

房源是房地产经纪人的立身之本，没有房源就意味着没有产品可卖。房地产经纪人要主动去寻找房源，拓展房源信息的8个方法如图1-2所示。

1. 利用网络平台。通过专门的二手房网站、房地产频道、各小区业主论坛等来获取房源信息

2. 购买有房地产信息、可刊登个人信息的报纸，从中获取房源信息、业主租售信息等

3. 随时随地记录。如带客看房、拜访朋友、周末闲逛时，多留意各小区、各写字楼宣传栏上的信息，各个房屋门窗上张贴的租售信息等，随时做好记录，可以让你有意想不到的收获

4. 可在网络相关频道、论坛、各小区宣传栏等处发布求租、求购信息，以获取更多房源

5. 告诉朋友你是做什么的，让他们为你提供房源信息

6. 工作或空闲时多去各小区走动，多跟大爷大妈们聊聊天，跟小区安保人员、小卖店的叔叔阿姨处好关系，从他们那里也能获取房源信息

7. 与小区物业管理公司保持紧密联系，他们手里或许会有一些优质房源

8. 其他方式：与其他中介公司合作，共享房源信息；在物业拍卖会、楼盘售楼处等地直接与业主接触；与其他单位合作，如开发商、大型企事业单位、银行等

图1-2　拓展房源信息的8个方法

通过各种方法找到房源之后，房地产经纪人还要想办法获得业主的委托，并与业主签订委托合同（或独家委托合同），同时在相关媒体平台上采用相应的方式发布房源信息。

2. 找客源

有了房源，还要找到那个适合的"他"——客户。源源不断的客源能产生源源不断的业绩，如此才有成功的可能。获取客源的7个途径如图1-3所示。

1. 在门店等客上门，关键要做好接待、登记等工作

2. 利用广告获取客源，通过在网络、报纸、宣传栏等处发布广告，吸引客户上门

3. 利用自己的人脉关系获取客源，如通过朋友、同学、老师、家人及亲戚、老乡等介绍客户

4. 维护好与老客户的关系，恳请其为你介绍新客户，让其自然地成为你的义务宣传员

5. 结识其他行业销售员，与其建立合作伙伴关系，互通有无，从而获取新客户

6. 与同事合作，通过在就近社区开展讲座、发放宣传单等方式来直接接触客户，增加客源

7. 处处留心、随时观察，多到房展会、售楼处等地转一转，或许就能获得新客户

获取客户资源

图1-3　获取客源的7个途径

3. 市场分析

房地产不是日常用品，很多人并不是非常了解。购房置业对大多数家庭来说都是一项重大开销，同时也是一种投资方式。基于房地产这一商品的特殊性，要想成功说服客户购买房地产经纪人推荐的房源，除了要有沟通技巧，房地产经纪人还要善于学习、分析，把握房地产行业趋势、投资理财方式、所推荐房源的优势等信息，从理性的角度为客户讲解，这样自然就会受到客户的欢迎。

4. 接待客户

有客户主动上门，这对房地产经纪人来说是福音，因为上门的客户对购房、租房的需求一般较强烈，这省去了房地产经纪人开发客户的环节。

对于这样的优质客户，房地产经纪人要做好接待工作，打招呼、迎接进店、招待、了解需求、推荐房源等每一个环节都不可疏忽，务必做到热情周到、细致专业，以期给客户留下良好的印象，让客户无须再走进其他中介门店，即使去了，做了对比，也会因为你的服务而让他回头。

5. 带客看房

带客看房是房地产经纪人的重要工作事项，其中看房效果直接影响客户购买与否、租赁与否的意愿。因此，房地产经纪人事前要做好充分的准备，选择与客户需求匹配度高的房屋，同时规划好路线、参观的顺序、看房的数量等，并且还要带好销售工具，以备不时之需。

6. 产权调查与确认

在客户对某一房屋表示满意之后，房地产经纪人需要与业主进行接洽，对房屋产权及现状进行再次确认，其中包括确定房屋的产权及所有权归属、是否有共有人、共有人对房屋租售是否持相同意见、是否存在他项权利等，以免签订合同时发生意外情况或者纠纷，从而影响客户对房地产经纪人工作及经纪门店的看法。

7. 合同等手续办理及佣金收取

业主与客户达成意向后，房地产经纪人要做好签约准备，包括合同准备、客户资料复印、开好定金及佣金的收据等，然后组织业主和客户签订房屋买卖或租赁合同，办理相关手续。有关合同中，应明确规定各方的责任与义务，明确违约责任。对于一些具体约定的事项，应在合同中标注，以免日后发生纠纷。

8. 协助客户办理有关手续

房屋买卖合同签订后，房地产经纪人要协助客户办理过户、贷款，督促原业主腾房，做好房屋交验等后续工作，以增强客户的满意度，同时也保证佣金的全额收取。而对于租赁的房屋，房地产经纪人要与客户一起查验房中物品、水电表数、煤气表数、有线或无线电视费用缴纳情况等，并交代好租住期间应注意的事项。

9. 售后服务

交易达成后，房地产经纪人不要忘记及时跟踪、回访客户，向他们了解居住后的体验、有什么需要帮助的地方，总之不要忘了客户，也别让客户忘了你；客户有抱怨、有难题要及时解决，使新客户变成自己的老客户，便于长久的合作。

总之，房地产经纪人就是业主与客户之间的纽带，也是帮助双方达成买卖或租赁意愿的沟通桥梁。要想做好房地产经纪这一行，就要做好上述9大工作事项，并遵照新房买卖、二手房买卖、租赁有关程序以及公司规定的业务流程，按部就班地完成每一项工作，让客户满意，让业主满意。如此，你的房地产经纪工作就算过关了，这也使你向成功迈近了一大步！

1.2 专业知识与技能是前提

干一行，爱一行，精一行。对一名房地产经纪人来说，丰富而扎实的专业知识与技能是从业的基础。无论是为了安家立业，还是投资回报，购房时动辄几十万元甚至几百万元、上千万元的投入，对绝大多数的客户来说都是一桩大事。在这样的大事上，他们更愿意相信并选择那些专业性强而且可靠的房地产经纪人。因此，房地产经纪人要想超越同行以赢得客户的信任和信赖，让客户对其青睐有加，就必须扎扎实实地掌握好专业知识与技能。

对房地产经纪人来说，需要掌握的专业知识与技能包括如图1-4所示的5个方面。

1. 行业知识

身为一名房地产经纪人，首先要了解的就是自己置身的这个行业。房地产经纪人如果对房地产行业一无所知，就会无从下手，还可能走上岔路，触碰到行业的红线与

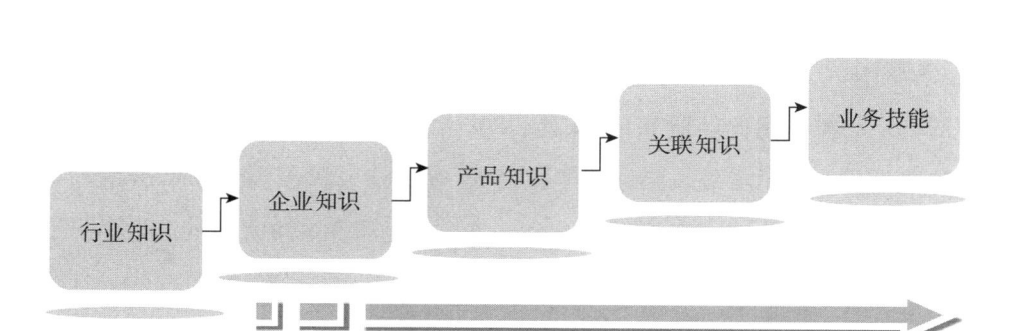

行业知识 → 企业知识 → 产品知识 → 关联知识 → 业务技能

图1-4　房地产经纪人需要掌握的专业知识与技能

底线。对此，房地产经纪人需要了解以下几项主要内容：房地产政策、法规、制度；房地产市场、二手房买卖与租赁市场的行情与趋势；目标客户群体；竞争对手公司及同行的相关情况，等等。

2. 企业知识

一个有实力、有影响力的企业，对房地产经纪人来说，是最强有力的支撑与支持。房地产经纪人代表企业，而企业同时也助力于房地产经纪人。要了解企业知识，房地产经纪人应从以下几个方面入手：企业名称、发展历史、规模、人员构成、行业地位、企业获得的荣誉、企业大事件、社会知名度、品牌影响力、大众口碑、企业的制度与规范等。

3. 产品知识

对房地产经纪人而言，产品即房源，而要将房源顺利地出售或者放租，首要的一步就是要对房源的情况了然于心，这样才能迅速地为客户匹配合适的房源，并熟练地为客户做推荐。房地产经纪人应掌握的房源知识主要包括如图1-5所示的4个方面。

1. **房源大环境**：周边环境、交通状况、地理位置、科教文卫设施分布、城市发展规划和公共设施、区域发展前景、升值潜力等
2. **房源情况**：数据指标（房龄、占地面积、容积率、绿化率、得房率、建筑密度等），设计特点，施工方法，建筑材料，性能，使用年限，产权年限，小区内配套设施，业主层次定位，物业公司名称、知名度、服务水平、服务内容、收费标准等
3. **户型结构**：户型种类、楼层、面积、室内格局、功能、开间、进深、朝向、家具布置、通风、排水、采光、景观等
4. **价格与支付**：放盘价、起价、底价、交易税费、装修费用、付款方式、按揭方案、按揭手续等

图1-5　房地产经纪人应掌握的房源知识

4. 关联知识

对房地产经纪人来说，销售的产品是房屋，但不能将自己的目光仅仅落在房地产这单一的知识模块上，对建筑学、法律、金融、投资、心理学等各行各业的知识也必须有所涉猎。这样，才能跟客户更深入地沟通，才能从各个角度出发，为客户提供称心而又得体的意见与建议。房地产经纪人从事的是一份需要与各种各样的人打交道的工作，所以，知识面一定要广博，这样才能跟每位客户都有共同话题。

5. 业务技能

房地产经纪人是搭建在业主与客户之间的一座桥梁，既要与业主处好关系，也要与客户处得好，还要能又快又稳地促成双方的交易，这就需要房地产经纪人具备极强的业务技能，如懂得如何与两边沟通交流，如何化解双方的矛盾与异议，如何促使业主与客户达成一致等。只有把这些业务技能与沟通技巧都练熟了，房地产经纪人才能成功地帮业主卖出房屋，帮客户买到房屋。

这5个方面的知识，房地产经纪人几乎每天都会在工作中用到，每一方面都不可或缺，每一板块都不容小觑，不然会给工作带来极大的麻烦、隐患和不便利，房地产经纪人也难以在客户和业主面前树立起自身的专业形象。因此，只有将这些知识一一学到手、学到位，房地产经纪人在工作中才能更加熟练、更加专业，也更能赢得客户与业主的信任。

1.3 职业形象值千金

房地产经纪人无论是与客户打交道，还是与业主接洽，都不能忽视自身形象，形象好不好，第一印象怎么样，在很大程度上决定着房地产经纪人能否被其他人接受。站在客户与业主的角度来说，他们也更乐意和一个衣着得体、形象专业的人打交道。所以，专业而良好的形象虽然不能直接为房地产经纪人带来订单与业绩，但是，如果没有一个专业而良好的形象，那么，也很难会有订单和业绩。一个良好的职业形象，是房地产经纪人的第一张名片。

房地产经纪人打造自身完美形象，须从仪容仪表、仪态和表情3个方面着手。

1. 仪容仪表

正所谓"佛靠金装，人靠衣装"，虽然人们都不喜欢以貌取人的人，但事实上，大多数人在与他人打交道时还是免不了会以貌取人。因此，房地产经纪人要塑造专业形象，第一步就是要从仪容仪表上改变自己。

1）男性房地产经纪人的仪容仪表

对男性房地产经纪人来说，仪容仪表不需要像女士那样时尚新潮，但也要讲究精致与简洁大方。男士应着做工讲究、质地优良、样式经典并且合体合身的西服套装，这样能够凸显自身的专业与涵养。

整体的着装颜色应遵循三色原则，即衣着和饰物的颜色类别限制在三种及以内，鞋子、领带、公文包三者的色彩最好能统一、协调，袜子以深色为宜。

除了衬衫、西服套装、领带、鞋子、袜子、手表，男性房地产经纪人最好不要再佩戴其他多余饰物。例如，在腰间挂一大串钥匙，或者在手腕上戴两个护腕等，这些饰物只会降低房地产经纪人的形象分。另外，还要注意勤洗头、勤修面，保持头发清洁无头屑、脸上无胡茬。

2）女性房地产经纪人的仪容仪表

对女性房地产经纪人来说，穿着打扮的样式比较多，选择空间也比较大，但也不能为了夺人眼球而过分地标新立异，最重要的还是干净整齐、契合个人的气质与修养。

在穿着上，最好能着套裙或套装，以深色为宜，穿套裙时要穿高筒丝袜，且袜口不能露在裙摆外面；不要穿过短的裙子、暴露的上衣，裙装的长度应该在膝盖左右或以下。鞋子的颜色以黑色或与套裙色彩协调的颜色为宜，袜子选择常规单色，保持完整，不脱线。

在妆容上，最好不要浓妆艳抹，宜化淡妆；不要喷气味浓烈的香水，香水味道宜清新、淡雅。在发型上，最好能配合自己的脸型去设计，要凸显精气神。

在饰物选择上，女性房地产经纪人可佩戴必要的头饰、胸针、项链与戒指等，但饰物绝非越多越好，佩戴的饰物越多，反而容易让客户分神。

此外，女性还要注意，不要涂夸张的指甲油，也不要携带太过花哨的休闲包。

2. 仪态

房地产经纪人的举手投足之间，体现的是自身的气质与修养，所以，也不能忽视仪态。从站姿、坐姿到行走姿态，都要做到文明、有礼、得体。

1）站姿

房地产经纪人最标准的站姿有两种，一种是垂手式，也就是站立时，挺胸、立腰、收腹、精神饱满，双肩平齐、舒展，双臂自然下垂，放于身体两侧，这种站姿能显出身形，给人以沉稳、大方的印象。另一种是握手式，这更适合于女性房地产经纪人，将双手搭握，放于小腹前，同样也是挺胸、收腹，这种站姿能给人以谦和优雅的印象。无论是男士还是女士，站立时，切忌东倒西歪、低着头、手脚做小动作，或者总想靠着或扶着桌椅、墙壁等。另外，双手叉腰、双手抱胸，还有两腿大大叉开，这些行为都是很不得体的。

2）坐姿

在坐姿上，房地产经纪人应做到稳重端正、雅致大方，入坐、离座动作要轻稳。坐在椅子上，最好只坐三分之二的椅面，上半身挺直，两腿并拢，不要叉开腿，或者跷着腿，更不要摇晃腿。坐得端正、稳，才能给人以稳重、可靠的好印象。

3）行走姿态

在行走姿态上，房地产经纪人应该稳而有力，昂首、挺胸、收腹、直视前方，身体要挺直，肩要平，两臂自然下垂摆动。行走时步伐要适中，男士步履要沉而稳，女士要轻捷而优雅。路过走廊、楼梯等公共通道时，应靠右通行；几人同行时，最多3人并排，并且要注意避让其他人。在行进时，不能忽左忽右、摇头晃肩、左顾右盼，也不能勾肩搭背、大声喧哗等。

3. 表情

在表情上，不要小看一个简单的表情，人的表情往往能表露出一个人内心的情绪与思想。因此，房地产经纪人在客户面前，要时刻调整好自己的情绪，热情一些，真诚一些，时常保持微笑，与客户多一些目光的交流与接触，切记不要板着一张脸，或者总是心不在焉、三心二意的，这样会使客户心里感到不满。

除此之外，房地产经纪人还要勤洗澡，勤换衣物，以免身上散发出汗味或其他异味，并且还应保持口腔清洁，不要吃有异味的食物。这些虽然看起来很细枝末节，但在客户看来，却能以小见大，从形象上的小细节看出一名房地产经纪人是否专业、是否细心、是否靠谱。所以，房地产经纪人一定要时刻注重自身形象，将最完美、最专业的形象呈现在客户面前，于第一时间、第一印象中赢得客户的好感。

1.4 待客礼仪不可少

房地产经纪人以礼待人，体现的是自身的专业与素养，也代表着中介公司的形象与品质，更是对客户的尊敬与重视。所以，房地产经纪人要想跟客户建立良好的关系，要想最快速地赢得客户的喜爱与信任，那么，在待客礼仪上就绝不能有丝毫疏忽。

从房地产经纪人的工作特征来说，待客礼仪主要包括岗位礼仪和沟通礼仪2部分。岗位礼仪包括握手、交换名片或添加微信等的日常礼仪和迎接、带看、送别客户的接待礼仪。沟通礼仪包括面谈与倾听、电话礼仪等。

1. 岗位礼仪

有句俗话叫"礼多人不怪"，客户作为买方，心里或多或少都有些许优越感，更希望受到房地产经纪人的尊重与礼遇。所以，房地产经纪人在与客户接洽、待人接物等各方面都要注意岗位礼仪，具体如表1-2所示。

表1-2 房地产经纪人岗位礼仪

	类别	说明
日常礼仪	握手礼仪	◎ 一般尊者为先，如欢迎客户时，房地产经纪人要先伸手。伸手时也是要先向长者伸手、女士伸手 ◎ 握手时应立正姿势，上身稍微前倾，伸出右手，与对方保持约一步的距离，四指并拢，拇指张开；握手时轻轻地上下摆动，之后松开；握手时需注意不能距离对方太远或太近，握手时间也不能过长或过短，宜3~5秒
	交换名片礼仪	◎ 应双手递出自己的名片，同时自报家门 ◎ 客户回赠名片时也要双手接过，认真细看，最好重复客户的名字与职位，遇有生僻字或不认识的字时应进行询问，不宜随便扫一眼就放进口袋中，更不宜把玩客户的名片

续表

类别		说明
日常礼仪	添加微信礼仪	添加客户的微信，便于及时沟通，在添加微信时应先遵循客户的意见，先确认"是我扫您还是您扫我？"，再根据客户的回复进行扫码或调出个人二维码出示给客户
接待礼仪	迎接礼仪	◎ 客户到店访问时，要起身迎接客户，致以"您好！欢迎光临！"的问候，并邀请客户到会客区入座 ◎ 先为客户拉开椅子，待对方坐定后再为其倒茶水，为多个客户上茶时，通常的顺序为先老人，后小孩；先女士，后男士。茶水最好有一定温度，可以让客户等茶慢慢变凉，以赢取更多的洽谈时间，水倒半杯即可，以免洒出烫伤客户 ◎ 等客户坐下后，房地产经纪人再从椅子的左侧入座，尽量不要坐满椅面，上身不要靠在椅背上，身体应微微前倾；双腿不要向外敞开太宽，两膝间保持一个拳头的宽度；不要跷二郎腿
	带看礼仪	◎ 在走廊中为客户引路时应走在客户左前方2~3步的位置，让客户走在路中央，行走中要与客户步伐一致 ◎ 在拐弯处或路不平、上下楼梯时要使用手势，提醒客户"这边走""注意楼梯"等 ◎ 上楼梯要先行，下楼梯时要在接到指示后，在后面跟随 ◎ 乘坐电梯时，要先进入电梯，一手按开门键，一手扶门，邀请客户进入；在电梯内要面向电梯门站立；到达后，要一手按开门键，一手做出"请"的姿势，并说："到了，您先请。"待客户走出电梯后，马上走出电梯，到前方指引 ◎ 在站着商谈时，与客户的距离一般为一个半手臂长，坐着时保持一个手臂长，一定要避免说话时的唾沫喷到对方身上；站立时要挺胸收腹，双腿自然微开，身体可以微微前倾，以表现对客户讲话的关注
	送别客户礼仪	送别客户时，最好亲自送到最近的公交站，并目送其坐车离开。如果客户自己驾驶车辆，也要目送客户开车离开。这既是一种礼仪，也是为了防止客户跟其他房地产经纪人或业主接触

2. 沟通礼仪

在平时生活中，房地产经纪人自身应该就有这样的感觉，跟有的人说话，说上两三个小时也不尽兴，而跟有的人说话，只需三言两语，就再也不想跟他多说一句话。之所以会有这种差异，跟对方是否懂沟通礼仪，是否会说话是分不开的。

1）面谈礼仪

同前页所说，将心比心，客户其实也是同样的，他们也希望能遇到一个聊上好几个小时也不觉得厌烦的房地产经纪人。而要让客户充分融入沟通中，房地产经纪人首先就得从面谈礼仪开始做起。在与客户面谈时，房地产经纪人要注意以下4点。

（1）少说多听多微笑。在成功的销售沟通中，有这样一个比例，那就是客户说话的时间应该占70%，而销售员表达的时间应该占30%。但在实际工作中，很多房地产经纪人都忽略了这一点，把这个比例颠倒了，在与客户洽谈时，自己总是牢牢抓着话语权，不给客户说话的机会，担心客户一开口就要拒绝自己，这样一来，等于自己降低了自己的成功率。面谈礼仪的第一条就是少说多听多微笑，这使得客户有了充分的表达空间与自由，感受到了房地产经纪人的尊重与关注，他们更能尽兴地说话，自然也会透露出更多的关键信息来。

（2）语调语速拿捏好。说话太快或太慢，声音太高或太低，都不太好，房地产经纪人在说话时，应语速适中，吐字清晰，确保客户能听到、听懂。说话温和一些，清楚一些，沟通的效果才会更好。

（3）礼貌用语时常讲。对"您""对不起""谢谢""请"这样的礼貌用语，房地产经纪人要时常挂在嘴边，说得多了，练得多了，就会成为习惯，也能让自己变得更加温文尔雅、谦逊随和，客户听到也会觉得很悦耳，也更愿意接受。

（4）听话听全少打岔。谁都不喜欢自己说话的时候被人打岔，或者当即遭到强烈的反驳，客户自然也是如此。房地产经纪人在倾听客户说话时，即便自己想插一句话，或者想对客户的意思表达不同的看法，也不能想打岔就打岔，在确有必要的情况下，也要礼貌地示意客户，然后问一句"对不起，我能说一句话吗？"，这样才不至于引起客户的不悦。

礼仪对房地产经纪人来说，就好比脸面一样，你在礼仪上疏忽了，欠缺了，失误了，就像是在伤自己的脸面，打自己的耳光，最后疼的还是自己。所以，房地产经纪人一定要关爱好这一层"脸面"，将待客的礼仪做好、做到位，从而赢得客户的认同与好感。

2）电话礼仪

电话是房地产经纪人必不可少的一大工具，电话沟通往往是房地产经纪人与客户打交道的第一步，有礼有节的电话沟通不仅能促成面谈，还可以先入为主，给客户留下不错的印象与好感。房地产经纪人在接、打电话时，应注意如图1-6所示的礼仪。

> 1. 无论是接听还是拨打电话，房地产经纪人都要清晰、礼貌地报出"家门"，让客户对公司名称以及房地产经纪人的名字有深刻的印象。由于竞争的同行很多，客户能记住谁的名字，谁业务成交的概率当然会更大一些
>
> 2. 接听电话要及时，不要让铃声响起超过三声。当客户拨打一个号码久久没有人回应时，客户很容易会对这个公司以及房地产经纪人产生不信任感
>
> 3. 多使用礼貌用语，例如，"您""请稍等""让您久等了""谢谢来电"等
>
> 4. 电话沟通时一些基础的礼节与细节需要做到位，例如，声调柔和，语速适中，吐字清晰，话语简洁；避免使用方言、脏话、口头禅；不要对着电话打呵欠、咳嗽、大笑；不能以不耐烦的语气来通话；不允许在与客户通话时和同事或其他客户搭话；不要在打电话时吃东西、喝东西，等等
>
> 5. 对客户提出的问题或要求要快速响应，不要拖延，也不要推诿，永远给客户高效、积极、迅速的回应，而不是以"没有""卖完了""不知道"等消极词汇来回答客户

图1-6 接、打电话的礼仪

1.5 有目标有计划再行动

房地产经纪人一天的工作效率与业绩主要与目标、计划、行动这三个因素有关，三个因素缺一不可。房地产经纪人要想高效能地投入到工作中，必须首先制定详细、明确的目标。拿破仑·希尔说过："一个确定的目标是所有成就的起点。"很多房地产经纪人会觉得自己有目标，实际上，一个合格的目标制定起来需要注意很多问题。说起来简单，但真正做起来并不容易，一个合格的目标应符合"SMART"原则，具体如图1-7所示。

> **S（Specific）：目标必须是具体的**
>
> 目标的设立必须具体、直观。如应将"多打拜访电话"的目标具体为"每日多打拜访电话20个，上午10点至11点多打10个，下午3点至4点多打10个。上午多打的10个电话用于新客户开发，下午多打的10个电话用于老客户回访。"这样的目标才具体
>
> **M（Measurable）：目标必须是可以量化、可以衡量的**
>
> 量化目标不仅可以增强具体性，也可以加强对计划环节的控制，更方便在实施过程中对目标执行效果的评估。最常见的衡量标准是数字，目标的制定要数字化。如"提升本月业绩"就应量化为"本月提升10万元业绩"。这样就可量化到执行时需要多出几单，也方便计算平均每单需要多长时间完成。只有目标具体，计划和行动才能具体
>
> **A（Attainable）：目标必须是可以达到的**
>
> 房地产经纪人应从自身能力和外在环境出发为自己设定目标。目标必须现实，是可以达成的，不切实际的目标不仅难以达成，还会带来负面情绪。房地产经纪人可以用渐进法以及把长期目标分解为短期目标的方法切实地制定目标
>
> **R（Relevant）：目标必须与自己想要达成的目的有相关性**
>
> 作为房地产经纪人，一切目标的终极目的都是提升销售业绩。若制定一些与提升销售业绩、增强销售能力毫无关系的目标，不仅浪费时间、耗费精力，到头来还有可能是无用功。因此，房地产经纪人应避免舍本逐末
>
> **T（Time-based）：目标必须有明确的时间期限**
>
> 没有时间期限的目标是难以考核、难以评估的，也难以激发房地产经纪人自身的主动性和行动力。如果一个目标没有明确的时间期限，制定它就没有必要。在实际操作中，房地产经纪人往往会遗忘长期目标的时效，忽略对它的控制，因此，可先从制定一天的目标着手，慢慢增强时间管理方面的观念

图1-7 目标制定的"SMART"原则

以上就是目标制定的"SMART"原则。房地产经纪人不妨在一个安静的地方，拿出纸和笔，对照上图，为自己设定出一个切实可行的目标来。设置这样的一个目标，并不会浪费房地产经纪人太多的时间。有了这个目标，就好比有了罗盘，有了灯塔，能让工作更有方向，也更有动力。

例如，某位房地产经纪人给自己制定了一个五年规划，这是不够的，还需要有每个年度的规划，每个季度的规划，每个月的规划，每一天的规划。

根据长远目标来制定短期目标，有一个倒推法则，同样拿五年规划来举例，五

后某房地产经纪人要想拿到100万元的收入，那么第四年时就应该拿到80万元，这样倒推下来，第一年末就应该达到20万元，而要实现20万元的收入，按照该房地产经纪人所在公司的薪酬制度，他可能要完成至少350万元的业绩，那么，平均下来，也就是每月要完成将近30万元的销售额。根据以往的业务经验，每月完成将近30万元的业绩，至少需要拜访90位客户，这样算下来，每一天就要拜访至少3位客户，这就是倒推法则。

因此，当房地产经纪人定下一个长期目标时，一定要倒推一下，看看这个大目标细化到每一天时，是否合理，是否可行，是否符合"SMART"原则。

目标设定好后，房地产经纪人可以进行第二步——制订计划。计划就好比"行动纲要"，它是将目标无限地细分，然后再精确到每一个工作日，甚至是每一小时，每一刻钟。这就好比从广东往北京走，北京就是"目标站"，而路上会经过很多个大城小镇，这些中途站就是一个个小的"计划站"，没有这些"计划站"的存在，很可能中途会偏离方向，转而走向东边，或者走向西边，所以，计划是不能被忽视的。

例如，一位房地产经纪人想在当月签下3个客户，而根据公司以及他本人的经验，平均拜访10个客户才可能会有1个客户签单，所以，他这个月至少需要拜访30位客户，那么他平均每天必须拜访1~2位客户，这就是他为了达成目标所必须坚持的"每日计划"。

很多房地产经纪人常常这样感叹：我不是不想立目标、订计划，实在是计划赶不上变化，我这边刚制订好计划，那边就有突发情况不得不处理，每天都有数不清的突发情况出现，就算制订了目标和计划，也没有时间去完成，这样的话，还不如不制订呢。

事实上，正是因为有数不清的变化，所以才非常有必要制订计划。计划是为目标而服务的，但变化却未必是。房地产经纪人若将时间花在执行计划上，最终或许能与目标步步接近，但如果将时间花在处理变化上，那么很可能只是一场空忙而已。

所以，当房地产经纪人觉得工作中杂七杂八的事务太多时，应该立刻制订自己的目标与计划，然后将那些杂务事按重要性、紧急性来分类，只要是不能促进目标实现的、不重要亦不紧急的，可以少做，甚至不做。这样，才能将更多的时间和精力投入到更有生产效率的工作上去，从而明智地工作。

如果说现状是此岸，目标是彼岸，那么计划就是渡船，这三者兼备，看似圆满，但实际上，没有桨，没有划船的人，这三者再齐全，都近似于"0"，而行动就是那桨，就是那划船的人，就是让"0"变得有意义的"1"。如果说目标应该着眼于大，着眼于远，那么行动就应该着眼于细，着眼于实。在将目标、计划付诸行动时，房地产经纪人要注意四点，如图1-8所示。

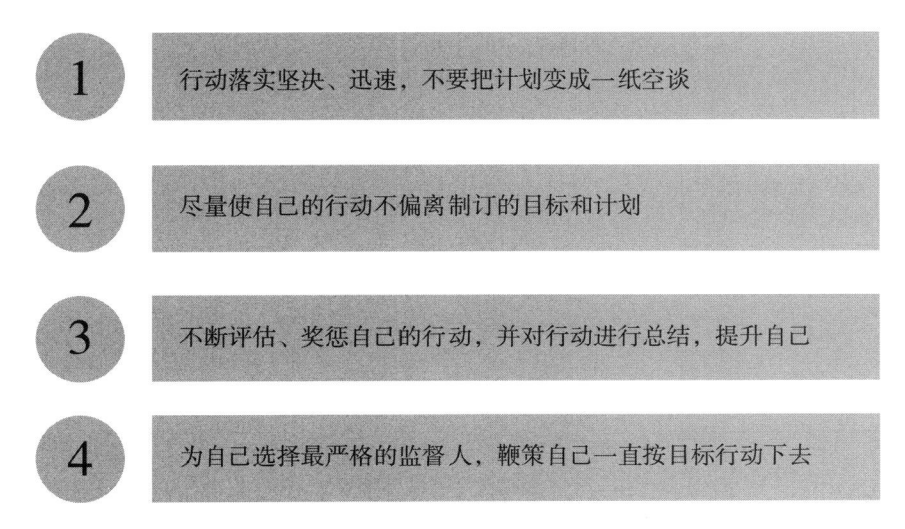

1	行动落实坚决、迅速，不要把计划变成一纸空谈
2	尽量使自己的行动不偏离制订的目标和计划
3	不断评估、奖惩自己的行动，并对行动进行总结，提升自己
4	为自己选择最严格的监督人，鞭策自己一直按目标行动下去

图1-8　行动落实的4点注意事项

一旦房地产经纪人根据确定的目标和详细的计划做出正确的行动，那么他成功的概率将会大大地增加。有目标、有计划却没有行动，目标和计划就会成为空谈，即使做得再好也不会有成果；有行动、有目标却没有计划，就容易受到外界因素的干扰，目标难以实现；有行动、有计划却没有目标，会变得盲目甚至与高效能背道而驰。顶级的房地产经纪人必定是一个目标制定详细、计划安排周密、行动落实坚决的人。

房地产经纪人的目标调整不能随心所欲，不能因为惧怕困难就知难而退，从而给自己定下更轻松、更安逸的目标，或者在服务客户过程中稍有不顺就放弃。那么，房地产经纪人在什么情况下才能对目标进行调整呢？具体如图1-9所示。

图1-9所示的四种情况是房地产经纪人设定的目标出现了偏差，或在实现目标的过程中出现了新的情况。在这些情况下，如果不对目标进行适当调整，将有可能无法有效地完成任务，或者弄糟与客户的关系，并错失一些能为自己带来更大收益的机会。

小林是个倔脾气的人，他坚信只要坚持，世界上就没有办不成的事。在北京做房地产经纪人这半年来，他靠着勤奋的工作和热情、到位的服务，业绩一直不错。

有一天，小林所在的公司来了一对小夫妻，表示想把外地的父母接过来住一年，可是他们家是一居室，住不下四口人，所以想在附近的小区另租一套一居室。小林手里刚好有几套合适的房屋，于是热情地将他们带去看房。一圈看下来，这夫妻俩不

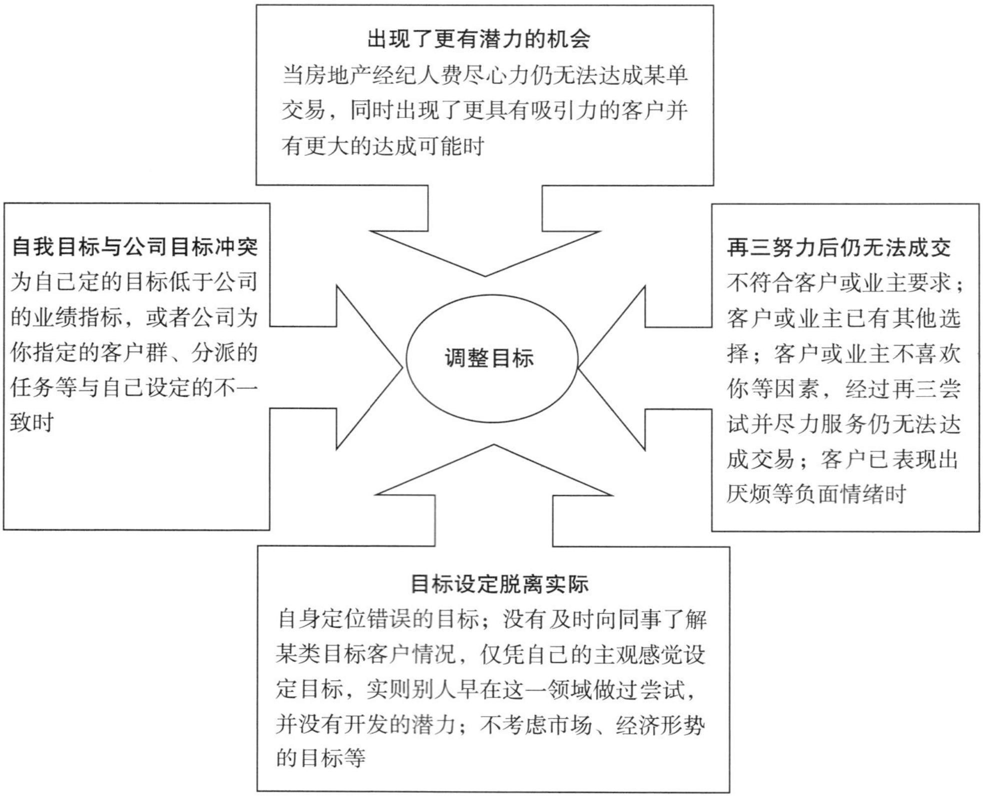

```
┌─────────────────────────┐
│   出现了更有潜力的机会      │
│ 当房地产经纪人费尽心力仍无法达成某单│
│ 交易，同时出现了更具有吸引力的客户并│
│ 有更大的达成可能时          │
└─────────────────────────┘

┌──────────────────┐         ┌──────────────────┐
│ 自我目标与公司目标冲突 │         │ 再三努力后仍无法成交  │
│ 为自己定的目标低于公司 │   调整   │ 不符合客户或业主要求； │
│ 的业绩指标，或者公司为 │   目标   │ 客户或业主已有其他选  │
│ 你指定的客户群、分派的 │         │ 择；客户或业主不喜欢  │
│ 任务等与自己设定的不一 │         │ 你等因素，经过再三尝  │
│ 致时               │         │ 试并尽力服务仍无法达  │
│                   │         │ 成交易；客户已表现出  │
│                   │         │ 厌烦等负面情绪时     │
└──────────────────┘         └──────────────────┘

┌─────────────────────────┐
│      目标设定脱离实际       │
│ 自身定位错误的目标；没有及时向同事了解│
│ 某类目标客户情况，仅凭自己的主观感觉设│
│ 定目标，实则别人早在这一领域做过尝试，│
│ 并没有开发的潜力；不考虑市场、经济形势│
│ 的目标等                 │
└─────────────────────────┘
```

图1-9 房地产经纪人需要调整目标的四种情况

是觉得采光不好，就是觉得距离有点远，再就是觉得楼层太高老年人上下楼怕不方便……最后，夫妻俩打算去别家看看。

小林一听，倔劲又上来了，一个劲地说，采光不好不是有灯吗？距离也没多远，老人走路就当锻炼了，楼层也不高啊，才十层，老人也不用整天上楼下楼的……拉着小夫妻说了十多分钟，任对方怎么拒绝就是不愿意放手，非说这房屋有多好。最后惹得夫妻二人很不高兴，说道："你这人烦不烦哪！"，然后很不高兴地走了。小林想不明白：我的坚持最后怎么就换来这么个结果？

单方面的坚持并不一定就能取得成功，常常还会闹得不欢而散。其实，小林抓住客户不放松没有错，错的是他没有认识到在房地产经纪中更重要的是客户的意愿，如果一处房源不能令客户满意，这时可以调整目标，为客户推荐其他房源。

那么，当出现图1-9中的四种情况时，房地产经纪人应如何对目标进行有效的调整呢？不妨参考以下几种方法，具体如图1-10所示。

与公司沟通后调整目标

1. 当个人认为公司目标过高无法达成，应设定较低目标时，可充分地了解同事的目标是否也存在类似的情况，如果是，可以通过与公司沟通来进行目标调整

2. 当公司为你分配的任务与自己原来设定的目标相冲突，且在与公司沟通后也无法变更时，切不可"一根筋"，应及时对自己的目标做出调整，服从公司安排

根据实际情况制定目标

1. 正确给自己定位，在刚入职对业务尚不熟悉时，不可盲目参照行业精英为自己制定过高的目标，否则容易令自己在无法达成目标后生出挫败感，而当具备相当的经验和能力后，应对自己提出更高的要求

2. 多与同事沟通，了解目标片区内各小区的基本情况，以此为据制定自己的开拓区域和成交目标

3. 及时掌握国家相关政策和市场变化，在出现利好情况时提高目标，在市场不景气时适当向下调整目标，如在国家对楼市的严厉调控下，交易量骤减，这时就应适时降低期望目标

适时放手

在遇到经过你再三努力仍无法达成交易的情况时，过多的纠缠有害无益，客户不但会更加坚持自己的想法，还会产生一些不愉快的情绪，并对你和公司留下不好的印象。这时就要选择放弃这个目标，最后仍然礼貌地感谢客户的光顾并留下联系方式，以便在下次有需要时再次联系

转移目标

当遇到旧的目标无法达成或难以达成，并且又出现了新的潜在客户时，应将目标的重心放在新的机会上，投入更多的时间和精力以促成这笔交易，不要因为纠缠于过去而让大好机会从身边溜走。并且，之前的服务也不能戛然而止，应在保证其享受到应有的服务的前提下转移目标

图1-10 房地产经纪人应如何调整目标

房地产经纪工作可以一如既往，而其目标应当随着客观形势的变化而变化，只要这种变化是积极的、进步的、适时的，就应当放下过去，毫不犹豫地去校正它、实践它。但这种校正和实践不是简单的认输，而是一种扬弃，是跨越式的进步，是智者在结合现实环境后做出的选择。

房地产经纪人在不断创造新的辉煌业绩，提升职业高度的同时，还需用一颗"归零"的心抹去这些成绩，然后为树立的新目标而不断奋斗。做到这两点，房地产经纪人就能进入突破、归零、再突破的良性循环。

1.6 掌控自己的业务时间

在房地产经纪界，有这样一则发人深省的计算：假如一个房地产经纪人的年收入是4万元，他一年大概工作2000个小时，也就是12万分钟，那么这个房地产经纪人每小时的收入为20元，每分钟为3角4分。而一个职位级别稍高的经理可能达到年收入10万元，也就是他每小时的收入为50元，每分钟为8角4分。这只是公司付给房地产经纪人的工资，并不是房地产经纪人自己创造的全部财富。所以，房地产经纪人的时间分秒都很宝贵，当房地产经纪人无所事事时或者消极度日时，实际上就是在损失金钱。因此，房地产经纪人必须要掌控好自己的时间，做时间的主人。

掌控自己的时间，就是掌控自己的生命。现代管理大师彼德·德鲁克有这样一句名言："时间是最高贵而有限的资源，不能管理时间，便什么都不能管理。"英国博物学家赫胥黎说得更形象："时间是最不偏私的，给任何人都是24小时，同时时间是最偏私的，给任何人都不是24小时。"成功人士都有一个共同的特点，那就是他们都是时间管理的高手。因此，对业务时间的掌控是房地产经纪人必须重视的问题。房地产经纪人无法使时间停留或者倒流，但是房地产经纪人可以控制自己的时间流向，让自己的时间得到有效的管理。房地产经纪人掌控自己业务时间的具体操作方法可以参考图1-11。

把时间当作金钱来看待
房地产经纪人要给自己"时间就是金钱"的积极心理暗示，从根本上提高自己对时间的重视，增强自己对时间的掌控意识

时间安排要有一定的弹性
由于房地产经纪人在工作中常常会遇到某些突发情况从而打乱工作计划与安排，因此，房地产经纪人在安排自己的时间时不能过于死板，时间安排要注重弹性，给自己留有一定的缓冲时间，尽量减少由于计划被打乱而被动浪费的时间

利用工具来规划时间
房地产经纪人不仅要在大脑中安排好自己的时间，还要用工具来进一步强化时间管理：善用日历记事簿，提醒自己在某些时间必须要做的事；手机是房地产经纪人不可缺少的工具，可以设置手机备忘录；运用电脑、电子记事簿等工具来制订一个时间计划等

合理安排自己的业余时间
房地产经纪人可以在业余时间为自己学习充电，补充工作方面的知识和提升人际交往能力

图1-11 房地产经纪人如何掌控自己的业务时间

中科院研究生院管理学院某副院长说:"人生是需要规划的,在人生的旅途中,每个人都是自己生命的唯一一个司机,你自己来决定什么时候你应该转弯,什么时候你应该停下来,什么时候你应该刹车,什么时候应该加速度地前进。其实人的生命非常短暂,所以需要规划,需要时间管理。"时间管理的主动权其实就在房地产经纪人自己手里,要合理安排自己的时间,成为时间的主人而不是时间的奴隶。

1.7 日清日结,要事第一

房地产经纪人,就是在房地产经纪业务中,一手牵业主、一手牵客户,并在两者之间起沟通、协调作用,让他们的期望和需求得到满足的中间人。他们以房地产中介公司或房地产置业顾问公司为依托开展业务,并不能以个人名义进行。

那么,房地产经纪人这个职业到底都做哪些工作呢?这是做好房地产经纪这一工作首先要了解的。下面先看一份某房地产经纪人的工作日志,具体内容如图1-12所示。

```
房地产经纪人工作日志        ×年×月×日

8:30之前:到门店签到,开晨会
9:00—10:30:找房源、客源,并随时与业主和客户进行电话沟通,做好记录以备用
10:00—11:30:组织某客户签三方协议,办理相关购房手续
11:30—12:00:与业主、客户再次确定下午看房时间,做好看房准备
13:00—15:00:带客看房
15:00—16:00:总结看房经历,与客户沟通看房感受,再次寻找合适的房源等
16:00—17:30:找房源、客源,并与业主和客户进行电话沟通,配对房源等
17:30—20:00:如有客户看房即带看,此外便寻找房源、客源或者与业主和客户沟通等
20:30以后:复盘一天的工作,发现问题,总结经验
```

图1-12 某房地产经纪人的工作日志

这只是某房地产经纪人一天的工作日志，而实际工作起来要比这繁杂得多。

房地产经纪人在每天的工作中最主要的就是解决与业主和客户有关、与业绩挂钩的事情，把每天的事情做好，日清日结，提高工作成效。

"日清日结，要事第一"是房地产经纪人提高工作效率最重要的习惯之一，房地产经纪人要想获得高业绩就必须养成这样的良好习惯。日清日结对于房地产经纪人的含义主要有两层：（1）属于当天的工作，房地产经纪人必须当天完成，绝不把今天的工作拖到明天；（2）在处理完当天的工作之后，房地产经纪人还必须认真反省，对自己当天的工作进行一些总结。而要事第一则是指房地产经纪人要根据每天工作中事情的紧急程度和重要程度将事情理出头绪，优先处理那些最紧急、最重要的事情。

任何事情没有时间期限，就等于开了一张空头支票。只有给自己制定一张工作进度表，每天都有目标、有结果，日清日结，才能不断地将工作向前推进。房地产经纪人小王就是这样一个非常注重日清日结的人。

房地产经纪人小王在电脑上给自己设置了一个日日清控制系统，上面详细地记录了他每天给自己的工作任务。哪些是急办的、哪些是缓办的，并且尽量让自己每天的工作得以完成。

每天临下班的时候，他都会将自己已经完成的和日日清控制系统上规定的任务做对比，并进行总结。他的一般性材料和客户资料都摆放得有理有条、井然有序。离开公司的时候，椅子都是摆放得整整齐齐的。一段时间下来，他不仅养成了当日事当日毕的好习惯，并且让自己的工作得到了不断的改善和提高。

房地产经纪人每天都要面对很多繁杂的事情，稍有不慎就容易陷入混乱和被动，然后被工作弄得忙昏了头。要做到日清日结，房地产经纪人需要制订自己每天的工作计划表，有步骤、有条理地开展自己的工作并检查自己每天的工作成果。日清日结具体做法可以参考图1-13。

房地产经纪人能够做到日清日结固然好，但是当自己手头上的事情比较多时，哪些事情该优先完成就需要房地产经纪人做出选择。而要让自己的工作凸显价值，房地产经纪人需要优先完成那些最重要的事情。一般情况下，房地产经纪人需要摆在第一位的"要事"有以下特征，具体如图1-14所示。

- 把每天要做的事在本子上列出来
- 给具体的工作事项设置一个大致的时间
- 让他人监督自己工作的完成情况
- 每天检查自己的工作成果并与当日计划做比较
- 总结工作后列出改进意见

图1-13 房地产经纪人如何做到日清日结

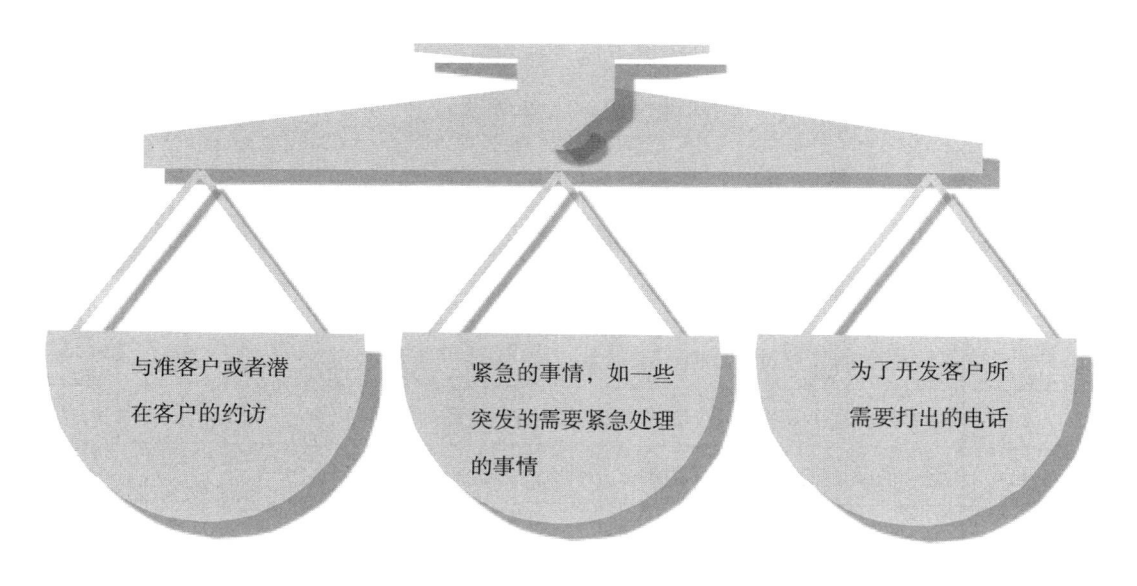

| 与准客户或者潜在客户的约访 | 紧急的事情，如一些突发的需要紧急处理的事情 | 为了开发客户所需要打出的电话 |

图1-14 房地产经纪人"要事"的特征

既然知道哪些是每天必须做的"要事"，房地产经纪人就要将其放在第一位，并集中精力去解决这些问题。切记不可迷失在那些琐碎的或者无关紧要的小事上，否则房地产经纪人很难取得很好的工作成果。

在处理完重要的事情并且完成了当天的工作之后，房地产经纪人还要进一步看到近期和远期的努力方向，以每天提高一点的观念，在原来的基础上提高办事效率和革新观念，力争使自己一天上一个台阶，从而形成一种自我激励和鞭策的创新机制。

1.8 不断复盘，超越自己

要当一流的房地产经纪人，光是学习推销技巧是不够的，还必须永远留一只眼睛注视自己，不断地自我反省，不断地自我超越。

一般来说，自省意识强的人大都非常了解自己各个方面的优势和劣势，因为他时刻都在仔细地审视自己。能够时时审视自己的人，一般都很少犯错，因为他们会时时考虑：我到底有多少力量？我能干多少事？我该干什么？我的缺点在哪里？为什么失败了或者成功了……按照上述自省方法，房地产经纪人就能轻而易举地认清自己的优势与劣势，从而做到扬长避短，使自己离成功更近一步。

为加深广大房地产经纪人的认识，这里特将房地产经纪人每天需要自省的事项制成表格，具体如表1-3所示，供房地产经纪人参考。

表1-3　房地产经纪人每天需要自省的事项

序号	自省的具体内容
1	是否完成了优先安排要做的事情？
2	是否达到或者超过了目标？
3	今天是否犯了某些错误？这些错误是否能够避免？如何避免？
4	是否说服了准客户？如果没有，是什么原因造成的？
5	是否联系了名单上的一些潜在客户？
6	今天效率最高和效率最低的事情分别是什么？
7	工作中有哪些是值得自己进一步改进的？

房地产经纪人不仅要知道自己有哪些地方需要自省，更重要的是要主动培养自省意识，将自省作为自己每天必不可少的工作，从而不断超越自己。房地产经纪人不妨养成这样一个习惯：每天利用下班后的十五分钟仔细地想一想自己今天的工作，并思考有什么不妥当的地方。每当出现问题的时候，首先从自己这个角度做一些检查，看看有什么不对；并且，还要经常地做深层次、远距离的自我反省。

仅从思想上认识到要自省是不够的，还必须将这种自省渗透到骨子里，让它成为一种习惯，成为一种品质，成为一种生活态度……要达到这种境界，房地产经纪人可参考如图1-15所示的几个要点。

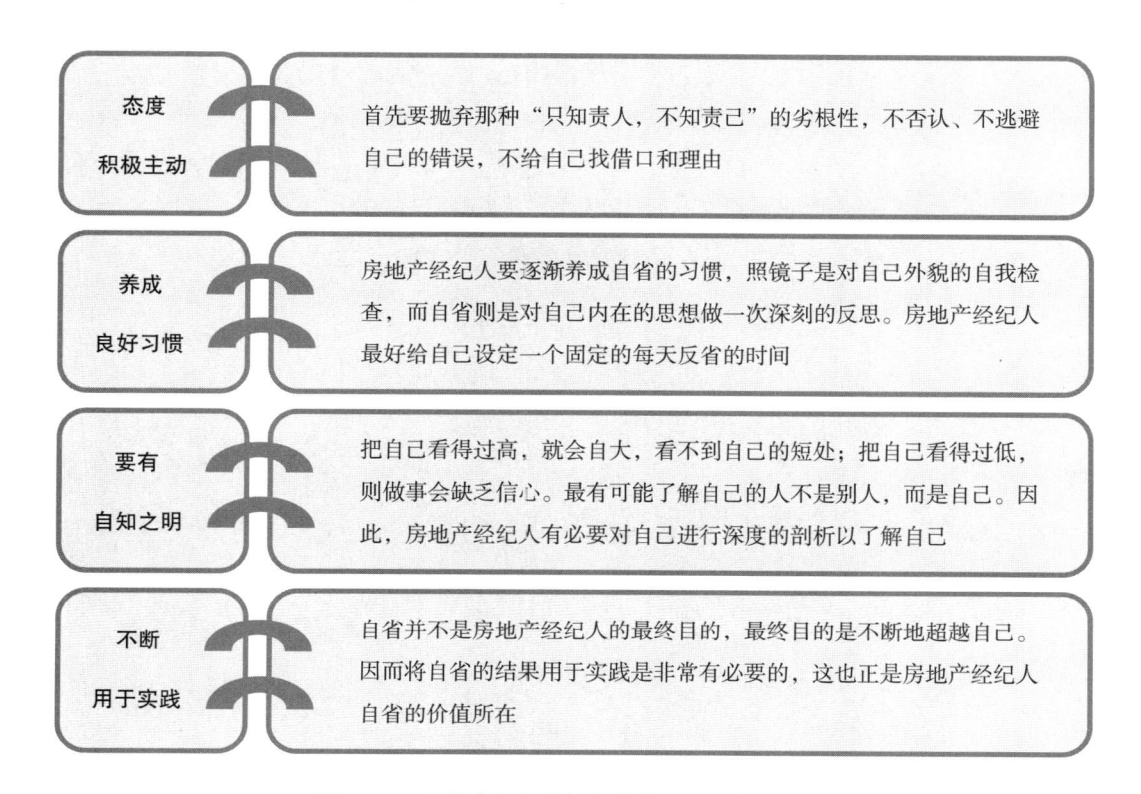

态度 积极主动	首先要抛弃那种"只知责人，不知责己"的劣根性，不否认、不逃避自己的错误，不给自己找借口和理由
养成 良好习惯	房地产经纪人要逐渐养成自省的习惯，照镜子是对自己外貌的自我检查，而自省则是对自己内在的思想做一次深刻的反思。房地产经纪人最好给自己设定一个固定的每天反省的时间
要有 自知之明	把自己看得过高，就会自大，看不到自己的短处；把自己看得过低，则做事会缺乏信心。最有可能了解自己的人不是别人，而是自己。因此，房地产经纪人有必要对自己进行深度的剖析以了解自己
不断 用于实践	自省并不是房地产经纪人的最终目的，最终目的是不断地超越自己。因而将自省的结果用于实践是非常有必要的，这也正是房地产经纪人自省的价值所在

图1-15　房地产经纪人如何自省和不断超越自己

正如成功大都是内因起作用一样，失败也大都是由自己的缺点造成的。房地产经纪人要懂得不断自省和总结自己，改正自己的错误，这样才不会老在原地打转或者被同一块石头绊倒两次。只有通过自省，才能走出失败的怪圈，不断地超越自己并使自己得到一个质的提高，最终创造出更好的业绩。

第 2 章

获取房源

房源是指业主或委托方出租/出售的商品住房、商业用房、工业厂房等房屋，即不动产权利人有意愿出售或出租的房地产。房源信息是房地产经纪人开展经纪业务的首要资源，是其生存和发展的基础。因此，作为房地产经纪人，只有全面了解房源信息、多渠道开发房源，才能当好业主的顾问，取得优异的业绩。

2.1 了解房源信息

房源信息包括与委托出售（或出租）房屋相关的信息，包括房屋的实物状况信息、权益状况信息、区位状况信息、租售价格状况信息、物业管理状况信息以及房源代理人身份信息等。房源信息的内容及说明如表2-1所示。

表2-1 房源信息的内容及说明

项目	信息内容	说明
房地产	实物状况	房地产的户型、面积、楼层、朝向、装修等
房地产	权益状况	产权性质（商品房/公寓、别墅、写字楼、商业用房等）、产权所有人（私有/共有/廉租房等）及其所有人的情况、实际用途（自住/办公/商业等）
房地产	区位状况	房地产所属的地理位置、社区情况、周边的商业/医疗/教育配套情况、交通情况等
房地产	物业管理状况	物业管理公司情况、物业服务情况及收费标准情况等
联系人	房源代理人身份	业主或委托方或代理方的具体联系人，与房地产产权的关系、联系方式等
租售价格状况		交房日期、税费支付方式、交易的预期价格（包括心理最高价和最低价）
其他		信息的来源是否独家等

在这里，需要注意的是，房源信息是动态变化的，所以房地产经纪人要与业主或委托方或代理方的联系人保持紧密的联系，确保房源信息的及时更新。

房地产经纪公司拥有的房源类型越丰富、数量越多，其房地产经纪人开展的经纪业务市场占有率就会越高。在实际经纪业务中，出售方（或出租方）在选择房地产经纪机构时，会进行了解与对比，最终选择某一家或某几家房地产经纪机构提供代理服务。而对于购买方（或承租方）而言，则更倾向于选择房源数量多、房源类型丰富、房源质量高的房地产经纪机构提供服务。因此，对于房地产经纪人而言，房源数量多、房源类型丰富、房源质量高更容易吸引客户，从而获得更多的成交机会。

2.2 开发房源有方法

小王是一个知名房地产中介公司的房地产经纪人。最近，他碰到了一个购房要求非常苛刻的客户，一个月下来，他已经向客户推荐了数十套房屋，但是客户仍然摇头表示自己并不中意。

这天，小王去一个小区办事，办完事后他突然灵机一动：这个小区里会不会有合适的房源呢？于是，他特意围着小区走了一圈。果不其然，他发现一栋住户楼某户的窗户上贴着一份"转让房产"的广告，小王仔细看了上面的条件，正好和他那个购房要求很高的客户的要求挺吻合。

于是，小王马上与该房主取得了联系，经过多次商谈，最终达成了交易。小王在自己的交易上又添了一笔。这不禁让他感叹道："蓦然回首，房源原来就在眼前啊！"

很多房地产经纪人习惯整天泡在网上搜索房源信息，其实走出去看看，特别是经常去周边小区看看，很可能会有很多意外的收获，正如上文的小王这样。

房地产经纪人可以从社区、网络媒体上、客户和熟人介绍等渠道找房源，并且灵活应用各种方式，开发有效房源，为经纪业务开展完成第一要务。

1. 通过社区找房源

某房地产中介公司有个被别人称为"金牌经纪人"的房地产经纪达人刘旭，他的业绩一直排在全公司12家门店的第一位，而更让人不可思议的是，他的业务范围竟然几乎从来不超过某一个知名小区。

这是为什么呢？很多房地产经纪人一开始听了他的故事都疑惑不解。后来，在别人的再三追问下，刘旭终于道出了事情的缘由。

原来，房地产经纪人刘旭之所以能够获得如此好的业绩，就是因为他是一个实实在在的"小区通"。他不仅和这个小区的物业关系非常好，更是小区很多老头儿、老太太最忠实的朋友。小区里绝大部分人都认识他，甚至有些新来的居民还慕名来向这个"小区通"打听一些信息。

长时间的交往让小区里的居民都记住了这个叫刘旭的"小区通"。居民也很热心地帮助他，一有房源信息很多人还会主动告诉他。就这样，刘旭非常熟悉这个小区的情况，因此他手头上掌握了该小区的绝大多数房源，其他中介公司若有客户需要购买该小区的房屋，也只能找刘旭合作了。

由此可见，即使是一个社区，如果房地产经纪人能够真正花心思做好，那么他仍然可以获得很多的客户，更别说是获得社区的房源信息了。

那么，房地产经纪人究竟该如何在社区里找到房源呢？下面提供在社区寻找房源的四个比较常见的方法。

1）多与社区的大爷/大妈们聊聊天

刚入行某房地产经纪门店的房地产经纪人小王最近手上突然多了三套同一小区的优质房源，这让他的同事们羡慕不已。在几个关系比较好的同事的再三追问下，小王道出了实情，原来他之所以能得到这三套房源信息，全靠小区居委会的工作人员张阿姨的帮助。

话说，某天小王正在小区闲逛试图能获取一些房源信息，但是几个小时下来仍一无所获。这时，他看见一个50岁左右的阿姨正拿着大包小包，满头大汗地往小区里走。热心的小王马上就迎了上去，热情地同阿姨交谈并主动帮这位阿姨提起了两个最大的包。

通过交谈，小王和张阿姨渐渐地熟悉起来了，后来小王才知道，张阿姨原来是这个小区居委会里的一个领导。由于张阿姨认可小王的人品，所以她毫不犹豫地把自己知道的小区里的房源信息告诉了小王。

社区里的大爷/大妈们对社区内信息的知晓程度不容小觑。房地产经纪人在社区随便走走就会发现社区里有大爷/大妈们的乐园，有聊天的、锻炼的、下棋的……因此，房地产经纪人要走近他们，主动从他们那里获取房源信息。

2）参与社区组织的各项社区活动

社区会定期或不定期地组织各项针对辖区居民的活动，如健身、表演、政策宣传等，房地产经纪人可以有针对性地参与到社区组织的各项活动中，提供服务，结识业主，获取房源信息。

3）社区内的信息贴示

在很多社区的信息栏、广告墙，甚至个别房屋的门上、窗户上都可以见到租售信息的贴示，若房地产经纪人第一时间同业主取得联系，也会很轻松地获取到房源信息。

由此可见，要想充分挖掘社区的房源，房地产经纪人有空时，可以经常到社区去逛逛，不仅能熟悉地形，了解市场，还可能会有一些意外的惊喜和收获。其实，不但工作时间可以关注社区信息，就是在平时外出闲逛时，只要房地产经纪人善于观察，敢于开拓，就都极有可能会有收获，在不知不觉中，就会积累很多潜在的资源。

4）与社区的物业、居委会保持良好的关系

物业和居委会的地位决定了它们与业户都有着紧密的联系，也能及时获取到一些业主的租售信息，房地产经纪人要想更快、更真实地了解社区的房源信息，与物业和居委会保持良好的关系是一个不错的选择。

2. 从网络媒体上找房源

现在各房地产经纪机构都有内部信息平台，并且在一些房地产论坛、热门的地方性社区、热门的生活网站中经常会有网友在专门的房地产板块中发布租售信息，更有专业的租售房的App也能看到很多租售信息。

房地产经纪人一旦看到这些信息，千万不要错过，因为很多成功的房地产经纪人就是从这里找到房源的。房地产经纪人找房源最常用的几个App如图2-1所示。

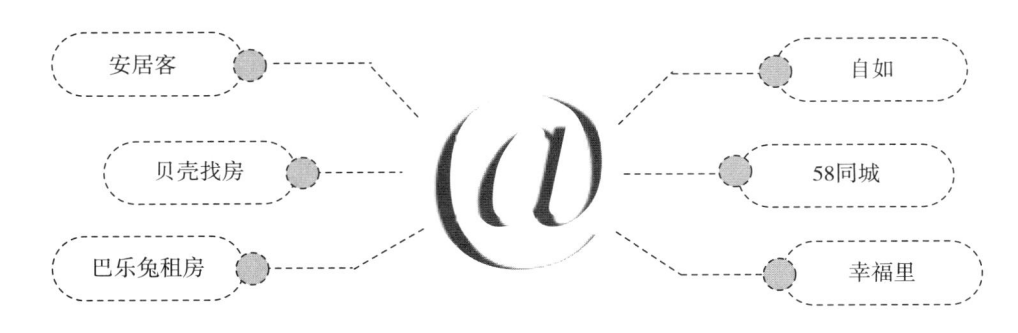

图2-1 房地产经纪人找房源最常用的几个App

除了在这些常见的App上搜索房源信息，房地产经纪人还可以有针对性地注册当地人气较旺、有效信息量较大的社区论坛。房地产经纪人可以通过在各个网站上操作来选择出所需要的房屋的相关信息，例如，区域在北京市朝阳区，价位在150 000～200 000元/平方米，户型为两居室小户型等。

网络信息量虽然很大，但是网络上也存在很多的虚假信息，这就需要房地产经纪人具备辨别真假房源信息的技能。在网络上找房源的过程中，房地产经纪人最重要的是选择来源于个人而不是中介的房源，否则房地产经纪人就是做了一场无用功。那么，如何初步辨别网络房源信息的真实性呢？房地产经纪人可以试一试下面的小技巧，具体如图2-2所示。

> **可以这样分辨房源信息**
>
> **复制房主留下的电话号码，并在百度上进行搜索。**如果百度搜索显示没有这个电话号码的相关网页，或相关网页信息不多（一般为两条左右），那么说明这个房源信息有可能是业主个人的房子。如果百度搜索出很多与房主留下的电话号码相关的网页信息，那么说明这可能是其他房地产经纪人的电话号码，因为其经常在网站上发信息，所以才能够搜索到很多此类的网页信息

图2-2　巧用电话搜索分辨房源信息

当然，通过电话筛选信息只是对房源信息真实性的一个初步判断，并不能作为房源信息是否真实的唯一依据。在初次确认是个人房源之后，房地产经纪人需要给房主打电话进行再次确认，只有在房主告知是个人房源之后，房地产经纪人才可以采取下一步的行动。

在确认是房主个人房源之后，房地产经纪人还可以通过很多其他途径来了解是否是自己中意开发的房源。房地产经纪人不仅可以直接和房主约时间见面看房屋，还可以在看房屋之前，运用网络地图，将网站上登录的房屋地址复制到地图搜索栏中，一搜索结果就能显示出房屋的具体地理位置。

总之，运用网络媒体开发房源无论是其便捷性、信息广泛性还是成本低廉性，都有着自身不可忽视的绝对优势。房地产经纪人要充分利用好网络，同时，更要学会对网络媒体上的房源信息进行去伪存真和去粗取精。

3. 通过客户介绍找房源

很多房地产经纪人喜欢做"一锤子买卖"，即与客户交易过后就不再与他们联系。殊不知，如果客户几年后想再次购房置业或者想介绍亲人、朋友买卖房屋，会因为房地产经纪人的这种淡漠而转向寻找其他房地产经纪人，这样你就会在无形之中丢失很多房源和客户信息，这对房地产经纪人来说是一笔不小的损失。

销售中有这样一条定律：**开发一个新客户的成本大约是维护一个老客户的5倍。**这足以说明老客户的重要性。给老客户足够的关怀并做好、做足维护老客户的功课，不仅可以借助老客户的口碑来提升新的销售业绩，还可以从老客户那里发现新的房源和商机。

此外，即使某个客户并不是你的老客户，但如果他对你是认同的，那么，同样他也乐意向你透露他生活圈子里其他人的房源信息，或日后这个客户有了房源信息也愿意第一时间通知你。

房地产经纪人小许进入某房地产中介公司才3年,就已经成功超越了公司的很多同事,并且在3个月里,他的销售业绩还达到了公司的第一名。在一次业务员的销售颁奖大会上,公司老总对小许说:"小许,你的销售业绩增长得这么快,把你取得成功的方法给大家分享下吧。"

小许不紧不慢地从公文包里拿出了一个厚厚的笔记本,翻开了其中一页,说:"我的方法其实很简单,我把我的客户的联系方式全部记在这里,每逢重要节日或者客户生日的时候,我会发一条祝福短信或者打个电话问候一声。就是这个简单的举动,它帮我带来了不少回头客,还拉来了不少新客户。"

小许的聪明之处就在于他懂得"人脉就是钱脉"这个道理,在很多房地产经纪人费尽心思寻找房源的时候,他轻松地从自己的客户那里获得了大量的房源信息。由此可见,房地产经纪人想要开发更多的房源,可以从自己的客户那里入手。

既然从客户那里开发房源有着这么多的优点,房地产经纪人就应该与自己的客户保持密切的联系,为后续开拓他们的人脉圈子奠定坚实的基础。当然,从客户那里找房源是需要一定的技巧和方法的,房地产经纪人可以参考如图2-3所示的做法。

> **1. 努力维护与客户之间的良好关系**
> 最好建立一个完整的客户信息档案,并在节假日、客户生日或者与客户相关的重要节日打个电话、发个祝福短信,或者在闲暇的时候去回访你服务过的客户。这样一来就容易建立双方之间的良好关系,并可以间接得到很多房源信息
>
> **2. 不自我设限,看客户是否有其他的房源**
> 很多客户其实不止一套房源,在与客户成交之后,房地产经纪人不能自我设限,而是应该充分挖掘客户的房源信息,或许会有意想不到的收获
>
> **3. 想办法认识客户身边那些有房源的潜在客户**
> 一个有房源的客户身边很可能会有很多其他的拥有房源的亲人或者朋友,想要获得更多的房源信息,房地产经纪人可以试着去认识客户社交圈子里的人,相信那里有很多的房源信息等着房地产经纪人去开发
>
> **4. 积极、主动地要求客户转介绍有房源的客户**
> 要求客户转介绍有房源的客户时,房地产经纪人必须积极、主动,并且态度要诚恳、谦虚。在与房地产经纪人保持着良好关系的前提下,客户一般不会拒绝房地产经纪人提出的正当要求。即使客户没有当场给出房源信息,那么也可以留下彼此的联系方式,让客户身边的朋友有了房源之后第一时间找到房地产经纪人来代理

图2-3 房地产经纪人如何从客户那里找房源

从长远来看，从客户那里找房源是一个收益非常可观的行为，因为房地产经纪人几乎不需要耗费大量的时间去搜索那些陌生的信息，只要房地产经纪人在与客户的交往中保持乐观、真诚的心态，相信找房源将不再是难事。

4. 通过熟人介绍找房源

通过熟人介绍找房源，指以自己认识的人及亲朋好友的信赖为基础，形成人际网络以介绍业主并推荐房源的方法。熟人给房地产经纪人介绍房源不受时间、场地的限制，并且熟人之间往往还有一张巨大的人脉关系网，可以帮助房地产经纪人以最小的经济投入来获取房源。

刚刚走出大学校门的小王进入了一家房地产中介公司当房地产经纪人。由于缺乏经验、社会阅历浅薄，他在工作的第一个月里没有得到哪怕一条可靠的房源信息，更别说签单了。

这天，小王正垂头丧气地走在大街上，因为他刚刚被一个客户拒绝了。突然，有人拍了一下他的肩膀，小王惊讶地回头一看，原来是他的前任老板，在大学期间小王曾在他的公司里做过兼职。

由于之前小王在兼职的时候工作干得很出色，受到了公司很多人的高度赞扬，所以老板对他的印象很好。老板看小王愁眉不展的，问起了原因。小王便把工作上的困难告诉了老板。没想到老板突然大笑一声说道："这事儿简单啊，正好我有一个朋友要出国了，正急着出售他手上的那套房屋呢，我看我就把他介绍给你认识吧！"

一天后，小王见到了老板的那位朋友，并顺利地签下了工作中的第一单。从这件事上，小王悟出了广结人脉对房地产工作的重要性。从此，他更加注重人际交往，积极结交各种各样的人，亲戚、朋友、旧同事、同学、老乡甚至是客户，无一不被他收入关系网之中。只要有可能，小王就会抓住和他们交往的机会。果不其然，他的这些熟人给他介绍了大量的房源，这也让小王的金牌房地产经纪人之路走得更加顺畅。

生活中，每个人都有自己的一个"熟人圈"，这些熟人可以细分为"五同"，即同宗、同学、同事、同乡、同好。具体内容如图2-4所示。

由此可见，其实熟人是一个很大的圈子，只要房地产经纪人用心，总能或多或少地从里面挖掘到房源。而在从熟人那里寻找房源的过程中，房地产经纪人的任务就是沟通，要尽可能地让熟人知道你、了解你，最好能让他们设法帮助你。

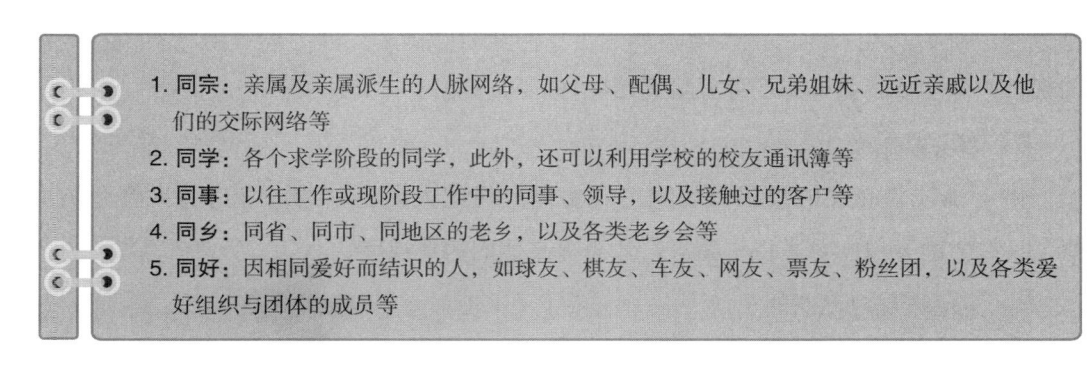

1. 同宗：亲属及亲属派生的人脉网络，如父母、配偶、儿女、兄弟姐妹、远近亲戚以及他们的交际网络等
2. 同学：各个求学阶段的同学，此外，还可以利用学校的校友通讯簿等
3. 同事：以往工作或现阶段工作中的同事、领导，以及接触过的客户等
4. 同乡：同省、同市、同地区的老乡，以及各类老乡会等
5. 同好：因相同爱好而结识的人，如球友、棋友、车友、网友、票友、粉丝团，以及各类爱好组织与团体的成员等

图2-4 "熟人圈"的具体内容

金牌房地产经纪人小陈非常注重通过熟人找房源。从他进入房地产中介门店的那一刻开始，他就尝试通过各种不同的方式来结交各种不同的熟人。

在社交聚会上，每碰到一个陌生人，小陈都会微笑着把名片递给他。因为他认为销售的机会遍布于每一个细节。在递名片时他常对对方这样说："您可以留着这张名片，也可以扔掉它。如果留下，您知道我是干什么的，当您有需求时我会非常乐意帮忙。"面对小陈如此诚恳的态度，没有人会拒绝他的要求。后来小陈觉得一个一个地发名片效率还是有点低，于是在一次宴会上，当人们正因为一个喜讯而欢欣雀跃时，他竟然把随身携带的名片向空中撒去，顿时名片犹如雪花般从天而降，纷纷扬扬，引得人们争相抢看，场面极为壮观。至此，他撒名片的事迹一传十，十传百，他的名气也越来越大了。

后来，一有人需要购房，他们首先想到的就是小陈。

主动让熟人给房地产经纪人介绍房源，通常会给房地产经纪人带来意想不到的收获，即使没有成功，多半也不会有很强的失败感。而失败感正是新手的最大恐惧。或许你所认识的熟人里面没有潜在客户，但是他们也许认识某些可能成为你的客户的人。那么，究竟该如何通过熟人介绍找房源呢？房地产经纪人可以参考以下做法。

1）向熟人告知身份

房地产经纪人一定要大方地把自己的身份告诉所有熟人，使得他们或者他们身边的人一有房源信息会第一时间传递过来。

2）重视交际

房地产经纪人要着重培养自己的交际能力，要不断地维护与熟人之间的关系，以自己的人格魅力去争取他们的支持，并从中获取房源信息。同时，要想源源不断地获取房源信息，和熟人经常性地沟通是非常有必要的。例如，在节假日给熟人送去真诚的祝福，总之要让熟人记住你并愿意帮助你。

3）态度要积极、主动

俗话说，"会哭的孩子有奶吃"。房地产经纪人要主动请求身边的人转介绍房源，只有主动开口向对方提出请求，才会提高他们的重视度。

4）主动拓展自己的圈子

房地产经纪人在与别人的交往中要不断提升自己的人脉拓展意识，不断增加自己熟人的数量，最终达到增加房源的目的。

在房地产经纪人成功的路上，熟人的力量是不可忽视的。尤其是针对需要审慎买卖的住房，业主们也更加需要一个值得信赖的熟人来帮助他们租售自己的房屋。相信当房地产经纪人打造了一个强有力的熟人圈子之后，房源信息也会源源不断地涌来。

5. 其他方式找房源

房地产经纪人找房源的方式还有门店直接上门的客户、与相关单位合作、与其他中介公司合作等。

1）门店直接上门的客户

夏天烈日高照，同事们都出去用餐了，房地产经纪人小王一个人守在公司门店。

这时，走进一对老夫妇，小王一眼瞥过去，见两位老人穿着打扮很土气，大概是从乡下来城里探亲，顺道过来避太阳的。于是，小王站在一旁，没怎么搭理他们。

两位老人兴致很高，不时围着门店里的广告牌指指点点，偶尔还窃窃私语。小王心想：你们也就只能看看，反正你们也买不起房，就更别说有房屋要卖了！

两位老人看了一会，就径直走到小王面前，老太太开口问："你们这个店里的客源真的非常充足吗，我们正好想找人帮我们卖两套房屋呢。"

小王听后，差点没笑出来，看来自己没看错，一口方言，果然是乡下来的。她立刻打定主意，敷衍道："对不起，您刚才说什么我没听懂！"说完，就埋头看起了杂志。

两位老人看出来自己在这儿不受欢迎，也没多说什么，互相看了对方一眼，知趣地走出了该房地产经纪公司门店。

可到下午时，小王的同事带回来一个消息，说一对乡下老夫妻委托附近竞争对手的公司卖两套房。听到这个消息，小王明白了过来，顿时傻眼了。

自主上门房源就是经纪人坐在门店里等着业主主动上门或者通过主动来电登记房源。很多业主为了尽快地卖出房屋或者租出房屋，通常也乐意到中介门店登记房源信息。

对于房地产经纪人来说，最乐意接待的无疑是上门客，因为上门客有比较强烈的租售意愿，所以省去了主动寻找房源这一复杂的环节。但同时房地产经纪人也必须明白，客户主动上门，就不会只去到一家房地产经纪公司，而是走访几家过后再进行对比、选择。在这场对比中，倘若房地产经纪人不能做到脱颖而出，那就很可能只是一场空欢喜。

当然，并不是所有的业主都会采取登门拜访的方式委托房屋的租售，有些业主会选择给房地产经纪门店打电话的方式来确认是否应该主动告知他们的房源信息。因此，房地产经纪人千万不可以忽视那些业主主动打来的电话，如果电话接好了，很可能就是一个获取房源的机会。

当业主提供房源信息时，房地产经纪人应详细登记房源的各项情况（包括小区名称、房源门牌号、户型、格局、建筑面积、所在楼层、装修、朝向、建成年代等），并约好实地看房的时间。当业主询问委托情况时，房地产经纪人应向业主反馈相关的看房信息和购房客户的看法或者建议，并向业主承诺自己一定会尽力帮助推荐其房源。最重要的是房地产经纪人要明白电话沟通是不可能把单子签下来的，接听电话的主要目的是吸引客户前来洽谈，因此房地产经纪人万不可忽视电话沟通的作用。

2）与相关单位合作

房地产经纪人若能够做到与一些相关的单位合作，就能获取较大量的、相对集中的或者是价格比较有优势的房源信息。房地产经纪人可以通过与如图2-5所示的相关单位合作，从而达到获取优质房源的目的。

3）与其他中介公司合作

相比去同行"挖"房源，采取双方合作的方式就显得更为合理、更符合职业道德的要求。当房地产经纪人手上有客户，而发现其他中介公司的房屋可以与之配对的时候，最好的方式就是合作。合作的方式大致有两种，具体内容如图2-6所示。

1. 开发商尾盘

开发商在楼盘销售了一段时间后，可能会剩下一些零星单位，通常称为"尾盘"，这时，从成本的角度考虑，开发商会将这些尾盘委托给中介公司租售

2. 地产相关行业

有些时候，开发商会利用物业去抵工程款、建材款甚至广告费，从而令这些与房地产相关的单位拥有大量的房源，如建筑商、建材商、广告运营商等

3. 大型企事业单位

有些大型的企事业单位也会拥有一些待处理物业，如与房地产开发商合作开发楼盘后"分得"的物业、给员工购买的福利房等

4. 拍卖行、银行和律师事务所

拍卖行和银行往往会拥有一些作为抵押的物业或是一些不良资产的物业，并且需要将这些物业快速地变现。律师事务所通常也会接到一些有关房地产的案件，如果房地产经纪人在这些行业挖掘并建立一些长期、稳定的人脉，这将会给房地产经纪人带来源源不断的获取房源的机会

图2-5　与相关单位合作获取房源

直接购买房源

掌握客户方的中介公司，直接同掌握房源方的中介公司购买房源，购买的价格双方达成一致即可，这种合作方式虽然可行，但是目前在市场上已经很少见了

谈合作资源共享

如果一方的客源信息和另一方的房源信息匹配度较高，那么中介公司和房地产经纪人双方可以合作并撮合成交。一方收买家中介费，另一方则收卖家中介费，或者将中介费收入按比例进行分配

图2-6　与中介公司合作获取房源

房地产经纪人开发房源的方式还有派发宣传单、电话开发等，即开发的方式是多种多样的，并且根据实际情况可以多种方式组合使用，以确保房源信息真实、有效，且以能获得第一手的房源信息为目标。

2.3 房源勘察打基础

李先生委托××房地产门店出售其名下的产权房屋，小王接待了李先生。在了解了该房屋的大致情况后，小王请李先生签署了《房屋出售委托书》及"出售物业情况登记表"。由于当时李先生没带产权证，因此，建筑面积等房屋情况仅凭李先生的口述记录。

但是，当小王上门勘查，请李先生出示房产证时，李先生却说房产证没放在家，因此小王仍未见到记录的真实建筑面积。为了及时将信息发布上网，小王按当时登记的建筑面积将该房源上网挂牌出售，并开始积极寻找买家。

几天后，周先生找到了小王，他对这套房屋挺感兴趣。多次看房后，周先生签了《委托协议》，房屋建筑面积一栏中根据房源登记的信息填写，并确定了房屋总价，随后周先生支付了意向金。后由出售方李先生签订该协议时，收取了意向金。

事后，双方在签订《房地产买卖合同》时发现《委托协议》中所填写的房屋建筑面积比房产证上记载的建筑面积要大，周先生因此拒绝签订合同，李先生也不承认自己没向中介公司出示房屋产权证，并且不愿意返还意向金。周先生向法院起诉，法院判决该房地产门店赔偿周先生的损失。

上面这个例子就是由于在委托阶段没有确认房屋的真实信息产生的风险，不但房地产经纪人白忙一场，还得倒赔客户的损失。

房源信息主要依靠房源提供者的介绍和房地产经纪人的调查来获取，如果仅仅听信委托人的一面之词而怠于调查，可能会产生房源信息不准确的风险。

例如，二手房是否即将拆迁、是否已经抵押或涉案被查封、产权共有人的意见等都是影响房屋能否上市的重要因素。在对这些信息欠缺掌握，或信息不准确的情况下开展经纪业务，犹如为以后埋下一颗随时会爆炸的"地雷"，如果客户在成交后发现该房源存在某些问题，就可能发生纠纷，引发风险事件。

房源勘察，即当房地产经纪人获知某些房源信息后，前去实地走访并考察房源及其周边环境，如公用设施、交通线路、商业配套、道路街道、教育机构、医疗资源、银行网点以及周边的小区与楼盘等，了解方方面面的信息，以便对房源有一个深入而全面的认识。在业内，房源勘察也被称为"踩盘"。

"踩盘"对房地产经纪人而言，是非常重要的一项工作。房地产经纪人如果不实地"踩盘"，那么，非但难以将房源的优势一一呈现给客户以吸引并打动对方，甚至连带看时引着客户准确无误地找到要参观的目标房源都是一件困难的事。这就好比细心的舞蹈演员在演出前会仔仔细细察看舞台上的每一寸地方，以确保演出无误，同样地，房地产经纪人在向客户推荐房源之前，也要先亲自去走一走，看一看，将房源"吃得"透透的，这样，才能胸有成竹、举棋若定，关键时刻不至于手忙脚乱、满头雾水。

1. 考察房源周边的环境

在前往"踩盘"时，房地产经纪人最好带一份区域地图，带几张图纸，便于去实地看房时在图纸上将周边情况翔实地记录或者画下来。对周边环境的考察，主要有以下8项内容。

1）主要建筑

周边大厦、楼盘、社区等，记下它们的名称与建筑特色，这样能给客户留下更深的印象，也方便客户寻找。

2）门牌街道

房源所在地的门牌号，周边的街道名称，并留意是双行道还是单行道，客户如果驾车前来看房，这一点很重要。

3）公共设施

公园、广场、儿童游乐园、绿地、学校、停车场、体育馆、图书馆、零售批发市场等公共设施是否齐全，是否先进，这对于房源能不能顺利以理想价格出售是有很大影响的。

4）生活设施

商场、菜市场、饭馆、医疗卫生机构、政府机关、消防设施站、警察局、邮电局、银行等生活设施齐备，客户购房后能得到切实利益的房屋是比较容易受到客户青睐的。因此，每一位客户在看房时除了看房源条件，对生活设施也是极为关注的。

5）休闲设施

电影院、百货商场、服装市场、美容院、健身馆等，这一类设施对于中青年的购房客户来说有着很大的吸引力。

6）地标建筑

名胜古迹、风景胜地或者知名的地标性建筑，这些地标性建筑既方便找寻，也能给房源增添不少光彩和卖点。

7）交通设施

公交站点、公交线路、地铁、环线、高架桥、公路等，交通便利与否，是客户选房、购房时必考虑的一个重点。

8）不利因素

（1）如变电站、污水处理站、垃圾场、殡仪馆等，客户在选房时一般都比较忌讳这类周边设施。

（2）如果房源附近有比较脏、乱、差的场所或道路，也应记录下来，在带客看房时应避开这些线路。

（3）要注意四周是否有其他房地产中介的门店或者蹲点的房地产经纪人，并记录下来，带客看房时应多加注意，以防其他房地产经纪人中途"挖走"客户。

2. 勘察房源关键点

在对房源周边环境仔细勘察之后，房地产经纪人还应该尽可能地了解房源的详细信息与情况，做好记录，并绘好户型图。勘察房源，应从这些方面入手：房源所在小区名称、地址、栋号、单元、楼层、门牌号，业主姓名、电话，室内建筑面积，法定用途，使用现状，使用年限，户型，朝向，管理费用，产权证状况，房源目前是放租、空置还是业主自住，等等。房地产经纪人要及时地将这些信息记录下来，并输入公司的房源库中。

进行房源勘察时，房地产经纪人还要格外注意以下几个关键点。

1）尽量多拍现场照片

经常有房地产经纪人在路边摆上房源架蹲守，房源架上贴的广告一般只会表明房源在哪个小区，有多少平方米，售价多少这几点信息，这些信息是难以给客户留下深刻印象的。房地产经纪人在勘察房源时，最好多拍一些周边环境与房源的室内景象的照片，这样更能吸引客户。客户看到照片，便有了更为直观的印象，也就更容易被激发出实地看房的兴趣。

2）多关注周边楼盘小区的价格

客户在选房、购房时，价格是极为重要的一个考虑因素，尤其是同一地段，同一区域内，只要存在一点价格差，客户都会很敏感。所以，房地产经纪人在勘察时，要多关注周边楼盘小区的房价，摸清楚其中的价格趋势和差价。而要收集这些信息，最简便的方法就是以客户的身份去走访一下周边的房地产中介门店，从对方的房地产经纪人那里获取第一手的信息。多跑几家门店，多接触几位房地产经纪人，这样能对房源周边的房价有一个快速的认知。

3）留意房源小区内的其他房源

房源和客源一样，是房地产经纪人最为宝贵的资源，因此，房地产经纪人应尽可能地发掘更多的房源。一个小区，当然不可能只有一套可供出售的房源，因此，房地产经纪人去勘察某套房源时，除了对该房源进行全方位的了解，还要留意小区内其他可能出售的房源，这可以从小区保安、物业、水电暖维修工人、小区居民处获取，也可以通过观察水电缴费情况、装修情况以及有无生活痕迹去判断是否为空置房源。

在勘察完毕后，房地产经纪人与业主洽谈放盘事宜时，一定要核实房源产权状况，这不仅仅是为了保护购房人的利益，同时也是在保障房地产经纪人自身以及公司的利益。从找房源，到放盘，到找客户，到不断地带客看房，到最后的洽谈，房地产经纪人需要花费大量的时间与精力，如果到最后关头，才发现房源在产权上存在一些问题，导致买卖谈不下去，那么房地产经纪人前期的所有工作几乎都"打了水漂"。所以，在业主放盘时，房地产经纪人一定要严谨细致、循规蹈矩地核实房源产权状况，核实步骤如图2-7所示。

第一步：核实相关证件	第二步：查档	第三步：核查债务关系
查验业主的身份证件、房屋所有权证、土地使用权证、按揭合同、买卖合同、预售合同等相关证件。如果是业主委托代理人前来放盘，则要查验代理人的证件以及代理委托书；如果该房源为出租状态，则须查验承租人放弃优先购买权的协议或证明；如果是共有房产，则要查验共有人放弃优先购买权的协议或证明，以及共有人同意出售的证明书	向有关房产管理部门查验房产产权的来源与相关记录，最好到国土局或者档案大厦等部门打印一份加盖查档专用印章的查档回执，以后如果产生纠纷，这份回执证明将非常关键	理清楚房屋在经营过程中是否发生过债务，查验抵押贷款的合同、租约，了解当时贷款的额度以及偿还的情况，还要弄清楚该房源是否被抵押，是否被法院查封，等等

图2-7 核实房源产权状况的步骤

房地产经纪人把前期的工作做得细致一些，严谨一些，可以大大减少甚至消除后期的纠纷与争端，让客户买得称心，业主卖得开心，房地产经纪人拿佣金也能拿得安心。

2.4 努力签独家房源

对房地产经纪人来说，房源的争夺往往比客源的争夺还要激烈得多。一套好的房源，几乎可以说有百家求。因此，一位业主只要说自己想卖房屋，立刻就会有一大群房地产经纪人追上来，而业主在放盘时，也会同时联系多位房地产经纪人，同时在多家门店里放出盘源。房地产经纪人要想与业主建立起最"铁"的关系，甚至与业主签下独家委托，就必须能抓得住业主的心思，能满足业主的需求。

那么，业主的核心需求是什么呢？业主的核心需求永远只有一条，那就是在最短的时间里以最省事、最安全的方式找到最爽利的买家并将房屋卖出最好的价钱。一位真正有卖房打算的业主，最关心的无非是三点：一是售价越高越好，二是出售的速度越快越好，三是交易的过程越安全越好。所以，房地产经纪人在与业主打交道时，一定要时刻将这三点记在心间，要尽量从这三点上去理解业主，打动业主，赢得业主。

要帮助业主又快又稳，且卖价又好地将房源推销出去，房地产经纪人首先要了解清楚业主放盘的原因与动机。大部分客户在看一套二手房源时，必问的一个问题就是"业主为什么要卖房？"每一位客户都希望能买到放心、省心、安心的房屋，因此，他们很关心业主卖房的动机，他们担心房屋有问题，有隐情，有"内幕"，所以，房地产经纪人第一个要跟业主打探的信息就是其放盘的动机。通常来说，业主放盘，很可能是出于以下几种情况。

（1）改善生活质量：卖出现有的两房，欲另购或者已购置较为宽敞、舒适的三房。

（2）减轻生活负担：将房屋出售，自己再租住房屋。

（3）放盘待价而沽：业主可能不止一套房屋，虽然放出盘源，但并不急售，等待高价。

（4）打算异地安居：如移民出国，工作变动，回乡发展，等等。

（5）缓解经济问题：如生意上资金紧张，生活上急需用钱，家人生病需救治，或无力再偿还房贷，等等。

在以上几种情况里，前三种业主并不着急卖房，对价格更为看重，而且在一次合作之后很可能还有再次合作的可能，对这类业主，房地产经纪人要做好长期跟进的准备。后两种则不一样，可以称为"急客"，这类业主急于将房屋变现，最看重速度，在价钱上往往有松动的余地，很多笋盘正是因此而产生的，房地产经纪人对这一类业主要特别注意，争取将其房源签为独家，并积极组织客户看房，以便尽快出售。

房地产经纪人在与业主洽谈放盘事宜时，一定要尽力争取业主的独家委托，也就是将房源"独揽"下来，让其他中介无法"撬盘"。而要让业主放心地签下独家委托，房地产经纪人可以采取如下几个办法。

1. 利用自身实力与能力

业主既然想将房源高价、快速、省心地卖出去，那么，当然会倾向于选择实力较强一些的中介机构，或者选择那些有能力、靠得住的房地产经纪人来合作。所以，房地产经纪人一方面可以向业主强调自己所在公司和门店的规模、实力与信誉，另一方面还可以通过平时打交道的一些细节，给业主留下一个热心负责、尽心尽力的好印象，这也能够影响业主的决策。

小王是一家房地产中介公司的房地产经纪人，有一次，一位业主放出了一套房源信息，买家看房后非常满意，当即付了一万元的定金。可没想到的是，业主在放盘的同时也在放租，而且那套房屋恰好就在买家付定金之前租了出去，业主短期内就不打算卖了。小王多次找业主沟通，都只得到一个答复：不卖！

这可难坏了小王，眼看着就要成的单子怎么能眼睁睁地看着它失败呢。于是小王开始坚持每天给业主打一个电话，时间一长，业主要么直接挂掉电话，要么干脆不接，再后来直接骂起了人，可即便是这样，小王还是坚持联系着业主，因为他实在不愿意放弃这套房源。

坚持了两个月后，业主受不了了，他主动来店里找小王。小王以为业主是来责骂自己的，心里很不安，不料对方见面后的第一句话就是："为了我这套房屋，打来电话的中介公司很多，但我从没见过像你这么拧的中介，那好吧，这套房就全权委托给你们公司来卖吧！"

小王以自己两个月的坚持与诚意打动了业主，最终赢得了这套房源。可见，即使房地产经纪人背后的公司相比其他中介公司而言不具备明显的优势，但如果房地产经纪人自身能力过硬，且有足够的诚意，也是能赢得业主的信赖并获得独家委托的。

2. 给业主讲明利害，摆明好处

业主既然有核心需求，也就有软肋可攻。业主图的是省心、高价、快速、稳妥，那么，房地产经纪人可以从业主的这些心理入手，或者跟业主讲明利害，或者给业主摆明好处。常用的方法有：允诺业主帮其房屋做免费的保洁，让房屋能保持一个好卖相，以便卖出更高的价位；指定专人负责该房源，一则保障房内财物安全，二则有专人联络，可以屏蔽其他中介的电话骚扰；为业主的房源做免费的广告推广，让更多的客户能注意到这个房屋，从而以更快的速度、更高的价格卖出去，等等。房地产经纪人可以通过这样的方式来争取业主的独家委托。

如果百般努力之后，业主仍然坚持不愿意签独家委托，房地产经纪人也要尽力说服业主将钥匙留下来，这样虽然无法做到独家控盘，但毕竟相比其他没有获得钥匙的中介同行而言，能占据一定的主动权。

3. 委托手续要签好

某房地产经纪门店从网上获取了王先生的房屋待售信息，没有与王先生联系就将这条信息作为自己的房源信息。有一天，客户李先生来到店里买房，他的要求与王先生房源的条件较为匹配，房地产经纪人在与王先生联系后，向李先生推荐了这套房屋。

接着，房地产经纪人请李先生签订了一份协议，约定交易成功后，李先生向门店支付房屋交易总价的1%作为佣金。后来房地产经纪人带领李先生看房，李先生也比较满意。

过了几天，房地产经纪人才听说李先生和王先生签订了《房地产买卖合同》，就向双方要求支付佣金，但王先生拒绝支付，理由是没有和房地产经纪门店签订任何形式的委托协议。该房地产经纪门店将王先生诉至法院，但因为不能出示王先生同意经纪门店进行经纪服务的证据，诉讼请求未能得到法院的支持。

委托手续是经纪机构提供服务和收取报酬的法律凭证，在提供经纪服务之前，一定要与业主和客户签订委托协议。如果委托手续不齐全，就会像上面例子中一样，面临被客户"涮"的风险。

4. 房屋保管要做好

××房地产经纪门店与何先生签订了一套房屋的独家代理合同。为了方便房地产经纪人带客看房,何先生将房屋钥匙交给了该门店,之后何先生一家就出国了。

后来,该房屋在委托期间被盗,屋内液晶电视、电脑、空调统统不翼而飞,但房屋门锁并没有被损坏的迹象,经警方参与后也没能侦破案件。

何先生认为,这套房屋的钥匙已交给门店,自己一家人都在国外,不可能回来。门店应对房屋失窃承担责任,并要求经纪门店赔偿损失。

在独家代理业务当中,在将房屋委托给房地产经纪门店时,很多业主都会像上述例子中的何先生一样,把该房屋的钥匙交给房地产经纪门店保管、使用。而不少房地产经纪人为了带客户看房时的便利,也会主动向业主要求保管房屋的钥匙。殊不知,拿到钥匙的同时,所承担的风险也随之而来。

房地产经纪门店从接受钥匙到将房屋出售或出租的这段时间,要对该房屋及屋内财产承担保管责任。如果发生财产失窃或是被人为损坏等情况,所造成的损失都可能由房地产经纪门店负责赔偿。越是装修豪华、家具电器名贵的房屋,房地产经纪门店所要承担的风险就越大。

因此,如果接受了客户的全权委托,该房源和钥匙应当由专人保管,无故不得将钥匙转交给其他人。若有需要应做好登记,房地产经纪人带客看房后要关闭好门窗,切断水、电和燃气阀门。一旦房屋损坏或失窃要及时向公安机关报案。

2.5 房源信息发布有技巧

为达成房地产交易,房地产经纪人需要把开发及勘察后补充完整的房源信息发布出去,以获得客户的关注。房地产经纪人在发布房源信息前,首先须获得委托人的书面同意,同时,应遵循相关法律、法规的规定发布。房地产经纪人大多通过网络、现场展示的方式发布房源信息。

1. 网络发布

目前,很多房地产经纪人运用网络发布房源信息,从而获得了很多客户,并进一步获得了很好的收益。但是，并不是所有的房地产经纪人都能通过网络发布房源信息而获得成功的，那么如何巧妙地利用网络发布房源信息呢？房地产经纪人可以参考以下7点。

1）了解自己要发布的房源

房地产经纪人小张代理了一套一居室，40平方米。业主放盘时只要价80万元，还主动留下了钥匙，以方便小张带客看房。小张拿到钥匙后，如获至宝，兴致勃勃地先去查看了该房屋。可刚走到房屋不远处，他就发现距离该房屋十米远处有一排垃圾桶，臭味扑鼻而来。小张心里凉了半截：天上果然不会掉馅饼。

小张回来后，向大家讲述看房情况时，大家异口同声道："太恐怖了！"。大家都断定这套房屋没人买，都不愿意推这套房屋。可小张经过一番思考后，认为"天下没有卖不掉的房屋"，觉得仍有销售机会。

于是，在对外发布房源信息时，小张从不忘了这套特别的房。后来，一位男士前来寻问该房屋的情况，小张把情况如实地同他讲了一遍。奇怪的是，该客户一直显得非常兴奋，还要求去看房。看房后，男士果断支付了5000元的定金，并在第二天就签订了买卖合同。

原来，这位男士是一位清洁工人，在本地做了十多年了，非常渴望有个自己的家，而那套房屋的环境，他早以习惯。一套在他人眼中毫无价值的房屋，就这样经过小张的手找到了合适的买家。

要想在网络上成功地推出自己的房源，房地产经纪人首先要去实地了解这套房源，对自己的房源有全面的认识。

房地产经纪人需要对房屋基本条件、屋内设施、房屋所在商圈和小区、楼层等基本条件有一个大致的了解。不仅如此，房地产经纪人还可以拍摄房屋的外观图、内部装修状况图、从阳台或者主卧室望出去的景观图，以及这套房屋的户型图等。

此外，房地产经纪人还需要寻找各个房源的"动人之处"，这不光会让看到房源信息的客户给房地产经纪人加分，即使当网友给房地产经纪人打电话的时候，房地产经纪人也能够应变自如。

2）标题具有吸引力

标题是决定一个访客是否会点击进去看的关键。如果标题有可选的颜色，那就要注意颜色的选择，同时应确保标题中的关键词可以被不同的搜索方式搜索到，标题中最好能用简洁的语言表现房源最大的特点。例如，"紧邻宣武门地铁，闹中取静""三居室，宽敞豁亮""新竹路三房，让你不用出门也能看房"等。标题若有标点符号，那最好使用英文状态下的标点符号，这更有利于搜索引擎的收录，或者也可以用空格隔开。

3）内容要丰富、直观、点到动人之处

如果一个房源的广告很平常，一两句话就随便写出来，那么很少会有人对这个房源感兴趣。由于网上的房源多，若房地产经纪人没有凸显自身房源的优势，没有说明自身房源的特别之处，又怎么能吸引客户来看房呢？图片加文字的房源推荐方式，效果是最佳的。

例如，拍摄有绿化的一角，可以说小区环境好，特别适合居住；拍摄门口，可以说24小时有保安值班；也可以拍摄附近的大小超市、菜市、银行、肯德基、麦当劳等。客户选择一个房屋，不仅仅是看它内部的环境，更重要的是看它周围的环境。

4）增加房源信息的发布量

如果房地产经纪人发布的房源信息量太少，客户即使看了信息，也没有什么选择的余地，同时也不能保证你所发布的信息就一定是客户喜欢的。从客户的角度来看，他希望能看到很多可供他选择的房源信息，所以房地产经纪人一定不要图省事、简单，多发布一些房源信息总没坏处，尽可能地把你所能掌握的房源信息都发布出来，总会有客户看中的房源。

5）尽可能地选热门的楼盘信息发布

有的房地产经纪人在网上发布了很多信息，但是效果却并不显著。很可能是因为他所发布的都是位置较偏的冷门楼盘，而想要这个楼盘的客户很少，那么房地产经纪人自然也就收不到好的效果了。

因此，在网络上发布房源信息时，房地产经纪人可以适度地增加一些热门楼盘信息的发布量，这样可以增加楼盘的浏览量，那么同时看你冷门楼盘的客户可能就会多一些了。所以，房地产经纪人在发布信息时要学会信息搭配，如果想要推好自己的冷门楼盘，一定要结合一些热门楼盘一起推。

6）发布较为详细、全面的房源信息

试想一下，如果房地产经纪人发布的房源信息非常简单，客户看你发布的房源信息和看其他房地产经纪人发布的房源信息并没有什么区别，那么客户很难会对你的房源信息产生兴趣。因此，对房源信息的描述要尽量详细、全面。

对房源信息的具体描述包括房源标题和房源展示信息两个方面。首先，房地产经纪人要写出一个独特的能吸引客户的标题；其次，房地产经纪人要详细地描述房源信息。因为通过网络找房源的客户就是为了方便、省事，如果客户根本不用去看房就能知道房屋怎么样，那么当看到令他满意的房屋时当然也愿意爽快地与房地产经纪人联系。

7）不断在网络上更新房源信息的发布时间

房地产经纪人如果没有及时更新房源信息的发布时间，就会出现一种可能，那就是当客户看到了你的房源信息，但他发现发布日期是一个月之前，那么客户可能会以为这套房屋已经卖出了，于是很可能不会跟房地产经纪人联系，最终导致房源交易错失。所以只要是房地产经纪人还没有出手的房源，都要记得经常更新一下发布的日期，这样也会增加客户的新鲜感。

2. 现场展示

房地产经纪人现场展示房源是否成功，关键在于客户是否能接受。即使房地产经纪人展示得再好，如果客户不接受，那也是无效的。也就是说，在现场展示房源时，房地产经纪人应该以客户为中心，根据客户的喜好、需求来展示房源，而不是自顾自地说下去。

在现场展示的过程中，房地产经纪人与客户或者潜在客户的沟通、交流非常重要。沟通是双向的，而不是单向的一方说一方听。在房地产经纪人向客户介绍自己的房源时，如果房地产经纪人无法做到调动客户的情绪、让客户参与到你的介绍活动中来，那么展示的现场就会失去互动的气氛，从而致使客户对房源的印象大打折扣。

怎样增强现场展示的互动与交流气氛呢？房地产经纪人可以参考图2-8的做法。

现场展示房源往往受时间和空间的限制，要让展示更加有效，房地产经纪人需要在现场展示时突出自己房源的优势，吸引客户的注意力并促使其与自己成交。因此，房地产经纪人在现场展示中不仅要充分表现出自己房源的优势，还要善于借助各种资料或者第三方来辅助自己的现场推销。

当然，是否愿意接受房地产经纪人所展示的房源，最终决定权还是在于客户自己。因此，对于房地产经纪人来说，要让客户自己做主，要让客户愿意与自己成交，关键就在于在现场展示中,房地产经纪人是否激起了客户的兴趣,是否有让客户有愿意成交的理由。

现场展示中,与客户互动和交流的方法

1. 问问题,让客户参与

在成功的现场展示中,房地产经纪人一定要避免一个人唱独角戏,要尽量让客户参与进来,发挥参与感的影响力。同时,在向客户介绍房源时,应及时发问,让客户多说,这样才会了解客户的想法并很好地引导客户的思维。

2. 注意客户的反应

在现场展示词源时,房地产经纪人不仅要温婉有礼、详细周到地介绍客户感兴趣的房源,还要注意观察客户的表情与态度,注意客户的反应,有针对性地进行介绍。

3. 礼貌回答客户的疑问

在现场展示房源时,客户向房地产经纪人提出问题是常有的事。客户可能会提出交易上的问题,也有可能会提出乘车路线、购物等与房屋有关的各种问题。房地产经纪人应明白,客户向你提问,是期望你为其服务,你理应以诚相待,做到有问必答,尽量满足客户的需求。

4. 让客户积极响应

在与客户现场沟通的过程中,房地产经纪人应尽量把客户带入一个点头说是的节奏中去。如可以自然地问客户:"您觉得对吗?""很好,您觉得呢?"如果客户相信了房源的那些优点,他是很愿意给予赞同的。房地产经纪人得到的这种赞同越多,客户与你之间取得的一致性就越高,愿意购买或者租住的可能性也就越大。

图2-8　房地产经纪人如何增强现场展示中的互动与交流气氛

2.6　复盘信息要及时

房地产经纪人平时对业主及其房源要多联络、多跟进,及时将客户看房的情况以及最新的进展跟业主说明,同时,对公司库内收录的非活跃性房源,房地产经纪人对该房源及其业主也要坚持定时跟踪、跟进,这叫做"复盘"。在复盘时,房地产经纪人要注意以下5点。

1. 不要在意公司内网上的房源跟进记录

每一个房源，隔三差五就会有同事负责跟进，每一次都会在系统里记录一些跟进的情况，例如，"业主说不要再给他打电话""业主只租不卖""业主听到是中介电话就骂人"等，这些记录只能反映业主在上一次跟进时的状况。每一天，情况都有可能发生变化，原来打算出租的业主现在可能想出售，原来反感中介的业主现在可能需要中介帮助租售。所以，房地产经纪人不要被原来的房源跟进记录影响，还是要适时地和业主保持联系。

2. 不要做重复性提问

通过公司内网上的跟进记录了解以前的同事询问过业主哪些方面的问题，如果没有重复确认的必要，尽量不要提出重复性问题，这会让业主感到厌烦。比如，房源的房型、面积、层高、具体地址等信息。但是，价格问题是个例外，房地产经纪人每次跟进都可以跟业主确认一下售价，看业主的报价是不是开始动摇了。

3. 不要过于职业化与功利化

尤其是跟关系已经较为熟悉的业主，如果房地产经纪人一拿起电话就是一副公事公办的样子，开口就问房源如何，业主可能会很反感。所以，与这类业主沟通时，行为和言语不妨生活化一些，有人情味一些，先聊聊家长里短，生活近况，或者先问候，等沟通气氛热络起来后再切入正事。

4. 不要说风凉话

如果业主已经将房源售出，房地产经纪人不可以表现出灰心丧气的样子，更不能说风凉话，例如，"您这套房屋实在是卖亏了，要是交给我们来谈的话，一定还能多卖4～5万元"，或者"您这套房屋真的是70万元卖的吗？我怎么听那家中介说他们是以75万元卖掉的？"等。这样的话说出来，房地产经纪人自己得不到丝毫利益，反而可能会坏了业主心情，坏了同行关系，完全是损人不利己的。

5. 要能挨得住骂

房地产经纪人在复盘的过程中会经常性地被业主骂。因为业主每天都会接到很多个中介的跟进电话，而且问的还都是差不多的问题，天天如此，没有哪位业主还能保持住好的涵养与礼节，因此发发牢骚，训斥几句，甚至开口大骂都是很正常的，房地产经纪人要挨得住这些骂声。只有最能经得住骂的人，才可能网罗到最多的有效房源信息与销售机会。

业主对房地产行业的了解一般都是比不上专业的房地产经纪人的，所以，房地产经纪人要想赢得业主百分之百的信任，就得做好业主的顾问，帮助业主实现其核心需求，最终帮助业主把房屋顺利卖出去。

2.7 做好服务增人脉

一位房地产经纪人得知，有一对老夫妇都在事业单位工作，并且都快到退休年龄了，还住在一套没有社区配套设施且没有电梯的老房屋的4层，因此房地产经纪人决定劝说他们换一套带电梯、且社区配套好的房屋。为此，他没事的时候就常常与这对老夫妇聊天，陪着他们闲话家常。

经过一段时间的接触，这对老夫妇逐渐信任他，常常请他到家里喝茶、谈心。然而不巧的是，几个月后，老夫妇两人一起退休了，并且搬回了农村的老家去享受田园生活。这位房地产经纪人的生意就这样泡汤了，但他仍然不时通过电话向两位老人表达他的关切之情。

又过了两个月，一个非常有活力的年轻人在秘书的陪同下，来到了该房地产经纪人所在的公司，他指明要见这位房地产经纪人并且找他购房。原来这位年轻人是那对老夫妇留学归国的儿子，他目前正需要买一套高档公寓。他告诉房地产经纪人："由于在海外，我常常不能够抽出时间来陪爸爸妈妈散步、聊天，但是这些你都帮我做到了，特别是我的妈妈，她老向我提到你，她说和你聊天是非常愉快的事情。因此，我今天特地前来向你致谢，感谢你如此关怀我的父母。"年轻人向该房地产经纪人深深地鞠躬，随手还拿出了几张名片，又说："除了我买的那套房屋，这些是我即将归国的几个同学的名片，他们回来后也需要购房。"

这种突如其来的举动，让这位房地产经纪人大为惊讶，一时之间，无言以对。原来，一个人无心的善举竟然能带来这样大的回报。看来，服务也是带来客户的途径之一啊。

服务本身就是强有力的推销，服务的精神可以说是成功房地产经纪人必备的条件。历史上第一位一年内销售超过十亿美元保费的寿险大师乔·甘道夫曾说过："要有效地挖掘客户群,服务是必不可少的。"

优良的服务就是优良的推销。举个例子来说,作为房地产经纪人,直接面对的就是那些有购房和租房需求的客户,他们有可能对今年购房的政策还没有充分的了解,又或许他们对房屋建筑质量的好坏、造价的判断等都比较疑惑,这时,如果房地产经纪人能够给他们提供一份准确的答案,那么他们对房地产经纪人的认同感也会相应地上升。这时,再找房地产经纪人购房,他们也就很放心了。因此,在拓展人脉的过程中,具备完整而热忱的服务品质,是房地产经纪人业绩拓展的重要环节。

房地产经纪人小王是一个热爱学习、积极上进的年轻小伙儿。由于他对建筑非常感兴趣,所以他一有时间就会看一些地产建筑方面的知识,并进行研究。抱着对建筑的那份热情与喜爱,很快他就成为了一个房屋细节方面的小专家。

由于购房的细节非常多,很多客户常常不能全面地涉猎。而当他们购房后,一旦房屋质量出现了问题,客户又会感觉上了当,进而投诉房地产经纪人。小王就注意到了这一点。所以,在带客户看房的过程中,他会根据客户的情况帮客户出主意,提醒客户应注意的事项。客户大都对他很满意。有些客户还夸奖他,说找小王购房还可以学到不少建筑方面的知识。

这样,房地产经纪人小王的名气越来越大。当然,这其中还有另一个原因:他待人和气,很容易赢得客户的好感。许多老客户都主动为他介绍新客户,新客户也都很放心找小王购房、租房。

很多人都询问小王这个"无心插柳柳成荫"的行为,他总是会微笑着告诉别人:"其实最好的推销就是服务。"他一路走来,几乎没有主动去找过客户,大部分的业绩都是由客户相互介绍而来的,所以业务拓展对他而言几乎是毫不费力的事情。

面对不断而来的客户,他显得十分忙碌且疲惫,但小王的心中却充满希望与成就感。因为他知道:每一个购房的客户,如果可以持续得到良好的服务,都将会为他带来新的客户。如此周而复始的结果使得他的业绩不断攀升。

这个故事也说明了一个道理:付出总有回报。向客户提供服务,给客户提供关怀,客户也自然会给你丰厚的回报。根据客户对服务的期望程度,房地产经纪人给客户提供的服务一般可以分为三种类型,即低于客户期望的服务、满足客户期望的服务和超出客户期望的服务。把服务做到超出客户期望,房地产经纪人也就向成功迈进了一大步。

房地产经纪人给客户提供服务是为了增加客户的满意度和认同感，在租赁、买卖房屋的过程中提供低于客户期望的服务常常会引来客户的抱怨，提供满足客户期望的服务也只能说明客户希望得到的和实际得到的是一致的，而提供超出客户期望的服务则可以让客户记住你、感激你，甚至会反馈给房地产经纪人意想不到的惊喜。

服务客户蕴藏的力量是非常巨大的，从表面上看，或许给客户提供的一些服务与业务并无直接或多大的联系，但是它会潜移默化地让客户认可你、感激你，这样一来当客户或者客户的亲人、朋友等有了购房需求之后，他们自然会首当其冲地找到你。

因此，提供服务是房地产经纪人最重要的和必不可少的销售技巧之一。在竞争激烈的房地产经纪市场，提供令客户满意的服务成为了房地产经纪人制胜的重要法宝。图2-9所展示的是一些给客户提供更优质服务的小窍门。

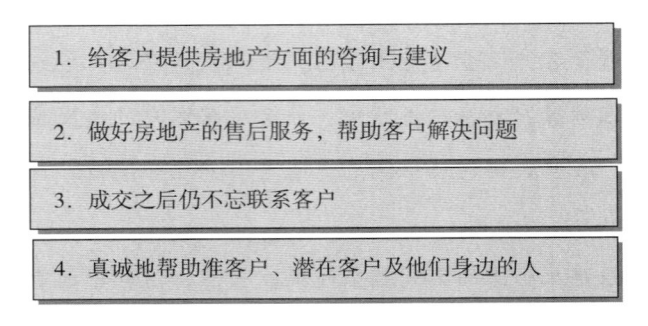

1. 给客户提供房地产方面的咨询与建议
2. 做好房地产的售后服务，帮助客户解决问题
3. 成交之后仍不忘联系客户
4. 真诚地帮助准客户、潜在客户及他们身边的人

图2-9　给客户提供更优质服务的小窍门

西方一位管理者曾给公司的推销员这样的忠告："忘掉你的推销任务，一心想着你能带给别人什么服务。"他认为销售人员一旦将思想集中于服务别人，就会马上变得更有冲劲，更有力量，也更容易赢得更多客户的认同。想想也是，试问谁会抗拒一个尽心尽力帮助自己解决问题的人呢？

服务客户要诚恳自然，要一以贯之，才能"润物无声"，赢得更多人的青睐。差异化的服务、与卖房无关的服务，以及超出客户期望的服务，可以吸引更多的客户。谁尽力帮助其他人活得更舒适、更愉快，谁就有可能脱颖而出，成为一名顶级的房地产经纪人。

第 3 章

获取客源

客户是房地产经纪人最为宝贵的财富，也是房地产经纪事业得以延续的命脉。有一家公司曾经对700位已离职的房地产经纪人进行过调查，发现其中有95%的人离职是因为不知道该如何去寻找客户。那么，房地产经纪人的目标客户究竟在哪里？又该怎样找到这些客户？这是每一位房地产经纪人必须重点解决的问题。

解决这个问题的出路就是编织超级人脉网。只有拥有稳定、充足的客户群，房地产经纪工作才能够有效地开展下去，房地产经纪人的人生理想也才能够快速地实现。

3.1 了解什么是客源

客源是对房地产有现实需求或潜在需求的客户，包括需求者和需求意向。这里的需求包括购买需求和租赁需求。需求者包括自然人、法人和非法人组织等主体。需求意向包括需求类型（是购买还是租赁），房地产项目地理位置、户型、面积、楼层、朝向、价格、产权情况和购买方式等。

客源信息是指描述客源的需求者与需求意向的各项内容的数字、图像和文字。客源信息是房地产经纪业务的另一个主体，因此，房地产经纪人要充分了解客源信息，多途径开拓客源。

3.2 多途径开拓客源

一天，一位房地产经纪人来到一个小区发宣传单，远远看见小区公园的长凳上坐着一个穿着讲究，并且身边还放着一个高级公文包的中年男子。这位房地产经纪人马上眼前一亮，心想：这个人很可能是一个会向我购房的准客户！于是他快步向那位中年男子走了过去。

这位房地产经纪人很热情地和那位中年男子打招呼，并和他聊了起来。让他失望的是，这名男子没有购房意愿，但是房地产经纪人并不自我设限，他仍然很愉快地继续跟这个人聊天，最后，他的热情和真诚打动了这个人，他虽然不买房，但是留下了一张房地产经纪人的名片。

没过几天，这个人突然打电话给房地产经纪人，说他的一个朋友要购房，再后来，他又介绍了几个大客户给这名房地产经纪人，房地产经纪人也因此签了好几单。

到社区发宣传单是房地产经纪人常用的寻找客源、房源，以及推广自我的途径。可是，现在很多房地产经纪人都反映客户难找且大都没有诚意，手头客户也没几个。难道真的没有客户吗？其实不然。生活中到处都有客户，人需要住房屋，就都有可能购房，即使他现在不买，将来也有可能买，他朋友也有可能买，他朋友的朋友也有可能买。问题的关键在于房地产经纪人是否能通过各种途径找客户。

房地产经纪人可以通过很多途径来挖掘信息，寻找客源。实体寻找和网络寻找都是赢得准客户的重要方式，并且很多时候，客源的开拓与房源的开发途径有着相似之处。房地产经纪人客源开拓途径及具体内容如表3-1所示。

表3-1 客源开拓途径及具体内容

途径	具体内容
展销会	到展销会寻找准客户，根据客户需求意见有针对性地进行追踪和推销
组织关系网络	善于利用各种关系，争取利用他们的自身优势和有效渠道，协助寻找客户
权威介绍法	利用人们对权威的崇拜心理，邀请权威人士帮忙介绍房地产经纪人和房地产来吸引客户
交叉合作法	房地产经纪人可以加强相互之间的信息、情报共享，互相推荐和介绍客户
重点访问法	对手头上的客户，有重点地跟进一部分，直接面访或约谈，开展推销"攻势"
滚雪球法	利用老客户关系，让他们现身说法以争取新客户，像滚雪球一样扩展客户队伍
建立个人主页	把大量的房源、个人信息、房产动向、小故事等放在个人主页上，提高自己的人气
社交App发布信息	社交App（如小红书、微博等）上最好有具体的房源信息，并且辅以拍摄的图片或录制的视频，小区特色介绍等让其更生动
即时通讯工具	如微信、企业微信、QQ等，方便与同行及客户建立联系和交流
电子邮件营销	向新老客户及其他有需求的客户的电子邮箱，持续发送房源和促销信息
加入论坛和社区	加入本地活跃的门户网站、业主论坛、社区和房产论坛等，并在上面收集和发布信息
房产网站和网店	发布信息时要注意信息更新、有醒目的标题等，有条件的话可以开设房产销售网店
房地产租售App	如贝壳、自如、58同城等

房地产经纪人应该养成随时发现潜在客户的习惯，同时在寻找的过程中必须具备敏锐的观察力与正确的判断力。因为任何一个企业、群体、家庭和人，都有可能是购买和租住房屋的准客户。因此，房地产经纪人要善于运用多种途径去发现与挖掘客户，抓住机遇，迎接挑战。

3.3 不放过任何机会

有很大一部分房地产经纪人的工作方式是"守株待兔",坐等大客户从天而降。他们通过一些街头张贴的小广告进行宣传,然后剩下的就是坐等客户上门。其实,仅靠这样的方法开展工作是很不科学的。有时候,客户看到这样杂乱的宣传不仅会反感,还会怀疑房地产经纪人的实力。

还有一些房地产经纪人会在报纸上做一些分类广告,以为会取得一定的效果,事实是很多人根本不会关注报纸上的小模块。再者,在报纸上做广告还会增加房地产经纪人的工作成本。因此,房地产经纪人要编织一个超级人脉网,就不能局限于这些传统、低效的宣传方式,而应该给自己创造更多的机会,这就需要房地产经纪人打破思维定势,从紧抓眼前机会做起。

在大多数房地产经纪人都为客源一筹莫展时,房地产经纪人小王这边却忙得不亦乐乎。因为找他购房的客户和委托他卖房的业主络绎不绝,下面来看看他是怎样抓住机会和创造机会来赢得客户的。

首先,他并不满足于手上已经掌握的房源、客源资料,他主动出击,深入居民小区寻找优质房源,并用低廉的佣金包揽房源。

其次,他大范围地搜索人气高、点击率高的生活服务网站,并在上面注册、登记后发布他的房源信息。在搜索过程中,他发现某口碑网非常有实力,于是他毫不犹豫地选取它,并在该网站上推广自己掌握的房源信息。而很多房地产经纪人也发现了这个网站,但是他们却不愿意利用网站推广的方法,因为他们认为网站信息量过大,发布的信息很容易被埋没。确实,要想在该口碑网七千万的海量信息中被客户注意到并不是一件容易的事情,但是小王做到了,因为他知道人们获取信息的主要途径是搜索定位信息,并且网站上还有城市分类,所以要让消息脱颖而出就必须采取特殊的方式。通过对该口碑网的研究和了解,小王知道了他们有个推广计划。这个计划类似于竞价排名,但竞价起点非常低,主要针对中小服务商,并且非常精准。小王确定了几个关键词:租房、购房、二手房、房产中介……在该推广计划的系统里查询了一下,正好他的这个城市频道目前没有人做,这意味着他只需要花很少的钱,就可以将这些关键词拍下来。于是,他按照该网站的要求,支付了一笔小钱,开始做网络推广。

有效果，才是硬道理，自从用了网络推广以后，每天都有很多客户向小王咨询租赁、买卖房产，并且大部分人都是有消费能力的白领。正好小王手上有几套高档的住房，于是他的销售业绩很快得到了提升。后来由于小王手上的白领客户越来越多，他推销高档住房也越来越有信心。此后，他还专门开通了一个白领购房通道，很快，小王的成交量和知名度提高了很多。

是否善于抓住机会是房地产经纪人能否成功的重要指标之一。机会往往是偶然的、稍纵即逝的，而要抓住机会，房地产经纪人就需要具备一个精明的头脑并进行详细的研究，然后细心地观察，捕捉机会。大千世界，人海茫茫，其实机会还是很多的，房地产经纪人应该打起精神，不放过任何一个机会。

想要成功地抓住身边的机会，房地产经纪人可以从以下几点入手，具体内容如图3-1所示。

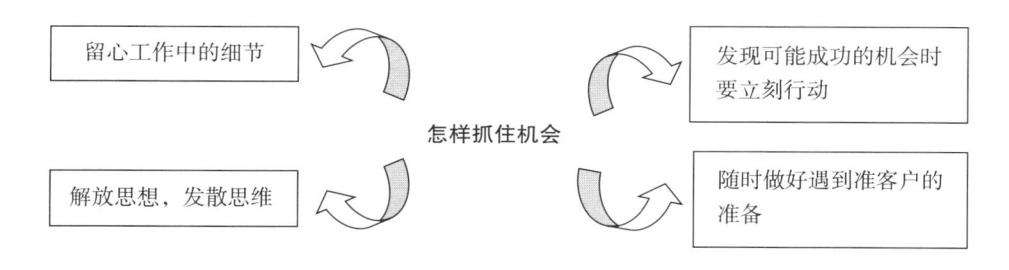

```
留心工作中的细节        发现可能成功的机会时要立刻行动
          怎样抓住机会
解放思想，发散思维      随时做好遇到准客户的准备
```

图3-1　怎样抓住机会

客户购房、租房，本身就是一种偏向理智的购买行为，这也决定了他们和房地产经纪人成交的机会要明显小于那些小额快速消费品。房地产经纪人没有能力主宰客户的所有决定，也正因为如此，房地产经纪人更加不能放弃每一个客户给予的机会。当你面对一个潜在客户正犹豫不决时，何不大胆地上前去抓住机会呢？就算轻率又如何，有谁敢说一定不会成功呢？也许意想不到的机会就在前方等着你！

3.4　客户信息的管理

客户信息的管理包括整理汇总、分类建档和访问跟进。

1. 整理汇总

房地产经纪人通过前文的各种途径开发客户之后一定会小有收获，此时，需要房地产经纪人将在谈话和交流中初步了解的客户信息和需求汇总并记录下来，登记到房地产经纪机构的内部客户系统中。

客户汇总的信息包括个人信息和对房屋的需求信息。个人信息主要是姓名、目前住所、联系电话、E-mail、职业、家庭人口等，如果能问客户要到微信号、企业微信号或QQ号，则既可以方便联系，也不会因为在不恰当时候的打扰而引起客户的不满。

对房屋的需求信息就是客户对房屋的具体要求，如户型、面积、价格、配套设施等，由于求购客户和求租客户对房屋的具体要求差别比较大，房地产经纪人应分别进行整理、汇总。

客户信息记录得越详细，后期与房源配对成功的概率就越大。因此，房地产经纪人事先一定要多与客户沟通，掌握其对房屋的具体要求和偏好，并及时进行汇总。汇总时需要注意如图3-2所示的3点。

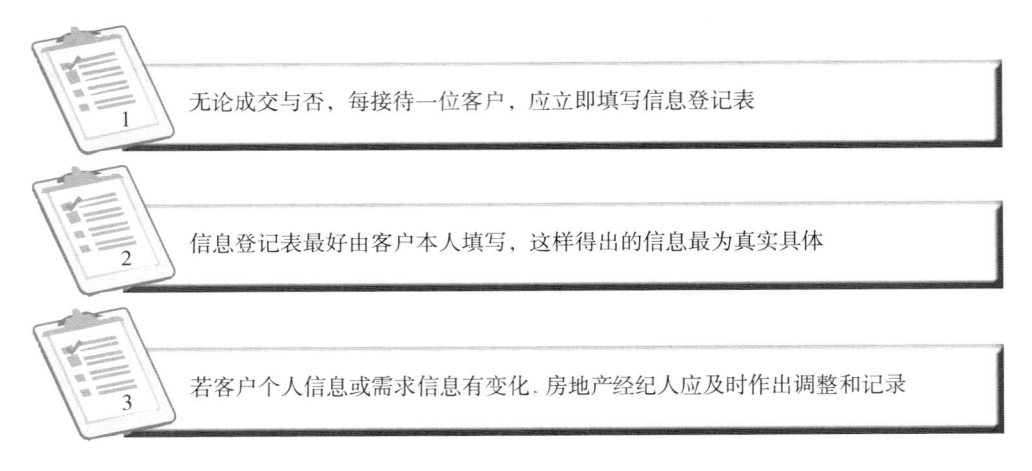

1. 无论成交与否，每接待一位客户，应立即填写信息登记表

2. 信息登记表最好由客户本人填写，这样得出的信息最为真实具体

3. 若客户个人信息或需求信息有变化，房地产经纪人应及时作出调整和记录

图3-2 客户信息汇总的注意事项

2. 分类建档

房地产经纪人在做好客户信息汇总之后，不能将它们丢在一旁，而应该将它们进行整理和归档，并随着业务的推进再添加各种资料。在建立客户档案之前，首先要对客户进行细分，以保证档案的针对性和有序性。

客户档案分类的方法多种多样，按照客户来源，可以将客户分为公开信息查找客户、社区开发客户、人脉开发客户、门店客户、客带客等；按照求购户型，可以分为一居、两居、三居、复式等户型需求客户，此外还可以按目标小区、家庭结构等来对客户进行区分。

但是最有利于房地产经纪门店开展业务的，是按照成交的可能性进行分类。这种分类方法可以使房地产经纪人根据成交可能性的高低分配精力，从而让业务开展更加高效。在建档前，可以将客户分为A、B、C、D四类，如图3-3所示。

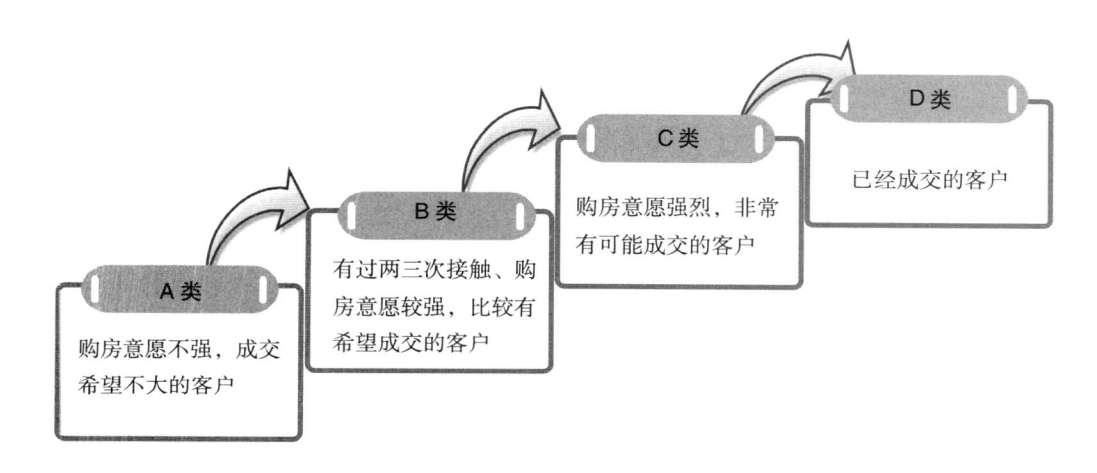

A类：购房意愿不强，成交希望不大的客户

B类：有过两三次接触、购房意愿较强，比较有希望成交的客户

C类：购房意愿强烈，非常有可能成交的客户

D类：已经成交的客户

图3-3 客户档案分类

其中A类、B类、C类客户是房地产经纪人仍然需要争取的潜在客户，具体对每一类应该采取的跟进策略将在下一小节介绍。D类客户则是已经成交的客户，需要房地产经纪人回访和提供售后服务。

接下来，房地产经纪人需要将客户的相关资料尽可能全面地归入相应类别客户的档案中，一般来说，应包括下列内容。

1）基础资料

客户基础资料包括房地产经纪人或客户填写的"客户信息登记表"、客户身份证复印件、"代理委托书"、代理人身份证复印件等一切背景资料。

2）协议资料

客户与门店签订的合同、协议等，如"房屋出售委托合同""房屋出租委托合同""房屋购买委托合同"等及其附件，合同协议要按签订的时间先后排列。

3）付款凭证

对于D类客户即已成交客户来说，除了要将前三类资料归入档案，还要将客户交付定金、佣金的凭证和记录，客户支付购房款的凭证、计划，办理贷款和过户的各种手

4）其他记录

房地产经纪人还要将客户的特别需求或特殊个性等都记录下来，并归入档案。

客户档案对房地产经纪人来说就像一双眼睛，能随时一目了然地了解客户，大大减少工作的盲目性，并提高办事效率。因此，房地产经纪人建立好客户档案后不能束之高阁，而应经常关注并灵活运用。

此外，客户的情况是不断变化的，成交可能性也会随着客户的情况和房地产经纪人的服务效果而变化，C类客户可能变成A类，A类也可能变成B类，因此，客户档案要保持动态，房地产经纪人应根据客户情况的变化随时对客户档案进行调整，这样才能使这双"眼睛"时刻保持明亮，并引导房地产经纪人高效开展各项业务。

业主档案是房地产经纪人工作的重要资源，房地产经纪人收集大量业主资料，并对这些资料进行进一步的整理与完善，最后装订成册，录入电脑，创建业主档案。当前计算机技术的高速发展，使得最新的市场营销方式成为可能，房地产经纪门店除了与总公司联网进行资源共享，还必须建立自己的信息库，也就是业主档案。

房地产经纪人在填写业主档案时，不仅要记录每位业主的基本情况，还要记录每次与业主会面时重要的谈话内容以及业主的要求，特别要将自己的答复、解决问题的思路和方法记录其中，并在事后反复研究，不断发现问题，不断完善自我。表3-2就是一个典型的业主档案表范本。

表3-2 业主档案表范本

序号	档案编号	业主房号	业主姓名	入住时间	档案页数	备注

审核：　　　　　　　　　　　　　　　　　　　　　　　　制表：

一般情况下，房地产经纪人对业主档案资料的管理分为四个步骤，具体内容如图3-4所示。

收集 ⇒ 整理 ⇒ 归档 ⇒ 使用

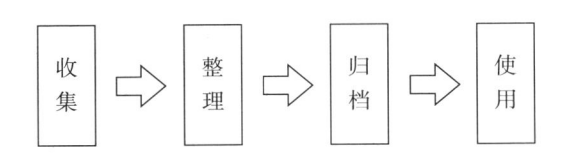

图3-4　业主档案资料管理的四个步骤

在这四个步骤的指引下，房地产经纪人要尽力搭建业主档案，为以后的工作打下坚实的基础，从房源一点一滴做起，积少成多，由量变最终转为质变，使自己的业主档案资料不断地完善并提高其可用性。

要建立一个详尽而完善的业主档案，房地产经纪人就不能自我设限，不仅要整理有关业主的相关资料，还要巧妙地对业主档案进行级别划分。例如，房地产经纪人可以把业主档案分为一级、二级、三级三个级别。

其中，一级业主档案是指那些业主资料详尽并且房源优势十分明显的业主档案，对于这类业主档案，房地产经纪人要加紧其房源推出工作，争取快速帮业主找到匹配度较高的客户。二级业主档案则是指那些资料较为齐全但仍需房地产经纪人加把劲才能成功将其推出的房源的业主档案。三级业主档案是指那些资料零星或者业主的房源质量较差的业主档案。

在对这些业主档案进行级别划分时，房地产经纪人要认识到，三种级别的业主档案是可以相互转化的。特别是三级业主档案，如果房地产经纪人在业主档案的信息采集、整理、归档等工作上下足了功夫，那么三级业主档案完全有可能转化为一级业主档案。

房地产经纪人的业主档案中应该包括如图3-5所示的资料。

1. 业主房屋产权的信息
2. 业主的缴费记录（包括各样应付押金）
3. 业主装修工程文件
4. 业主迁入时填写的资料
5. 业主资料补充
6. 业主联络资料
7. 业主紧急事故联络人的资料
8. 业主人员变迁资料
9. 业主与管理处往来文件
10. 业主违规事项与欠费记录
11. 业主请修记录
12. 业主投诉记录
13. 业主物业有关的工程信息（与公共维修基金使用相关的资料）

图3-5　房地产经纪人的业主档案中应该包括的资料

3. 访问跟进

在房地产经纪业务中，接触一次就成交的事件发生的概率微乎其微，大多数时候需要房地产经纪人对潜在客户进行锲而不舍的访问和跟进，抱着"不抛弃、不放弃"的决心，才有可能拿到订单。在跟进过程中，房地产经纪人需要注意跟进的方式、方法，如此，才有可能取得成功。

1）选择跟进方式

小王是一名入行三个月的房地产经纪人，刚开始他通过自己的努力累积了大量潜在客户，并坚持每天打十个跟进电话，可是三个月下来，他虽然收集了很多名片和客户电话号码，却只签了一单。

在一次与店长的交谈中，他提出了自己的困惑。店长问道："小王，你跟进时对客户进行分类了吗？"小王不解地问道："分什么类？"店长说道："这就是你忙忙碌碌却成果不佳的原因，不论是最有希望成交的客户还是没有希望成交的客户，你都一视同仁，付出一样的精力，那当然又累又没有效率了，你应该把力量集中在最有希望成交的客户身上，没什么希望的就少跟进或不跟进，这样你的工作效率就会高得多。"

随着潜在客户不断增多，房地产经纪人在跟进客户时往往会像小王这样陷入盲目和混乱。为了避免这种状况发生，房地产经纪人可以对潜在客户按照客户档案中所分的A类、B类、C类，分别实施不同的跟进策略，如图3-6所示。

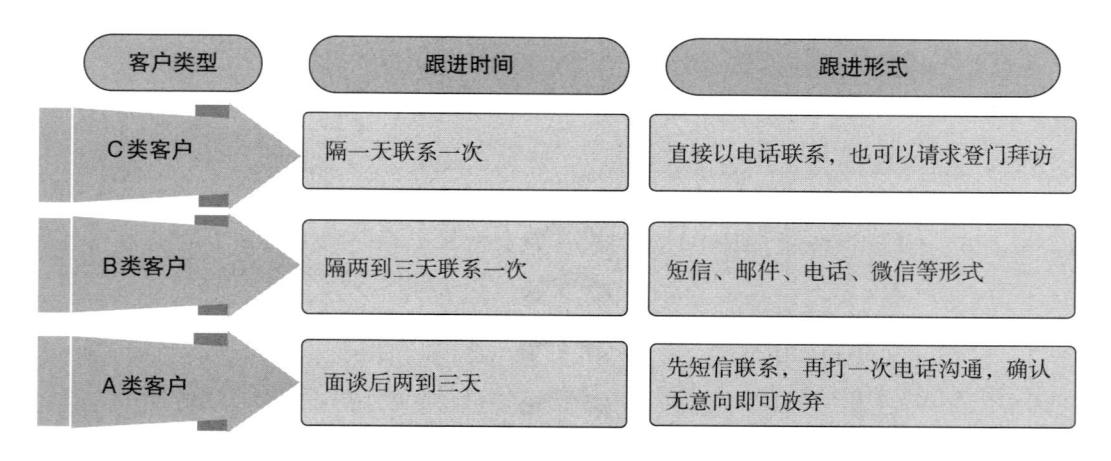

客户类型	跟进时间	跟进形式
C类客户	隔一天联系一次	直接以电话联系，也可以请求登门拜访
B类客户	隔两到三天联系一次	短信、邮件、电话、微信等形式
A类客户	面谈后两到三天	先短信联系，再打一次电话沟通，确认无意向即可放弃

图3-6 不同类型客户的跟进策略

除了根据成交可能性选择跟进时间和形式，房地产经纪人还需要根据客户的职业性质安排跟进的具体时间，例如，对从事证券行业的客户，房地产经纪人就一定要避开交易时间，等闭市了再与客户联系。一般来说，对于朝九晚五的上班族，房地产经纪人的跟进时间要避开上班时间，避开周一、月末等，最好在周五下午和周六、周日与其联系。

2）找准切入话题

房地产经纪人："孙先生您好，我是××房地产的房地产经纪人小王，您现在方便通电话吗？"

客户："哦，我记得你，你请说。"

房地产经纪人："上次您看的那个房屋考虑好了吗？"

客户："没有，我还要再考虑考虑。"（反应冷淡）

房地产经纪人在跟进客户时，切不可像上面这样刚接触就直接询问"想好了吗"或"可以购买了吗"，这样显得过于心急，容易让客户感到压力从而产生逆反心理。因此，房地产经纪人一定要选好切入点，让话题自然又轻松地过渡到房屋上来。

房地产经纪人可以用"拉家常"的形式，从上次交谈中客户提及的生活话题入手，唤醒客户的熟悉感，降低其心理防线，让交谈的气氛更为融洽。

"王姐，您上次说孩子感冒了，现在好点了吗？"

"刘先生，您孩子的家教找好了吗？要是还没找到，我给您推荐一个网站，上面有很多大学生家教的信息。"

遗留问题是指在上一次交谈中，客户没有彻底消除的异议，或者没有得到解决的问题等，这是客户最关心和最感兴趣的，从这些问题入手，客户会很愿意聆听，并说出自己的看法。

"张先生，您上次问我的小区绿地率，我当时没有这方面的资料，回去特意查了查，并问了下物业，现在搞清楚了，绿地率是……"

最新房源、户型、地段或者一些优惠信息最能吸引客户的注意力，房地产经纪人从这些信息切入，能够有效地勾起客户的兴趣。

"王姐，春风小区的小学明天有一场咨询会，专门解答业主们关于孩子就读的问题，您过来看看吧！"

"李先生，上次忘了告诉您，那套房屋是精装修的，一些家电家具业主也免费送，真的很划算，您拎着包就可以入住了。"

3）抓住跟进重点

房地产经纪人在开始跟进工作之前，首先要回顾所有已经掌握的有关客户的信息，在此基础上确定洽谈的重点和主题，只有带着明确的主题与客户交谈，房地产经纪人才不会前言不搭后语，让客户产生厌烦情绪。

3.5 老客户也是资源

房地产经纪人要想持续保持高业绩，必然离不开老客户。实际上，老客户就是房地产经纪人的重要资源。

也许你已经成功地完成了整个房地产交易手续，客户也已经在你的引导下签订了购房合同，但是，你的工作并没有真正结束。要知道，二八法则永远是一个黄金法则，即20%的客户会带给你80%的业务，花80%的时间在你20%的客户身上，这永远是值得的。而房地产经纪人的老客户就是那20%，他们身边还有很多亲人、朋友以及与他们有着各种千丝万缕关系的人。如果房地产经纪人能够利用老客户继续挖掘他们身边的那些人，那么房地产经纪人的客户群就会源源不断地壮大。

每一位老客户都是一座宝藏，因为每一位老客户的身边通常都有一个圈，房地产经纪人要试着多认识一些带"圈"的朋友，多认识那些朋友的朋友。每个人的人脉网是有优劣之分的，朋友的朋友也有可能成为你的朋友。这就如同数学的乘方，以这样的方式来建立人脉，速度是出乎意料的。

不仅如此，据专家统计，每个客户一生要成交8次房屋交易（包括租赁和买卖），房地产经纪人自己也是。即使这个客户不转介绍其他客户给你，但如果他一直在你手上租赁或者买卖房屋，你的成交量也是很惊人的。所有成功的房地产经纪人五年后成交的客户，其中有80%都是老客户，10年之后100%成交的也是老客户。因此，优秀的房地产经纪人做到最后就是做老客户，将来房地产经纪业的竞争必然是维系老客户的竞争。所以，房地产经纪人必须重视老客户，老客户是房地产销售中最宝贵的财富。

（一位姓王的客户来店里，直接找到房地产经纪人，说是老客户许某介绍过来购房的。）

客　　户："请问哪位是张强啊？"

房地产经纪人："您好，我就是张强，您怎么知道我的名字呢？"

客　　户："我姓王，我的一个老邻居许××介绍我来找你。"

房地产经纪人："哦，原来您是许大哥的朋友啊！那我也得叫您一声王大哥了。许大哥还是去年十月份的时候在我们店看上了一套房，开始和业主谈不拢价格，后来我一连找业主谈了三次，把价格往下压了一万，许大哥这才高高兴兴地买了那套房。后来他还介绍了一位同事过来签了一套房呢。对了，许大哥上个月刚搬进新家，不知道最近怎么样？"（聊聊老客户）

客　　户："他好着呢。我跟他说今年想买套房，他就把你的名片给我了。"

房地产经纪人："哈哈，许大哥是怎么跟您介绍的呀？"（关键问题）

客　　户："他说你这人可靠，待人实诚，购房找你肯定不会吃亏。"（客户很看重房地产经纪人的人品）

房地产经纪人："许大哥给我这么高的评价，我如果不能帮您找到一套满意的房屋，那我都没法跟许大哥交待了。王大哥，咱们来聊一聊，您选房屋都有哪些要求呢？"

事实上很多房地产经纪人都知道老客户非常重要，但在实际行动中却往往草率行事、马马虎虎，怠慢老客户。一旦房地产买卖这笔大宗交易完成，房地产经纪人就容易产生如释重负的感觉，然后就把全部精力集中到开发新客户上。在接待老客户方面也不会那么用心了。

有一则新闻报道，说的是一位新婚购房的客户的抱怨："我一刷完卡，房地产经纪人就不见了。"这实在是房地产经纪人不应该有的并且非常恶劣的行为。这样做的后果也是非常严重的，损失最大的也会是房地产经纪人。所以，房地产经纪人要想办法稳住老客户，并且要让老客户源源不断地给自己带来效益，具体做法可以参考图3-7。

在明确了老客户的重要性后，房地产经纪人就应该在维护老客户的基础上充分挖掘他们以及他们身边的人的购买潜力，力图使自己的工作业绩更上一层楼。但是，由于人性中的防备心理，老客户往往不会非常主动地把他们身边的朋友、同事等介绍给房地产经纪人，要想从老客户那里挖掘新客户，还需要房地产经纪人主动、勇敢地向老客户开口。

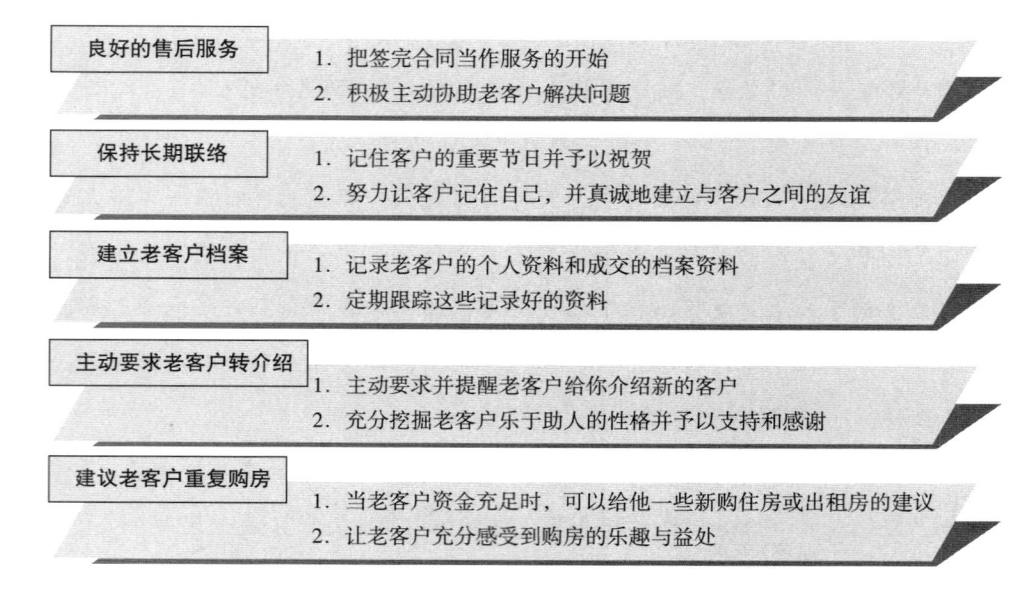

良好的售后服务	1. 把签完合同当作服务的开始 2. 积极主动协助老客户解决问题
保持长期联络	1. 记住客户的重要节日并予以祝贺 2. 努力让客户记住自己,并真诚地建立与客户之间的友谊
建立老客户档案	1. 记录老客户的个人资料和成交的档案资料 2. 定期跟踪这些记录好的资料
主动要求老客户转介绍	1. 主动要求并提醒老客户给你介绍新的客户 2. 充分挖掘老客户乐于助人的性格并予以支持和感谢
建议老客户重复购房	1. 当老客户资金充足时,可以给他一些新购住房或出租房的建议 2. 让老客户充分感受到购房的乐趣与益处

图3-7 如何对待老客户

当然,向老客户开口要求转介绍是需要技巧的,其中包括提出转介绍请求的时机,转介绍的步骤以及如何将老客户视作影响力中心。

原则上来说,房地产经纪人要利用各种可能的机会向老客户请求转介绍。但是在什么时机提出请求最容易得到老客户积极的响应呢?具体如图3-8所示。

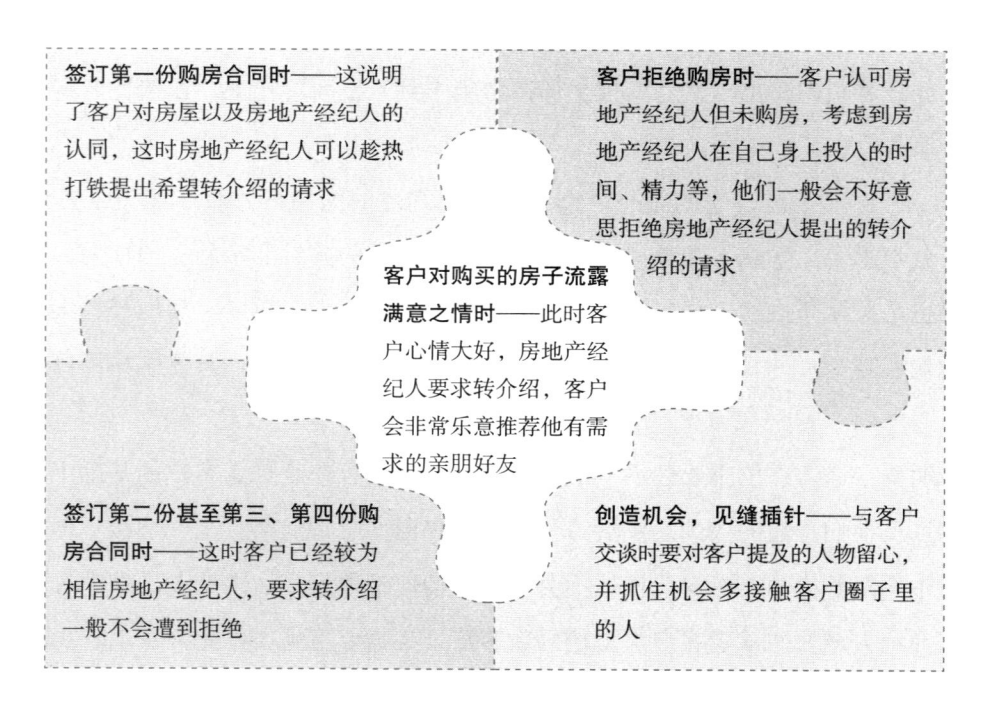

签订第一份购房合同时——这说明了客户对房屋以及房地产经纪人的认同,这时房地产经纪人可以趁热打铁提出希望转介绍的请求	客户拒绝购房时——客户认可房地产经纪人但未购房,考虑到房地产经纪人在自己身上投入的时间、精力等,他们一般会不好意思拒绝房地产经纪人提出的转介绍的请求
客户对购买的房子流露满意之情时——此时客户心情大好,房地产经纪人要求转介绍,客户会非常乐意推荐他有需求的亲朋好友	
签订第二份甚至第三、第四份购房合同时——这时客户已经较为相信房地产经纪人,要求转介绍一般不会遭到拒绝	创造机会,见缝插针——与客户交谈时要对客户提及的人物留心,并抓住机会多接触客户圈子里的人

图3-8 提出转介绍请求的时机

提出转介绍请求的时机固然重要，转介绍的步骤同样不可忽视。因为要让老客户放心地把自己圈子里的人介绍给你，房地产经纪人必须遵循一定的心理规律，这个过程是循序渐进的，具体步骤如图3-9所示。

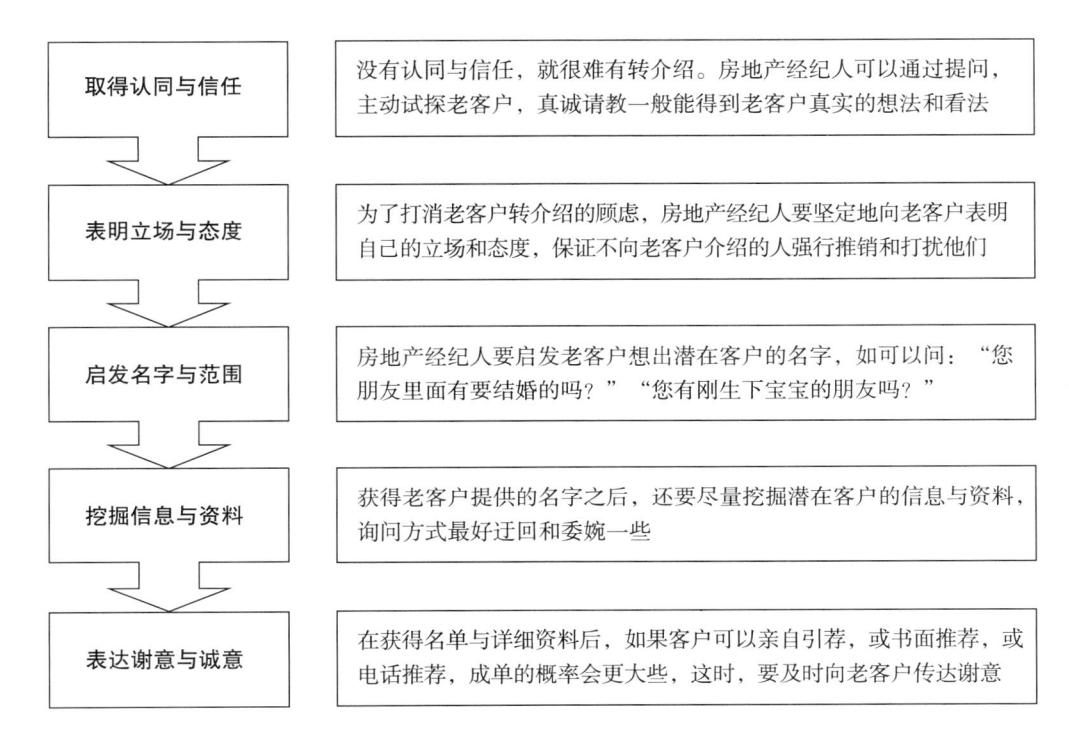

取得认同与信任	没有认同与信任，就很难有转介绍。房地产经纪人可以通过提问，主动试探老客户，真诚请教一般能得到老客户真实的想法和看法
表明立场与态度	为了打消老客户转介绍的顾虑，房地产经纪人要坚定地向老客户表明自己的立场和态度，保证不向老客户介绍的人强行推销和打扰他们
启发名字与范围	房地产经纪人要启发老客户想出潜在客户的名字，如可以问："您朋友里面有要结婚的吗？""您有刚生下宝宝的朋友吗？"
挖掘信息与资料	获得老客户提供的名字之后，还要尽量挖掘潜在客户的信息与资料，询问方式最好迂回和委婉一些
表达谢意与诚意	在获得名单与详细资料后，如果客户可以亲自引荐，或书面推荐，或电话推荐，成单的概率会更大些，这时，要及时向老客户传达谢意

图3-9 转介绍的步骤

知道了转介绍的步骤，房地产经纪人还需要知道究竟应该围绕哪些老客户为中心进行介绍。阿基米德曾说过："给我一个支点，我就能撬动地球。"对于房地产经纪人来说，转介绍就相当于撬动地球的这根杠杆，老客户就相当于这个支点。

转介绍是房地产经纪人应采用的一条非常重要的拓展客户的途径。如果能找到一个具有高度影响力和号召力的客户，精心培养，使其对房地产经纪人予以肯定和认可，再以这个客户为杠杆和支点，进入客户的影响圈子，那么，房地产经纪人也能"撬动地球"，这种类型的老客户即为影响力中心。比较有代表性的影响力中心如图3-10所示。

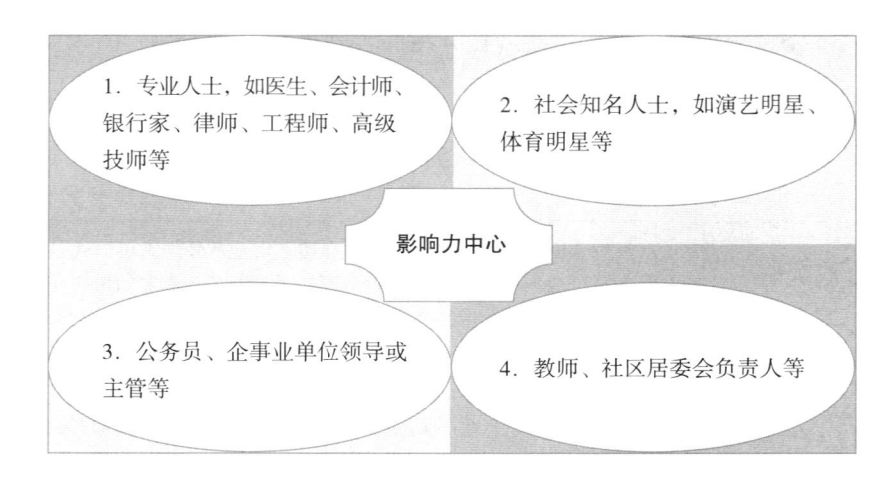

```
┌─────────────────────────┬─────────────────────────┐
│ 1. 专业人士，如医生、    │ 2. 社会知名人士，如演艺  │
│    会计师、银行家、      │    明星、体育明星等      │
│    律师、工程师、        │                          │
│    高级技师等            │                          │
│          ┌──────────────────────┐                  │
│          │    影响力中心        │                  │
│          └──────────────────────┘                  │
│ 3. 公务员、企事业单位    │ 4. 教师、社区居委会      │
│    领导或主管等          │    负责人等              │
└─────────────────────────┴─────────────────────────┘
```

图3-10　可以作为影响力中心的人

需要说明的是，影响力中心并不以经济实力为唯一的选择标准。其实，任何一个客户身后都有一个圈子，从一个点，到一条线，再到一个面，只要认真经营好每一个客户，就可以走进客户的圈子，打造一片市场。从这个意义上来说，每一位客户都可以被视作"影响力中心"。

有人用了一个形象的比喻：老客户是房地产经纪人今天的饭，新客户是房地产经纪人明天的饭，没有今天就肯定没有明天。如果房地产经纪人将已经是老客户的客源丢失了，那么他曾经付出的时间、精力都会付诸东流。所以要经常关心、联系老客户，充分发挥拥有老客户的优势。

3.6　私人友谊攒资源

拜访陌生客户，直接表明自己的合作意图，这是销售中的陌生拜访。陌生拜访是房地产经纪人进行客户积累和市场开拓的最常用手段。但在具体操作过程中，房地产经纪人往往会遇到一些由于"陌生"而产生的障碍。这时，房地产经纪人就应该想办法和潜在的陌生客户交上朋友，以将日后的陌生拜访转化为缘故拜访，并利用自己与客户建立的私人友谊来促进业绩增长。

小张是一位出色的房地产经纪人，打高尔夫球是他最喜欢的娱乐活动之一。他有一个原则，就是在与朋友打高尔夫时不谈生意。他把个人生活与房地产销售区分开来，他不希望人们认为他结交朋友是为了做业务。

小李是一家传媒公司的经理，手上正好有三套房屋需要出售。有一次他与房地产经纪人小张在俱乐部玩高尔夫双人赛。他们在一轮又一轮的比赛中玩得很高兴。两人年龄相仿，兴趣相投，球技不相上下，随着时间的推移，他们之间的友谊也在不断加深。

很显然，小李是小张再好不过的潜在客户。然而，小张从未向小李建议让自己做他的房地产经纪人，因为那样就违背了他的原则。

小李有时也会主动和小张讨论一些关于房地产方面的话题，小张也很想知道小李对他手上空闲的几套房屋的看法，虽然小李从不回避这些问题，但也从未表示要让小张来帮他出售这三套房屋。

一天，小李诚恳地对小张说："小张，你帮了我不少忙，我也知道你在房地产那行干得很出色，但你从未提出让我成为你的客户。"

"是的，李哥，我从未提过。"

"那么，小张，现在我决定让你全权代理我的三套房屋。"

小张笑着让小李继续说下去。

"小张，据我所知，你有良好的信誉，就以你从未劝我做你的客户这点来看，你就很值得我敬佩，实际上我也基本遵守这一点，我同样不愿意与朋友在生意上有往来。但是，现在我希望你做我的房地产经纪人，你看可以吗？"

第二天，小张就得到了小李房产的资料，双方还签订了合同。后来，小李还给他介绍了几个朋友和有生意往来的人。

这桩看似轻而易举的生意，其实是在房地产经纪人与客户长期接触并发展为好朋友、赢得客户的信任与尊重后获得的。绝大多数人和他人保持接触时比较谨慎，对这些极有潜力的未来客户，强硬销售的结果很可能是遭到拒绝，而经过一段时间发展得来的友谊则会让两人的关系更加稳固，达成交易自然也水到渠成。

房地产经纪人能否同客户建立私人友谊，与他的业绩好坏直接相关。要生存、要发展就必须具备较强的竞争力，而房地产经纪人之间的竞争不仅包括才能、素质等方面的竞争，还与人际关系有重要的关联。多一个朋友多一条路，房地产经纪人的行为就容易得到大家的支持，少一个朋友就少一次机会，在房地产经纪人困难的时候就得不到帮助，甚至还会有人趁机嘲讽。

所以，房地产经纪人应该在乎的不仅仅是赚了多少钱，积累了多少经验，更重要的是在房地产销售的过程中认识了多少人，结交了多少朋友，建立了多少私人友谊。这些私人友谊是房地产经纪人宝贵的无形资产，也是房地产经纪人终身受用的宝贵财富。建立私人友谊的好处具体如图3-11所示。

建立私人友谊的好处

- **增长业绩**——房地产交易的过程就是一个交朋友并建立双方友谊的过程，只有双方有了一定的感情基础，客户才会放心地和房地产经纪人交易，从而促使房地产经纪人的业绩得到增长
- **扩大人脉**——人脉决定财脉，私人友谊的建立是扩大人脉的重要途径。只有善于经营人脉的房地产经纪人，才是一个善于积累财富的人
- **让工作更轻松、有趣**——建立了私人友谊，交易就像一场和老朋友的交流，工作自然也轻松、愉快很多

图3-11　房地产经纪人建立私人友谊的好处

建立私人友谊就像挖一口深井，你付出的是一点点的汗水，得到的却是滚滚而来的长流水。房地产经纪，其实就是从交朋友开始的。房地产经纪人要抱着广交天下朋友的信念，先交朋友，后做销售。美国一位著名的销售大师指出："销售的98%是对人的理解，2%是对产品知识的掌握。"与客户建立私人友谊就是"对人的理解"，也就是对客户的关怀。人都是有血有肉有感情的动物，都珍视人情。如果房地产经纪人能多一点人情味，就会多一点成交的概率。

房地产经纪人要与客户建立良好的私人友谊，具体可参照如图3-12所示的建议。

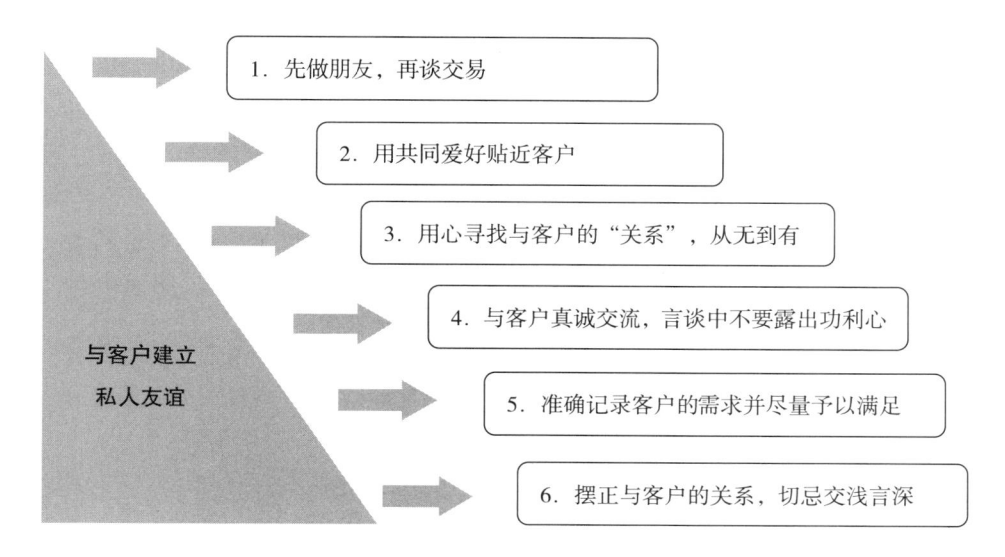

与客户建立私人友谊
1. 先做朋友，再谈交易
2. 用共同爱好贴近客户
3. 用心寻找与客户的"关系"，从无到有
4. 与客户真诚交流，言谈中不要露出功利心
5. 准确记录客户的需求并尽量予以满足
6. 摆正与客户的关系，切忌交浅言深

图3-12 房地产经纪人如何与客户建立私人友谊

客户是朋友，交朋友比找客户更重要。试想，客户为什么会从那么多的房地产经纪人中选中你？很多时候他们只是靠接触房地产经纪人的感觉来作出决定的，而这种感觉就是友谊。因此，要做一个优秀的房地产经纪人，就要善于播撒友谊的种子。不是每个人都能成为客户，但只要你付出了感情，每个人都有可能成为朋友。只要真诚地与客户交朋友，就更容易和客户建立深厚的感情。当房地产经纪人周围有几十个，甚至几百个忠诚的家庭时，即使不"做广告"，也能在房地产经纪领域占有一席之地。

第4章

了解需求，合理匹配

对绝大多数客户来说，购房、租房都不是小事，尤其是购房，甚至可以说得上是一件一等一的大事，因此，客户无比希望能找到一位可靠负责的、专业过硬的房地产经纪人来帮助自己选房、购房。房地产经纪人是去帮助客户选房、租房、购房的，而不是将房源直接卖给客户的。

4.1 客户需求的分析

房地产经纪人对客户了解得越多，就越能准确地判断出对方的喜好与需求，而且，通过这种了解，房地产经纪人还可以进行甄别，有效地防止同行假冒客户前来套取房源、客源信息。以客户为例，房地产经纪人主要需要掌握如图4-1所示的几大类信息。

个人资料	家庭情况
名片、姓名、籍贯、年龄、联系方式、文化层次、性格特征、兴趣爱好等	家庭成员、婚姻状况、家庭收入水平、是否有孩子或老人、孩子的受教育情况、老人的身体状况等，这些关系到为客户推荐两房还是三房，低层还是高层，学区房还是非学区房
工作单位、行业类别、工作地点、职务、薪资水平、上下班交通工具等，这些信息可以反映客户的经济能力，以及选房的地域范围	目前居住地是自有房还是租住房，房屋现状、对目前居住地满意与不满意的地方，等等，这些信息同样可以体现客户的经济状况，以及在选房时的侧重点
工作情况	居住情况

（客户基本信息）

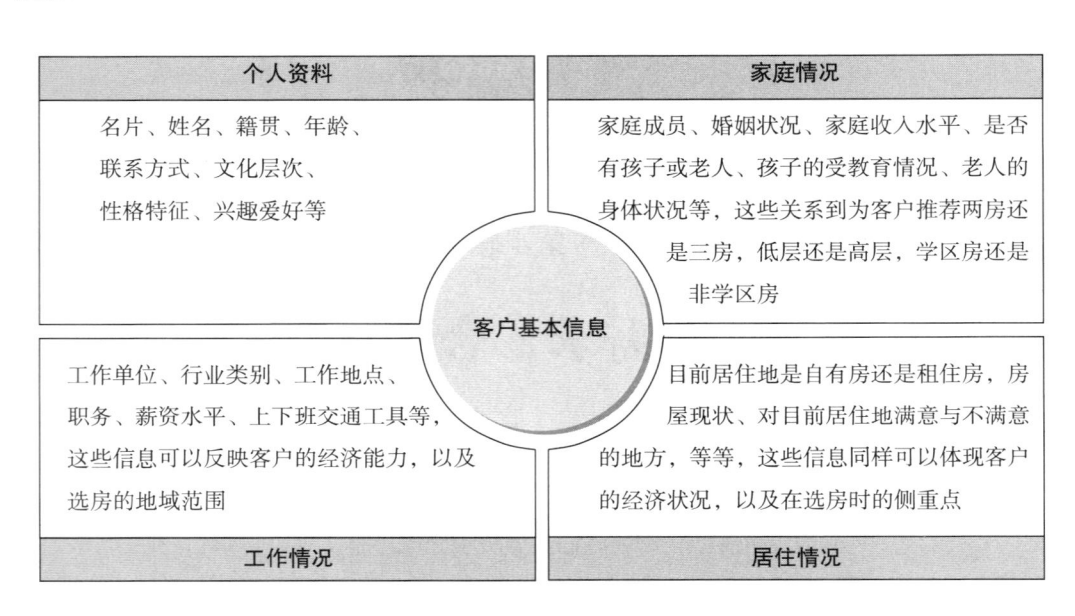

图4-1　客户基本信息

掌握了上述客户基本信息之后，房地产经纪人要根据这些信息去分析和解读客户的需求与心理，客户想买什么样的房型？是一居、两居，还是三居？客户对楼层、朝向、面积、物业有什么特殊要求吗？客户对小区的环境以及周边的设施、环境、交通是否看重呢？客户如果有孩子的话，是否偏爱学区房？只有把握住了对方的需求，才能实现快速成交。

房地产经纪人为客户推荐房源，更像是"订单生产"过程，只有明确了客户的具体要求，才可能推出让对方"称心如意"的房源。当前的市场上，有购房需求的客户主要可以分成四大类，不同类型的客户购买目的不同，需求也大不一样。

1. 新婚用房

这类客户多为首次置业，或者脱离大家庭自立小家庭，手中预算较少，倾向于租房或者购买一居、两居等面积较小、总价较低的房屋，最关注的因素是价格。这类客户较为关注小户型，一般看好50~80平方米的房屋，考虑到将来孩子出生或者父母一同暂住的情况，他们更青睐两居，尤其是房龄在五年以下的较新房源，年轻夫妇一般都有工作，需要上班，所以要求交通方便一些。另外，年轻人有着强烈的社交需求，因此，地理位置也是他们购房时的首选因素之一，他们对交通、配套、小区品质的要求较高，更喜欢周边商圈、医院、学校配套齐全，生活成熟区域的房源。由于资金有限，他们一般不会采取一次性付款，而且会寻求父母的资助，所以，在购买决策时父母也会有一定的影响力，这类客户购房一般是过渡置业，将来经济改善后，很可能会换大户型，所以，他们对房屋的保值能力和将来的升值潜力是比较在意的。

2. 投资购房

这类客户购房时，最看重房源的升值潜力和投资回报率，喜欢城市的中心区域、景观区域，或者市政重点投资区域。作为投资客，他们对房地产行业了解较多，对房地产经纪人的专业程度也要求更高，他们偏向于知名开发商开发的品质楼盘、成熟楼盘、稀缺性的房源、学区房源以及繁华商业地段的商铺或新开楼盘的底商，对楼层和朝向要求比较严格。

房地产经纪人如果能与这类客户打好交道，那么，做完一单生意之后，很可能还会迎来更多的合作机会。这些投资客往往还有自己的圈子与人脉，房地产经纪人只要取得了一位的信任，就等于取得了一群人的信任，所以，在这类客户身上，房地产经纪人一定要多花心思。

3. 教育需求购房

这类客户购房只有一个目的，就是给自己的孩子提供更好的教育资源，创造更好的成长环境。他们选房的范围很明确，一般都处于重点中小学学区附近，最好到学校的路程能在20分钟以内，而且一定要能够购房入户、入学区。在户型选择上，他们偏向于小户型，对楼层和朝向不是非常在意。他们购房一般不会长久居住下去，在孩子毕业后又会迁往更好的居住环境，所以，对房源的保值和升值一般不会太看重。

4. 改善型购房

这类客户大都是为了追求更高、更好的生活品质，倾向于购置著名高端社区的房源或者别墅，关心小区环境，周边配套，教育环境，邻里情况，房屋升值潜力等"软性"因素。而居住环境、人文环境、邻里素养、居家风水、隐私与安全等因素也是他们非常看重的。

他们一般会选择90平方米以上的房源，通常是两代或者三代家庭成员一起居住，因此会倾向于选择户型较大的房源，他们的选择范围一般不限于主城区，对城市新开发或者新兴区域也并不排斥。这一类客户喜欢与知识丰富、业务专业、涵养深厚的房地产经纪人打交道。因此，在接待这一类客户时，房地产经纪人一定要展现出自己专业的一面，说话要言简意赅，不要夸夸其谈、滔滔不绝。

在掌握了客户的购房需求之后，房地产经纪人才能有的放矢，对症下药，向客户推荐合适的房源。想客户之所想、急客户之所急、忧客户之所忧，这才是客户心目中理想的置业顾问。客户喜欢的"十全型"房地产经纪人具体如图4-2所示。

客户喜欢的"十全型"房地产经纪人

- 外表整洁大方
- 热情、友好、乐于助人
- 有礼貌、有耐心
- 能提供快捷的服务
- 耐心倾听客户意见和要求
- 介绍房型的优点和适当缺点
- 能提出建设性的意见和建议
- 关心客户利益，竭尽全力为客户服务
- 能记住客户的喜好和偏好
- 能帮助客户选择合适的房源和作出正确的决定

图4-2　客户喜欢的"十全型"房地产经纪人

一个专业的房地产经纪人，他会时时刻刻将客户的需求放在心上，从不盲目地向客户推荐他认为好的房源，而是紧扣客户的需求把最适合客户的房源推荐给对方，并且他不会嫌麻烦，即使带着客户连续看上几个月的房屋，看上几十套房源，他也不会皱眉头，他还会为客户提供建设性的意见，帮助客户买到更好的、更合心意的房屋。这样的房地产经纪人，是客户最青睐的，也是最欣赏的置业顾问。

4.2 房源、客源信息匹配

房源、客源信息匹配是指房地产经纪人在对客户需求进行分析后，将认为合适的房源与客户需求进行合理匹配的过程。这项工作内容是房地产经纪人最关键的专业能力之一。

房源、客源信息匹配有两种方式。一种是以客户的需求为依据，围绕客户的需求将多套房源逐一与客户进行匹配的过程；另一种是以房源为标准，围绕房源将多个客户与之匹配的过程。无论是哪种信息匹配方式，一般都要对价格、需求和数量进行匹配。

1. 价格匹配

价格是房地产经纪人进行房屋匹配首先要考虑的因素，只有房屋的价格在客户可承受的范围内，他才会考虑看房并购买。这里的价格不单指房屋的总价，还有二手房交易的各种税费、佣金也应考虑在客户所能接受的价格范围之中。另外，如果需要办理按揭贷款，还要考虑客户所能接受的首付款和每月还款额，如图4-3所示。

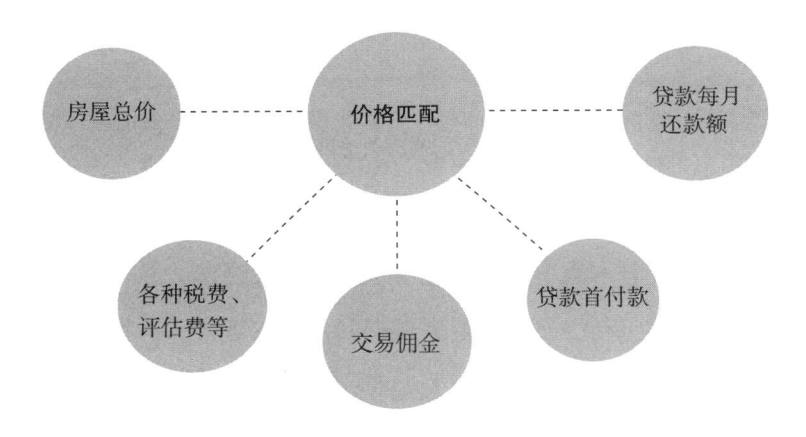

图4-3 价格匹配应考虑的内容

房地产经纪人应在与客户接触的过程中，通过了解其职业、家庭背景等，估计其实际所能接受的价格范围。因为对一些经济条件较好的客户来说，如果房屋正是他所喜欢和需要的，就算价格超出预算，他也会乐意多掏点钱买下来。面对这样的客户，房地产经纪人手中如果有各方面条件较好，但是价格略有上浮的房源，也不妨推荐给他。

2. 需求匹配

不论价格多么合适，不能满足客户需求的房屋终究是无法成交的，就像相亲一样，无论再怎么"门当户对"，双方觉得性格不合适，或者对长相不满意，还是白搭。因此，要想匹配成功，更重要的一步是寻找客户的"梦中情人"，找到与他的需求相匹配的房屋，使其"一见倾心"。

首先，根据了解到的不同购房目的，房地产经纪人应当进行不同的房源匹配。一般来说，常见的购房目的有投资、新婚、给老人购房、添丁、为孩子上学方便等，房地产经纪人应分别予以匹配。根据购房目的匹配房源具体如图4-4所示。

1. **投资购房**：推荐热门地段、升值潜力大的房源
2. **新婚购房**：推荐小户型、社区环境好、交通方便的房源
3. **给老人购房**：推荐楼层低、环境安静、医疗配套设施完善的房源
4. **改善住房**：推荐面积较大，房间较多如三居、复式，小区环境好，停车位较多的房源
5. **添丁购房**：对刚添了孩子的家庭推荐二居、三居等房间较多的房源
6. **为孩子上学购房**：推荐距离学校较近，环境安静的房源
7. **为孩子结婚购房**：推荐二、三居室，距离父母家较近或交通方便的房源

图4-4　根据购房目的匹配房源

根据客户的购房目的对房源进行匹配也只是一个较大范围的匹配，但为了更准确地找到让客户满意的那个"他"，还需聆听客户的具体需求，从而缩小匹配范围。房地产经纪人可以通过客户自己的描述或直接询问，掌握客户对户型、结构、朝向、社区、装修、配套设施等方面的要求。

有的客户对房屋的要求比较明确，能清楚地告诉房地产经纪人"我想买套两居室，面积在80平方米左右的房屋""要简单装修的，买了之后我要换成自己喜欢的样子""最好是靠近地铁站的"等，但是有的客户除了对面积和户型的要求比较具体，其他的需求都比较模棱两可，"配套设施无所谓""是否装修都行"，这时需要房地产经纪人向客户仔细询问和沟通，问清楚客户真实的需求。

3. 数量匹配

在清楚客户的价格范围和需求之后，还需要从合适的房源中选择合适的数量带客户看房。许多房地产经纪人为了提升签单率，以为只要给客户提供更多的选择，就"总有一款适合您"，殊不知客户看得越多，心里的比较和矛盾就越多，最后就越是

难以下决定。但如果只有一套房,客户没有比较和参照,也不会甘心就此接受。

因此,房地产经纪人最终带看的房源数量应该是3～4套,让客户既可以相互比较,也不至于看得眼花缭乱,难以抉择。而且这些房屋最好能明显分出"好""一般"和"差",利用这种心理影响促使客户选择最好的那一套。

4.3 房源推荐有技巧

在推荐房源时,房地产经纪人的职责就在于把房源的特征通过转化变成客户的利益,即客户购买了这套房屋之后,可以获得什么好处。例如,是可以享受新鲜的空气?是可以获得生活的便利?是可以坐享升值带来的利益?还是可以拥有一个让人羡慕的家?

因此,在向客户介绍之前,房地产经纪人要先探询客户的需求,把接下来要介绍的房源的特点转化成客户所能得到的利益,从对方的利益这一角度来介绍。房地产经纪人探询客户的需求可以参考图4-5的做法。

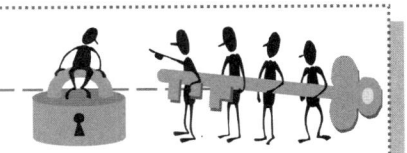

> **房地产经纪人如何探询客户的需求**
>
> 探询客户的需求,一般先问客户是租房还是购房?需要什么样的户型,如是要二居室的还是三居室的?预算是多少?最想要的地理位置是哪一带或者哪个楼盘?是按揭购房还是一次性全款购房?是要精装修房还是毛坯房?对房子的楼层、朝向、格局等有什么特别要求?
>
> 客户如果想购房,房地产经纪人要了解以下几点。
>
> 1. 期望楼盘。
> 2. 购房预算:询问客户是贷款还是全款,首付大概有多少,探一下客户的底,看客户的接受能力在什么范围,以缩小房源搜索范围。
> 3. 房屋居室。
> 4. 房屋朝向。
> 5. 对装修有没有要求。
> 6. 如有合适的房源,什么时候看房比较方便。

图4-5 房地产经纪人如何探询客户的需求

在获悉了客户的需求之后，接下来房地产经纪人的介绍就可以对症下药了。目前一种非常简单实用的介绍方法即FAB介绍法（又叫产品三段论法）被很多房地产经纪人所采用。F是指特性（Feature）；A是指优点（Advantage）；B是指利益（Benefit）。FAB介绍法可以将所销售的产品转化为即将带给客户的某种利益，充分展示产品最能满足和吸引客户的那一面。

熟悉产品介绍的三段论法，会使房地产经纪人对房屋的介绍说明变得更有说服力。图4-6所示的就是一些产品介绍使用三段论法的具体技巧。

第一段 → **陈述产品的特性**
产品的特性就是产品的真实状况，对于房地产经纪人来说，产品的特性指的就是房屋的特点，如朝东、双跑楼梯等

第二段 → **解释说明优点**
产品的优点是指产品的特性所表现出来的直接功能效果。对房地产经纪人来说，产品的优点就是房屋的特点所表现出来的优势所在。如朝东就能面对着每天东升的太阳；双跑楼梯，在两个平行而方向相反的梯段有一个中间休息平台，设计者经常把两个梯段做成等长，可以节约面积

第三段 → **强调客户利益**
产品的利益是针对客户而言的，也就是产品的特性所能满足客户的某种特殊的需求，使客户享受到或者感受到的某种好处。对于房地产经纪人来说，产品的利益就是房屋的特性和房屋能让客户得到的某些好处。例如，朝东就能享受到日出的新鲜感，且不用在夏天忍受艳阳的炙烤；双跑楼梯可以让客户有休息的空间，对老人的行动比较方便等

图4-6　房地产经纪人如何运用三段论法给客户做介绍

可见，通过FAB介绍法，可以对房屋的特性、优点、利益进行层层分析，从而使房屋的个性显露无遗，不但能使客户对房屋了解得更深刻，也能激发客户强烈的兴趣。

由于在房地产经纪业务中，需要传递的信息日益增多，房地产经纪人在与客户介绍时为了节省时间或使传递的信息更为真实、可靠，可以采用演示介绍法让自己的介绍更加有效率。对演示介绍法的使用可以参考图4-7。

1. 房屋展示

在房地产经纪业务中，房地产经纪人在向客户进行深入的介绍时可以展示楼盘模型，同时介绍其外围情况和价值所在。房地产经纪人要着眼现状，结合现场实景介绍优点，强化楼盘实景优势，指引客户该楼盘是如何间隔，如何装修的，再提示样板房的布置，让客户产生美好的想象，从而诱发其购买动机，刺激其购买欲望

2. 图文演示

房地产经纪人可通过电脑、电视、投影机等演示有关房地产产品的文字资料和图片资料来说服客户购买。图片直观、生动、形象，很容易被客户接受和理解。随着时代的发展，可利用的媒介日渐丰富，房地产经纪人甚至可以使图、文、声、像等融为一体，综合展示，以取得更好的演示效果

图4-7　采用演示介绍法提高效率

4.4　双赢才能获认可

房地产经纪工作不是下棋，更不是战争，在下棋或者战争里只有一个赢家，另一个则是失败者。在一个成功的房地产经纪过程里，房地产经纪人和客户都应该是赢家，是成功者，而不是用一方的损失来弥补另一方的获得。

双赢是指把买卖房屋当作一个友好的合作过程，房地产经纪人能够把客户当作朋友和伙伴一样来对待，共同去找到满足双方需求的答案，从而使费用合理，客户满意度高。

房地产经纪人："王经理，您好！谢谢您能够再次给我与您交流的机会。我想您应该还记得我吧？上个星期您还来过我们公司，我们还聊了很长时间呢。"

客　　户："嗯，我还记得，你好！今天找我有什么事？"

房地产经纪人："是这样的，通过上次和您的接触，可以看得出来您还是一个非常希望购买住房的人，但是是什么原因让您这么犹豫不决呢？"

客　　户："哈哈，其实我确实需要购买一套住房，但是因为我现在工作比较忙，

也没时间去挑一套好的，所以这件事情就搁置了。"

房地产经纪人："哦，原来如此。我知道您是一个非常正直和热心的成功人士，所以我想请您帮个忙。"

客　户："什么忙？"

房地产经纪人："您也知道，受经济危机的影响，现在的房地产市场一片低迷，而我作为一个小小的房地产经纪人，工作就更加难做了。"

客　户："哦，那你是想？"

房地产经纪人："我就开门见山直说吧。像您看过的几套房屋，都是高档住房。现在我们公司这种房屋由于太过昂贵已经几个月都没有卖出去一套了，虽然老板也知道现在行情不好，可是看到大家天天脸色都这么难看，我心里也不好受。"

客　户："是啊，现在市场处于低迷期，大家生意都难做啊。"

房地产经纪人："王经理您谦虚了，以您的经济实力是完全负担得起这种住房的，再说也只有这样的高档住房才能配得上您的身份。"

客　户："我还没想好……"

房地产经纪人："您别急，我知道您在想什么，您一定是觉得我们的房屋价格偏贵。我和我们经理都想好了，与其在这里饿死，不如和您交个朋友。原本我们卖房屋，中间有1.5%的佣金，这样，这1.5%的佣金我们不要了，您就当帮我们一个忙，就在我们这里买，我们卖出了房屋心里也踏实，就当用这1.5%的佣金来让我们的成交量出现一点突破啦，您看行吧？"

客　户："我再想想……"

房地产经纪人："放心啦，现在正是由于市场低迷所以购房才划算，您看，这是您看中的几个房屋的价目表，我们可是基本上不赚钱就把房屋卖给您了。"

客　户："既然这样，把那几套房屋的情况再给我详细地说下。"

在这里，这位房地产经纪人很好地运用了"双向托底"的卖房技巧，"双向托底"是指向客户明确地回答"你得了多少，我卖了多少"这个问题，房地产经纪人可以用这种平等分享成交好处的坦率态度来打动客户的心。如上例中的房地产经纪人，他先是用生意难做和自己的捉襟见肘来获取客户的同情心，然后再明确地告诉客户，愿意把自己的那部分利润"让利"给客户，目的只有一个：交个朋友，打破成交量为零的瓶颈。当客户意识到自己既能买到便宜的房屋，又能做顺水人情时，何乐而不为呢？

但是，在房地产经纪人售房的过程中，双赢绝对不是简单的对价格进行让步，如果靠减少佣金来赢得客户，那么这只能够成为单赢。房地产经纪人也要生活、吃饭，所以就必须有经济来源，其中包括适当地收取的佣金，只是，要收取多少佣金才能让双方都满意，就需要房地产经纪人进行权衡了。

要想成功地实现双赢，房地产经纪人就必须要抓住问题的重点，看到问题的本质，从满足客户的深层次心理需求上入手。当帮助客户买到令他们满意的房屋之后，房地产经纪人自然会在助人为乐之余也得到客户的回馈。房地产经纪事业，就是这样一种既帮助了别人又帮助了自己的快乐事业。

实现房地产经纪人自己和客户的双赢局面有很多的途径，但最重要的是二者之间的双赢是建立在平等互利的基础之上的，图4-8是一些促进房地产经纪人和客户实现双赢的具体做法。

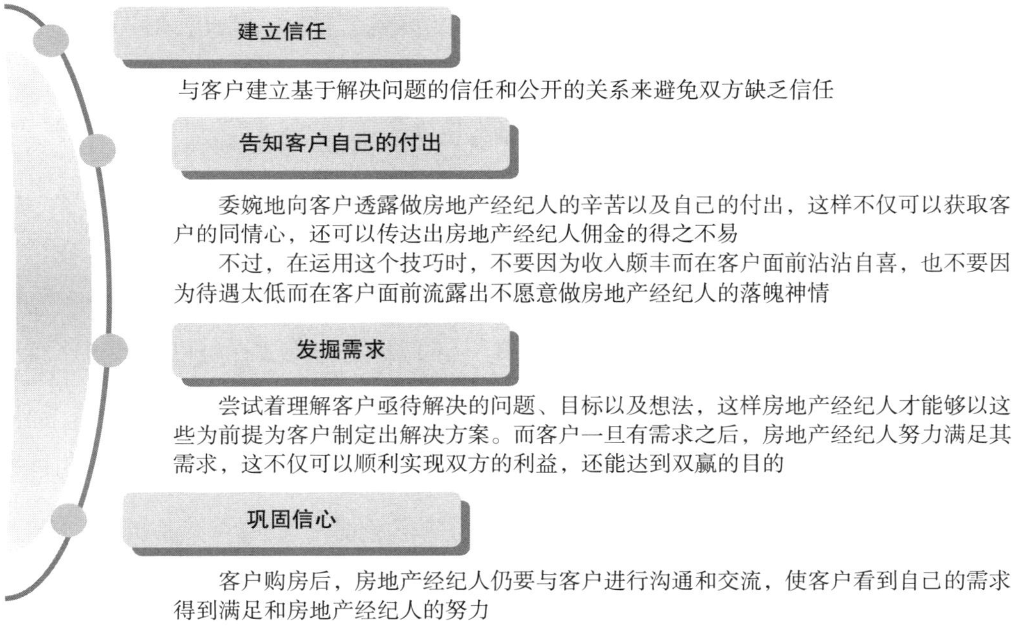

建立信任
与客户建立基于解决问题的信任和公开的关系来避免双方缺乏信任

告知客户自己的付出
委婉地向客户透露做房地产经纪人的辛苦以及自己的付出，这样不仅可以获取客户的同情心，还可以传达出房地产经纪人佣金的得之不易
不过，在运用这个技巧时，不要因为收入颇丰而在客户面前沾沾自喜，也不要因为待遇太低而在客户面前流露出不愿意做房地产经纪人的落魄神情

发掘需求
尝试着理解客户亟待解决的问题、目标以及想法，这样房地产经纪人才能够以这些为前提为客户制定出解决方案。而客户一旦有需求之后，房地产经纪人努力满足其需求，这不仅可以顺利实现双方的利益，还能达到双赢的目的

巩固信心
客户购房后，房地产经纪人仍要与客户进行沟通和交流，使客户看到自己的需求得到满足和房地产经纪人的努力

图4-8　如何实现客户和房地产经纪人的双赢

当顺利实现了客户与房地产经纪人的双赢之后，买卖房地产的过程也就变成了一个双方协调、互动和达到共同目标的过程。相信房地产经纪人和客户也都希望看到这样的结果。在不损害自身利益的前提下，可以拿出一些有利于对方的东西，这就是双赢，也是成功销售的最高境界。

4.5 诚信能够拢人心

一个人诚实守信，自然得道多助，能获得大家的尊重和友谊。反过来，一个人如果贪图一时的安逸或小便宜，而失信于别人，表面上是得到了"实惠"。但实际上，为了这点"实惠"毁了自己的声誉，是非常不值得的，因为声誉相比于物质重要得多。所以，失信于人，无异于失去了西瓜捡芝麻，得不偿失。

从字面上看，"诚信"包括"诚实"与"守信"两方面。作为一种优良品质，诚信不但是房地产经纪人需要具备的道德，也是其做人的准则，在房地产经纪人的日常工作和生活中发挥着相当重要的影响力。

所有人都希望对面与自己交往的是一个诚实守信的人。对客户来说，房地产经纪人的工作技能不是最重要的，最重要的是面对客户时他们的诚信品质。当客户在审慎购买、租住房屋时房地产经纪人的诚信可以有效提高成交率。因此，对于房地产经纪人来说，诚信既是一种品质，又是一种"技巧"，只有诚信才能赢得客户信任，真诚大于技巧的大智慧是房地产经纪人成功的最高境界。

因此，要使交易成功，诚信不但是最好的策略，而且是唯一的策略。实际上，向客户推销你手上的房源，就是向客户推销你的诚信。

不可否认，当下房地产市场的确存在不少缺陷：隐瞒小区内的规划路、一楼多售、合同欺诈、虚假广告、二手房吃差价等。不诚信的行为或许可以使房地产经纪人获得暂时的利益，但这不是长久经营之道。因为，这不但让客户损失了金钱，也让客户丧失了对房地产经纪人的信心和信赖，并且还会使房地产经纪人丧失人格和自尊，最后当然也不会得到客户的赞同与认可。

想要赢得客户，诚信才是最永久、最实在的办法。要对客户做到诚实守信，房地产经纪人可以参考图4-9所示的行为准则。

诚信对待客户

1. **不夸大事实**——不要向客户隐瞒有关房屋的重要情况，更不要歪曲或者渲染事实。要从每一个微不足道的地方做起，从每一个细节中表现出你的真诚，以此告诉客户：你是一个诚信之人

2. **三思而后言**——诚信不应该是向客户讲出所有的事实，真话要说，但也要避免使对方受到伤害和感到困窘。例如，当客户由于资金不足买不起昂贵的房屋时，房地产经纪人不能够说给他介绍更加便宜的房屋，而应该说给他介绍更适合他的房屋

3. **答应了客户的事情就一定要做到**——例如，房地产经纪人与客户约好了时间看房时，最好不要迟到，万一不小心迟到了也要提前通知客户，否则会在客户心中留下不守时的坏印象

4. **不轻易向客户许诺，一旦许诺，就要努力兑现**——最好不要向客户承诺自己办不到的事，不能兑现的承诺不仅会伤害客户的心灵，更加会让客户反感

5. **将诚信贯彻到生活的方方面面**——要让客户感受到你是诚信的人，就不能只是空口说说而已。在与客户的交流中，房地产经纪人要做到言必信，行必果，用事实来说话。相信你的坦诚以待定能打动客户，为将来两人之间的信任建立深厚的基础

图4-9 诚信对待客户

销售业里有一句行话：不建立信赖感不谈产品。这句话用在房地产经纪人身上再合适不过了。客户对房地产经纪人的信赖是他们愿意购房的必要条件之一，房地产经纪人要用自己的真诚来换取业主和客户的信赖，在没有建立双方的信赖感之前不谈房地产交易。而一旦诚信充分发挥了它笼络人心的重要作用时，房地产经纪人自然就可以做到事半功倍了。

第 5 章

带客看房，消除异议

所谓影响力，就是一个人在与他人的交往中，影响和改变他人的心理和行为的能力。影响力人人都有，强度各有不同，而且随着交往对象的变换、环境的变化，影响力所起的作用也会发生变化。这就给房地产经纪人以启示：通过塑造和提高自己的影响力，在无形之中引导业主和客户的决策和购买行为，进而提高自身的业绩和客户、业主的满意度。

"有说服力的人，他会获得一切。没有说服力的人，拥有的也会丧失干净。"说服力大师拿破仑杨庭如是说。说服无处不在，说服力的重要性无需赘言。因为有人的地方，就存在着说服；有利益的地方，就存在着激烈的说服，甚至会有人在说服力不足的时候大打出手。

而在房地产经纪实战中，房地产经纪人扮演的角色就是充当业主和客户的说服者。没有强大的说服能力，处处受制于人，经纪工作是无法顺利开展下去的。因此，如何提高说服力，一开口就让客户和业主解除心防，从内心向房地产经纪人靠拢，是摆在房地产经纪人面前的重要课题。

5.1 带客看房前的准备

在带客看房前，房地产经纪人需要准备好纸、笔、卷尺、工牌、名片、通讯录、手机、身份证、计算器、口罩、消毒用品、一次性鞋套等，以及"看房委托书"、定金收据、"购（租）房合同"等表格、合同，做到"万事俱备，只欠东风"。

由于房地产经纪人带客户看的往往不止一处房源，从门店到房源所在地也就自然会有不同的线路组合，不同的线路也会带来不同的看房效果。试问，一条路交通顺畅且环境优美，另一条路坑坑洼洼且环境嘈杂，你愿意选择哪一条呢？因此，房地产经纪人在选择带看路线时，需要运用如图5-1所示的4个技巧。

> ◎ 尽量走路面平整、环境怡人的路线，不要为了抄近道而走路况差的小路
> ◎ 避开车流量大的高峰路段，以免被堵在路上耽误看房时间
> ◎ 带客看房的房屋排列顺序为"一般""最好""最差"，以加深客户对主推房屋的印象
> ◎ 避开其他房地产经纪机构的房地产经纪人，以免客户被同行挖走

图5-1　带客看房路线选择的4个技巧

另外，在与客户或业主的碰面时间和地点选择方面，也需要注意，这虽然是房地产经纪活动中的一件小事，但是如果安排不当，就可能使客户和业主取得联系，从而出现抛开房地产经纪人单独成交的情况。

刘小姐在××房地产看中了××小区的一套房屋，接待他的房地产经纪人小李约刘小姐和业主这周日下午4点在小区门口见。小李算好时间，刚刚4点的时候他就到了××小区，可是在门口左等右等，就是不见人。后来保安告诉他，一位要看房的女士10分钟前就到这儿了，刚好业主也来得早，俩人也就攀谈起来，现在已经走了。

要避免小李这种情况的发生，最好的办法就是请客户先到店里来再由房地产经纪人带去看房，如果需要在外面碰头，最好不要将业主和客户约在同一地点，若万不得已只能约在同一地点，也一定要保证比双方都早到，否则很可能像小李一样，准点到达却丢了一笔生意。

5.2 带客看房有技巧

看房是最能勾起客户的租住、购房兴趣与欲望的一个环节。在这个过程中，客户可以实实在在地看到房屋的里里外外，很直观，也很深刻。客户在一套房源里停留的时间越长，看得越仔细，了解得越深入，购买的可能性也就越大。

因此，房地产经纪人在介绍房源时一定要在实事求是的基础上更生动、形象地介绍房源的方方面面，引导客户亲身体验，展开想象，要让客户把这套房源当成自己的家。让客户多了解邻里状况，多感受、体验，多讨论一下房间陈列。总之，房源展示越到位，客户参与度就越高，体验得就越真切，他们对这套房源的感情与购买欲也就越强烈。

1. 带客实地看房

（房地产经纪人带着客户张先生夫妇来到李太太小区的803室，察看房源情况。）

房地产经纪人："张先生，张太太，803到了，这是一梯两户的，宽宽大大，给人感觉就很舒适。您对门的这一家子也是一家三口，业主好像是医生，他们家的孩子我见过一次，跟您家的君君一般大呢。"（好邻居也是一个好卖点）

张先生："是吗？那倒是挺好的。（走进门，看见大厅）这个大厅好大呀！"

房地产经纪人："对呀，这个大厅有36平方米，张太太您一看就是一位理家能手，这么宽敞方正的客厅，要是您的话，您会怎么布置呢？"（引导讨论）

张太太：（略微思考一番）"要是我呀，我就把电视摆在这里，沙发放在这边，然后在靠近阳台的地方铺上厚地毯，可以带君君在那边玩。"

房地产经纪人："哈哈，我真没说错，这个客厅要是您来打理，肯定会又温馨、又雅致的。对了，张太太，您往阳台那边走走，看看能发现什么不？"（赞美客户的点子）

张太太：（走近阳台）"天啊，这景色太漂亮了，下面是××花园吧？"

房地产经纪人："对呀，这个270度的豪华观景阳台可以称得上得天独厚，能将下面的××花园尽收眼底，您想想，周末的时候，下班回家，您可以和先生、孩子一起靠在阳台边，看夕阳西下，看华灯初上，看万家灯火，这样的天伦之乐，不就是我们辛辛苦苦追求的吗？"（引导体验和想象）

张太太:"是呀,是呀,老张啊,这个阳台景观真的很好啊!"

张先生:"嗯,阳台是很不错,可是,这个客厅太大了吧,花那么多钱买一个这么大的客厅,不是很浪费吗?"

房地产经纪人:"张先生,您的性情直爽亲和,肯定人缘非常好,有很多至交好友,平时朋友们来家里聚聚,这个大客厅不仅能给您的朋友们提供充足的活动空间,而且它的大气和奢华肯定会让您的朋友们称赞不已,您说是吧?而且,客厅方方正正的,张太太可以随心地摆设、装点,这个客厅会很有个性和品位的,张太太,您说是吧?"

张太太:"嗯,我也喜欢这种方方正正的客厅,看着就舒服!"

房地产经纪人:"我们来看看卧室吧,这一个是两个次卧中的一个,我建议您留给孩子用。"

张先生:"这个还有讲究吗?"

房地产经纪人:"嗯,之前您和张太太跟我聊,我觉得,你们非常重视君君的学业,望子成龙,父母之心嘛。不知道您信不信风水,在居家风水里,有一个文昌位,就是文曲星飞临的方位,这个文昌位就在这个地方,您可以在这里摆书柜、书桌,相信对孩子的成长会有帮助的。"(根据需求,提提建议)

张太太:"原来是这样啊,你懂得真多呀。"

……

房地产经纪人:(介绍完房屋内外之后)"张先生,张太太,你们觉得这套房怎么样?有没有什么不满意的地方呢?"

上述案例中,房地产经纪人没有像走过场似的带客户"看房",而是将侧重点放在展示房屋的卖点,达到与客户的需求相匹配,以及展示自我专业素养之上。也只有这样,带客看房才有意义,才能打动客户的心。

向客户展示房屋是一项最简单又最复杂的工作,说它简单,是因为房地产经纪人只要带着客户在房屋内外走马观花看上一圈,也就差不多完成任务了;说它复杂,是因为一套几十万元、上百万元的房屋必然具有某些吸引客户的卖点,房地产经纪人要一一将这些卖点有效地呈现出来,以让客户深深地喜欢上这套房,甚至当场签下这套房,这是一项极不简单的工作。

到底应该如何向客户介绍房源的卖点呢?怎样介绍才能给客户视觉与感觉带去最强劲的冲击和影响呢?有效呈现房源的方式如图5-2所示。

有效呈现房源的方式

1. 引导客户体验

千万不要走马观花式地带着客户到房源现场转一圈就出来，这样不易给客户留下较深，或者较好的印象。房地产经纪人要引导客户充分地、深入地去体验房源的特色或者客户在意的细节，比如，客户很关心房屋的质量与标准时，房地产经纪人可以拿出卷尺来，实际丈量一番，或者让客户自己触摸、敲打门窗墙壁，检查房屋的边边角角；客户如果看重小区的路段，以及周边的生活、教育设施，房地产经纪人可以带客户去看看菜市场、超市、学校的位置，等等。总之，让客户充分体验房屋的舒适性、便捷性等优良性

2. 激发生活化联想

如果客户抱着一种"看客"的心态去看房，那么客户很难用心地去发现房源的好处。因此，房地产经纪人一定要帮助客户实现角色转换，让客户把参观的房屋真正地当成自己的"家"，引导客户以主人的立场去想象一个个具体的生活场景，唤起客户的拥有欲与归属感。在用词上，少用"房"，多用"家"，少用"这套房"，多用"您的家"，第一次转换，客户可能会觉得别扭，但坚持这样表述，客户会渐渐习惯，并且认可。话术如："您看，您的这个主卧里还有步入式衣帽间，您这么时尚靓丽，衣服鞋帽肯定不少，这样的衣帽间，可是所有女性心中的梦想呢！"等

3. 引导家常式谈话

最能刺激客户拥有欲的莫过于与客户来一些家常式的讨论，尤其当客户带着家人或者朋友一起前来时，房地产经纪人可以抛出某些家常话题，引导讨论，从而加深客户对房子的印象与喜爱。不过，需要注意的一点是，房地产经纪人最好对话题有足够的把控能力，以免引起客户与其朋友或家人的不合与争吵

4. 善提专业化建议

客户即便对房地产再了解，与房地产经纪人相比，也是有差距的，他们希望能得到房地产经纪人专业的、诚恳的建议，希望房地产经纪人能成为他们安家置业上值得信任的顾问。因此，在看房的过程中，房地产经纪人可以根据客户的利益与需求，适当地提出一些中肯的建议，但尽量不要去驳斥客户提出的主张与意见

5. 让四邻现身说法

俗话说"千金买邻，八百买舍"，房地产经纪人千万不要忽视了邻里关系在客户购房决策中的作用。一个好邻居本身就是一个大卖点。因此，房地产经纪人在平时带着客户看房时，要抓住时机多与邻居打打招呼，打好交道，建立好感。在合适的时候，可以介绍邻居给客户认识，交流交流感受。一个好邻居的现身说法，抵得上房地产经纪人的千言万语

图5-2　房地产经纪人有效呈现房源的方式

2. 带客VR看房

现如今，基于互联网、大数据的发展与运用，有的客户因在外地无法来现场实地

看房，有的因天气、时间等因素也无法到现场实地看房，此时，房地产经纪人可以通过房地产经纪机构的网络平台提供VR（虚拟现实）看房功能。

一般情况下VR看房包含720度全景沉浸式漫游、三维模型展示，能使框线户型图、标尺等信息一览无余，让客户身临其境，全方位地看到房屋的具体情况。

房地产经纪人在提供VR看房服务时，要使用规范且准确的开场白和结束语，尤其是在介绍房源时要准确介绍房源的各项信息内容，并且对其优势、劣势也要说明清楚。当客户对VR看房的房源有兴趣时，房地产经纪人要再进一步约客户到现场实地看房。

房地产经纪人要综合运用各种房源展示方式，完美地呈现房源的卖点，以吸引客户租住兴趣和购买热情。

5.3 带客看房注意事项

如果房地产经纪人带看的是已有钥匙的空房，看房离开前要注意关闭门、窗、水、电、燃气等，做好安全防范工作。

客户参观完房源，只是对房屋有了一个直观的了解，很少有客户看完后就立刻、主动提出购买要求，大多数交易都是在看房后做成的。因此，看房后先不要急着与客户告别，应该这样做，如图5-3所示。

◎ 把客户带回门店进一步洽谈，全面了解客户的看法和顾虑，为撮合交易打下心理基础
◎ 当客户要求考虑几天时，房地产经纪人应表示理解并请客户有疑问随时与自己联系
◎ 如果客户不愿再回门店，房地产经纪人应送客户上车，并在房源附近等一会，防止客户回过头去与业主联系

图5-3 带客看房后的注意事项

客户离开后，房地产经纪人不能坐等客户答复，这样做可能无法获取任何消息。房地产经纪人要主动出击，定期询问客户考虑的结果，并对客户的异议积极予以解决，尽力撮合与业主的价格谈判，争取早日成交。

5.4 做沟通，除异议

1. 用心倾听，除异议

交流其实就是一个你一言我一语的过程，客户在表达的时候往往会留下一些"话头"，房地产经纪人要用心倾听，抓住客户自己提起的某个话题，顺势提出自己想问的问题，这样不仅不会唐突，反而显得房地产经纪人善于倾听、尊重客户和业主。比如，客户无意中感叹了一句："你们这一片的房价可不便宜呀。"那么，房地产经纪人可以顺势询问："先生，听您这么一说，您应该没住在这一带吧？您这是从哪里过来的呢？"这就可以问出客户的当前居住地了。

当面对客户和业主时，房地产经纪人要做的是多倾听，而不是自己没完没了地说。多听听客户的意见和心声，在你付出耐心和关心的同时，收获的是对方的喜爱和感动，说服他们也就变成了水到渠成的一件事。

多数房地产经纪人在工作中，大概都曾受到过这样的岗前培训与指导——与客户洽谈时一定要注意多问多听，尤其是多听。可是，在真正面对客户的时候，却出现了这样的情况：该问的问了，该听的听了，但客户还是对你的介绍不感兴趣，也不愿意跟你合作。这时候，房地产经纪人应该好好地回想一下，自己真的完全听懂了客户心里的意思吗？

和他人沟通之道，重在一问一听。这提问，并不是指想到什么就问什么，一味地打破沙锅问到底；这倾听，也并不是指竖起耳朵把客户说的每一句话都听下来就了事。提问建立在倾听的基础之上，倾听是提问的前奏。那么，怎样才能做到有效倾听呢？

善于倾听不仅仅是听客户的一言一语，更重要的是"听"其一举一动，"听"其一神一态，从中去听取、挖掘、探察出更多真实的信息，再将这些信息与提问所问出来的信息相结合，这样才能将一个客户的真实内心完全展现出来。

房地产经纪人："赵先生，您之前有没有到哪个小区看过房呢？"

客　户："我上星期在××房地产中介看过一套房，在××小区二号楼，我和我妻子都不喜欢那套房屋。"

房地产经纪人："××小区的房屋应该不错呀，那里地段挺好的，您觉得哪些地

方不够让人满意呢？"

客　户："那个小区紧挨着环线，白天晚上车来车往，噪声很大，而且附近有好几个娱乐城，我觉得这样的环境对孩子的成长不利，并且离学校和单位都很远，大人小孩都不方便。"

房地产经纪人："哦，原来是这样，确实呀，孟母三迁，给孩子一个好的成长环境确实比什么都重要。赵先生，不知道您对那套房的楼层、房型、面积、价格这些方面怎么看呢？"

客　户："我看的那套是两居，不到七十平方米，偏小了一些，那边一平方米的均价要八千多元，比较贵，我们对楼层倒是不在意，只要有电梯，还是挺方便的。"

房地产经纪人："这么说，您希望能找到一套房，隔孩子学校近一点，上班方便一点，关键是小区内外环境要好一点，七八十平方米左右的两居室，对吗？"

客　户："嗯，是这样的。"

房地产经纪人："我们店里现在有这样一套房源，八十平方米，两居，在××小区，离您孩子上学的××学校只有十多分钟的路程，离您上班的××路大概是半个小时的车程。××大学的很多老师都在这个小区安家，小区附近就是××公园，可以说，无论是自然环境，还是人文环境，都非常理想，您有兴趣去看看吗？"

客　户："听起来很不错啊，那现在去看看吧。"

可见，对房地产经纪人来说，在业务沟通中，最重要的不是察言观色，也不是天花乱坠的口才，而是有效的倾听。有效倾听是挖掘和获悉对方信息的一种最简单、最直接的方法。客户和业主的话语中蕴含着丰富的信息，他们看重什么，面临的问题有哪些，他们最希望得到什么，阻碍他们租赁和买卖房屋最主要因素是什么，等等，这些关键的信息就藏在客户和业主的每一句话里，房地产经纪人只有认真地倾听，才可能将其挖掘出来。

那么怎样才能做到有效倾听，做一个好听众呢？如图5-4所示。

1. **排除干扰，集中精力，专心倾听**

   房地产经纪人如果以疲惫的身体状态、无精打采的精神状况、消极的情绪与客户和业主面谈，是肯定无法全神贯注地倾听对方谈话的。因此，与客户和业主面谈之前，房地产经纪人应调整好自身状态，同时尽量选择在轻松、安静的环境中进行面谈，排除外界的干扰，这样才能集中精力，专心倾听

2. **不随意打断客户或业主的发言**

   房地产经纪人应该有意识地引导客户或业主畅所欲言，不要随意插话或接话，随意打断客户或业主的谈话只会打击对方发言的热情和积极性。在客户和业主说话时，房地产经纪人可以给予必要的、简单的、真诚的回应，例如，"是这样呀""原来如此""您说得对"等

3. **谨慎反驳客户或业主的观点**

   在洽谈中，客户或业主表达的某些观点或想法可能是错误的、狭隘的、偏颇的，但是，房地产经纪人一定要谨慎反驳他们的观点，即使要表达不同意见，也要注意说话的方式方法，注意礼节礼貌

4. **及时总结、归纳客户或业主的观点与要点**

   有效倾听并不单纯意味着"听"，在必要时它还要求房地产经纪人能及时总结并归纳对方的观点与要点，这样做有三个好处：第一，能向客户或业主表明自己在认真倾听其谈话；第二，可以确保自己没有误解或者歪曲业主或客户的谈话内容；第三，可以及时地主导与把控话题。常用的话术如下：

   "先生/女士，您的意思是不是这样的……您看我理解得对吗？"

   "先生/女士，假如我没有理解错的话，您更喜欢……是吗？"

5. **掌握必要的倾听礼仪**

   在与客户或业主沟通时，房地产经纪人应该掌握一些必要的倾听礼仪，这样可以让自己显得更有素养，同时也能表达出对对方的尊重。例如，坐姿端正，身体稍微前倾，表情自然；随时与对方保持视线接触，不要东张西望；随时记下对方谈话的要点，但不能只顾埋头记录，这会令对方觉得谈话很枯燥、乏味；需要插话打断对方时要先示意，等客户同意后再说话，等等

图5-4 如何做一个好听众

"有的"才能"放矢"，如果不做好一个听众，了解客户和业主的真实意思，不清楚他们最关注什么，最想解决哪些问题，他们能够提供什么，那么，即使房地产经纪人提出的房屋租赁和买卖条件再完美、再出色，对他人而言都是毫无意义的。因此，房地产经纪人请从现在开始，做一个好听众。

2. **话要说到客户和业主心里去**

再高明的经纪技巧，再动听的赞美，也比不上一颗真诚的心。人心都是肉长的，你待我以诚，我亦以诚待你。房地产经纪人如果能够敞开心扉，以心交心，把话说到业主和客户心里，对方也会真诚以待。具体可以表达如下。

"×先生，我带您看完房出来，您还一直没说话呢。跟您说句实话，我这心就跟装了一头小鹿似的，在乱跑乱撞呢。我很想听听您的看法，如果您对这两套房不中意，那也没关系，我可以帮您再物色新的房源，只是您不说话，我心里实在是不安呢……"等。

对业主来说，一套房屋经常被放在好几家经纪公司，每天都要跟很多房地产经纪人打交道，每天都要接很多个来电，这样很容易变得腻烦、乏味。如果在众多千篇一律、一心只想着租房、卖房拿佣金的中介群体中，房地产经纪人能够少一些功利心，而多一点人情味，多一点真诚，把话说到业主心里，那么会更容易被业主记住，甚至记牢，并且房地产经纪人与业主之间的关系经营得越好，越紧密，那么，在"抢单""抢房源"的同行竞争中以及后期的交易促成和价格谈判中，就越具有优势。

小庄在一家二手房经纪公司上班，她有一位客户杨姐，想买一套两居室，连着看了七、八套房，花了差不多一个多月时间，最后终于选中了一套，跟业主谈了几轮价后，这位杨姐终于交了两万元定金，算是定下了这套房，并跟小庄约好第二天再过来签合同。不料，这位客户交完定金之后，走出店门没几步，又心事重重地折了回来，犹犹豫豫地跟小庄说道："小庄，我……我能不能把定金拿回来啊？我觉得自己好像还是没有考虑清楚，刚才太冲动，这购房的决定作得太仓促了。"

小庄看着客户一脸犹疑不定的样子，顿时明白了过来，客户可能是有些过于紧张了，于是，她笑着拉了拉客户的臂膀，说道："杨姐，您不要太紧张，来，先坐下来。"

客户坐下来后情绪慢慢平复了一些，小庄温和地看着客户，接着说道："其实呀，杨姐，我很理解您的心情。过去，我接待的好几位客户，都和您一样，虽然交了定金，但心里非但不安定，反而乱糟糟的，您是不是这样的感觉？"

客户没想到小庄一番话就把自己心里翻江倒海的感受说了出来，不由地连连点头道："对呀，对呀，小庄，我不怕你笑话，我现在心里跟乱麻一样。"

小庄拍拍客户的胳膊，笑着说："杨姐，您有这种感觉才对呀。您不知道，上个月，我接待过一位大姐，她交了定金后，还没走出我们这个店门口，眼泪就忍不住了，在店里就哭了。我真的特别理解。您想呀，从二十几岁开始，两口子就省吃俭用地攒钱，平时能不下馆子就不下，连逢年过节给自己买件衣服都要考虑半天，攒钱攒上好几年，甚至是十几年，终于够买房了，把定金一交，就等于快有一个安安稳稳的家了。这在外人看来，只觉得能购房够潇洒，可是谁知道您心底的感受呢。怕，怕的是买下的这套房不能让自己足够满意；喜，喜的是一家人从此有了安家之地；慌，慌的是一大笔积蓄投进去了，心里多少都有些空落落的。房屋是有了，可以后还得接着攒钱奔好日子。又怕又喜又慌，这些情绪一时间全堆在心里，又说不出来，憋得人七上八下的，恨不得立刻拿回定金跑回家去，好好让自己平静平静。我想，您现在就是这样的心情，是吧？"

客户听着这番知心话，不由得抬起头来，眼眶都红了，说道："小庄，你这一番话算是说出我心里的感受了，我是真的心慌慌的，不知道买下这套房是对还是不对。"

小庄笑了笑，又开解道："杨姐，您肯定知道，人如果习惯了一种状态，再把他放到新的状态里，他肯定是会不习惯、不舒服、不放心的。您好不容易找到中意的房，就要结束租房住的日子了，就快有自己的房屋了，这可是生活中的一大变化呀，您心理上有些不适应，是非常正常的。"

客户一听，也不好意思地笑起来，如释重负地感叹道："被你这么一说，我心里真的舒坦多了。"

看客户真的想通了，小庄又郑重地说道："杨姐，您放心，我们是正规的中介，绝对不会强买强卖的，如果您坚持要拿回定金，放弃这套不错的房源，我也不会强迫您。您看，需不需要我为您办手续呢？"

客户心上的石头已经卸掉了，这时又听到小庄这样说，终于彻彻底底地放下心来，于是连连摆手，很确定地跟小庄说："不用了，我想明白了，你刚才说得对，我只是心里有些堵，慌了神。这定金我不拿走，明天我一定和老公过来签合同。"

从始至终，小庄不像一位房地产经纪人，客户也不像一位买家，小庄对客户而言，更像是一位知心好友一般，一句句掏心窝子的话，并不华丽，但句句淳朴，都说到客户心里了，最终让客户疑云顿消。

怎么才能把话说到客户心坎里呢？这就需要房地产经纪人注意以下两点。

1）懂得换位思考

要读懂客户的心思，看似很复杂，其实很简单，只要房地产经纪人真正站到客户的立场上，换位思考，把自己当成客户，然后去体会自己处在客户的境况下会是什么样的心情，以己之心度客户之心，这就是最复杂同时也是最简单的读心术。只要房地产经纪人愿意静下来站在客户的角度去思考、去分析、去看待问题，那么，客户的心思就不再显得那么复杂了。

2）具备同理心

任何情况下，房地产经纪人都不要忘了与客户保持"同理心"，就像上文中的这个案例中，客户刚交完定金，结果后悔了，要拿回定金，房地产经纪人如果搬出公司的规定来，一板一眼地告诉客户，定金交了就不能退的话，那只会更加刺激客户的懊恼心理，双方非但达不成合作，甚至还有可能对簿公堂。但上文案例中的房地产经纪人没有这样做，而是请客户安坐，并告诉客户在自己以前接待过的客户里也有交完定金心里就开始懊悔的例子。这种一如既往的亲和与体贴有效地淡化了客户的不安与懊悔，让客户情绪渐趋稳定，也让客户有心思听房地产经纪人后面的一番阐述。所以说，房地产经纪人要时刻注意"同理心"的运用，尽量顺着客户的心理去说话。

把话说到客户心里，站在客户的角度关心客户，做客户的知心人、贴心人，客户也一定会引你为知己，或视你为亲人。这样一来，他们还怎么会抗拒你的专业推荐呢？

5.5 比一比更有说服力

对房地产经纪人来说，比较也是一种说服他人的绝佳方法。同时，客户在租房和购房时，多会"货比三家"，然后选择最适合自己的那一套。如果房地产经纪人自己都不懂得主动运用比较的方法去激发或增强客户对自己所推荐房源的好印象和购买欲，很有可能出现客户"有眼不识金镶玉"的情景，对自己的经纪工作大为不利。

有一位刚入行不久的房地产中介小郑带客户去看一套房屋。房屋的主人办好了移民手续，急着出售房屋，愿意将满屋的高档家具和电器一并出售，出价116万元，底价是110万元。而根据当时的行情，这套房屋的市场价应在116万元到126万元。

小郑已经带客户看过三四套房屋了，但客户都不满意。当看到这套时，客户马上就问价钱。小郑急于开单，于是将实情告诉了客户，还跟客户讲了相关行情，说这个价格非常便宜。

但客户见业主急于出售，反而狠狠压价说："太贵了，最多100万元，100万元肯卖，我这就签合同。"小郑想，一下子掉价10万元，不可能。于是，他一再强调该房市价至少116万元，可客户还是不松口，不领情。

小郑很无奈，拨通了业主的电话。经过一番电话沟通，业主急于套现，最后答应了以100万元成交，并表示不能再少了。

第二天，小郑高兴地来到公司，并打电话叫那位客户来下定金，没想到客户得寸进尺，要求再减4万元，并表示如果再少4万元可以立即过来签合同。这可把小郑急坏了，生意眼看就要黄了。

后来，小郑找到主管，问他怎么办。主管听完小郑的情况介绍后，就叫他通知客户下午过来再看一次房。主管找了一套面积与小郑的那套差不多，地段差些，有点吵的房屋，把这位客户带去了。主管告诉客户，这套房屋的设计、面积与他想要的房屋差不多，并且业主要价就是96万元，问客户要不要。

话刚说完，客户有点恼怒地说："有没有搞错，我要的不是这套房啊！"

主管装出一副委屈的样子说："唉！别提了，早上还辛辛苦苦帮你争取到100万元！可你不要，又要降价。小郑还帮你打电话给业主，被骂了个狗血淋头。业主放话，不同我们公司合作了。我好歹凭一张嘴说服业主同意由我们卖那套房。不过，他说价格方面按原价，没得商量。他还说，今天上午放盘就放好几家。我刚打电话时，他还在接待别人看房。"然后主管就建议客户："算了吧，就这套也差不多，那套要想96万元根本不可能，110万元其实比市场价还便宜10万元左右，等待会儿看房的人一多，我怕业主还要提价。"

客户本来就很喜欢那套房，听小郑的主管这么一说，很后悔，赶紧问："110万元能不能少点？"

"少应该没得少了，不过，原来业主110万元是不包括家具、电器的，我再帮你争取一下，看能不能包括那些高档家具、电器。那些东西少说也值5、6万元。"就这样，原本给客户压到96万元的房屋，又给拉回了110万元。

小郑的主管之所以能够令销售"起死回生"，奥秘全在于引入了参照对象——一套价格符合客户期望，设计、面积与前一套房屋差不多，但其他方面条件比前一套房屋差的房屋。在两相对比之下，客户认识到了原来那套房屋的价值，也失去了杀价的勇气。

那么，具体在房地产经纪实战中，房地产经纪人该如何作比较，凸显自己房源和业务能力的优越，以更好地说服客户呢？如图5-5所示。

水平对比：推介某款房源时，拿竞争对手的房源，或其他价位、档次的房屋来做比较，从而让客户更加直观、全面地看到该房屋的卖点、价位、配套服务等，消除客户的疑虑，或对房屋的误解等，说服客户喜欢上你所推介的房屋

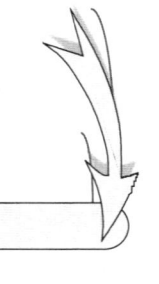

垂直对比：从时间的维度出发，对比房屋的升值空间；拿其他客户激发客户畅想购房后的场景，与当前所处困境作对比等

图5-5　两种对比方式

不比不知道，一比见分晓。在房地产经纪人说服客户的过程中，如果能有效利用比较这个利器，往往能"化腐朽为神奇"，甚至是在很短的时间内就让客户点头称"是"。

单就目标房源进行描述，房地产经纪人很难让客户更加客观、全面地认识到该房源在同类房源中所处的位置和性能表现，以及自己公司和个人的品质和能力等。因此，房地产经纪人应该善于运用水平和垂直的比较方法说服客户。

5.6　应对各类型客户和业主

销售就是与人打交道、做沟通，房地产经纪当然也不例外。一个成功的房地产经纪人，一定是一个出色的沟通者，是客户和业主忠实的传话者。

不同的客户和业主有着不同的心理特征，因此房地产经纪人在同性格迥异的客户和业主打交道时，需要用不同的方式以保证合作的顺利进行。如果事先没有认真分析客户和业主的性格特征，并且没有根据这些性格特征作出相应的应对策略，结果往往会不尽如人意。

在林林总总的客户和业主类型中，有几种比较难应对的类型，他们分别是沉默寡

言型、优柔寡断型、吹毛求疵型等。对于这些类型的客户和业主，房地产经纪人应该在洞悉其性格特质的基础上，有针对性地出招制胜，具体如下文所述。

1. 沉默寡言型客户和业主

沉默寡言型客户和业主几乎是房地产经纪业务最难应对的一类，因为不论房地产经纪人多么真诚地争取房源和介绍房源，他们看起来似乎总是漠不关心，只会以只言片语应付了事。正所谓"一个巴掌拍不响"，这样一来，房地产经纪人难有回天之力。

客户和业主沉默寡言的原因大致可以分为两种：不善于表达自己的意见和用沉默来拒绝房地产经纪人。但是房地产经纪人仍然不能轻易放弃这种类型的客户和业主。要打开他们的心门，具体做法如图5-6所示。

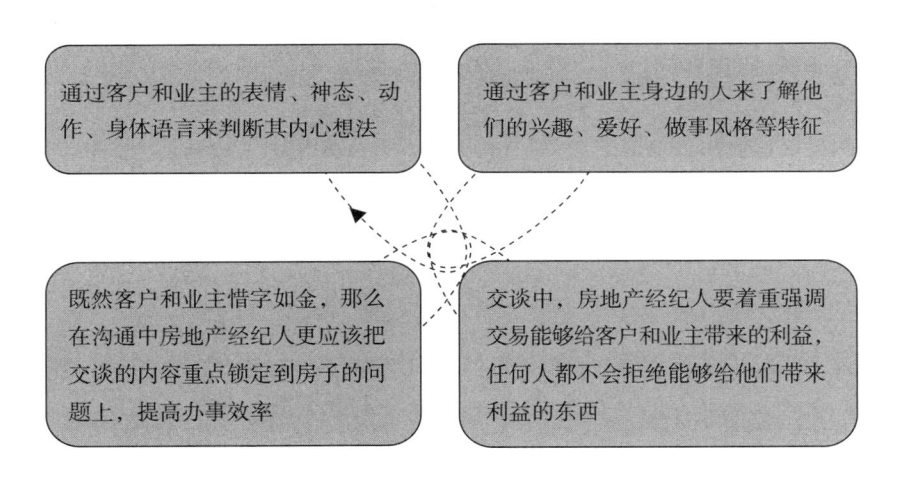

- 通过客户和业主的表情、神态、动作、身体语言来判断其内心想法
- 通过客户和业主身边的人来了解他们的兴趣、爱好、做事风格等特征
- 既然客户和业主惜字如金，那么在沟通中房地产经纪人更应该把交谈的内容重点锁定到房子的问题上，提高办事效率
- 交谈中，房地产经纪人要着重强调交易能够给客户和业主带来的利益，任何人都不会拒绝能够给他们带来利益的东西

图5-6　如何应对沉默寡言型客户和业主

2. 优柔寡断型客户和业主

由于性格原因，以及时涨时跌的房价、房租等不确定性因素，致使很多客户和业主在房屋租售问题上优柔寡断、犹豫不决。很多房地产经纪人都抱怨："要客户和业主很爽快地在合同上签字简直是难如登天。"而事实上碰到这种类型的客户和业主，房地产经纪人是应该高兴的，因为他们恰好给了房地产经纪人帮他们下定决心作决定的机会。

优柔寡断型客户和业主的最大特征是思考没有一贯性，做事没有恒心，很难自己独立作决定。针对这些特质，房地产经纪人通常可以采取以下做法，具体内容如图5-7所示。

引导其作决定	房地产经纪人要适时扮演引导者角色，帮助客户和业主作决定，但要让客户和业主觉得那是他们自己作出的决定。比如，对购房客户，房地产经纪人可以这样说："先生，让我来帮您分析一下，为什么您要购买这套房。第一，它附近公共设施一应俱全；第二，这个小区交通便利，十分方便您上下班；第三，将来您的小孩入学会十分方便。"
利用第三方见证	优柔寡断的人相当依赖权威的第三方观点，因此，房地产经纪人要善于利用第三方来促使客户下决心。房地产经纪人可以向客户列举一些在他手头上成交的、知名度较高的客户的名字，以此来打消客户对房地产经纪人的疑虑。房地产经纪人还可以向客户展示关于自己公司的各种权威认证和荣誉，甚至可以直接寻找权威的、知名度较高的第三方直接或间接地影响客户尽快成交
制造紧迫感	给客户和业主制造一旦错过机会就不再有的压力。人们对于常见的东西就不珍惜，对于稀有的东西就珍惜不已，更何况是犹豫不决的人，他们也害怕失去机会，因此可以告诉他们，一旦错失现在的机会，那么即使以后后悔也很难再遇到这么好的房源了

图5-7　如何应对优柔寡断型客户和业主

3. 吹毛求疵型客户和业主

事事追求完美，容不得一点瑕疵；如果没有认可房地产经纪人，就一定不会和他进行交易；他们即使想购房，也会找出房屋存在的种种缺陷，这就是吹毛求疵型客户和业主的典型特征。

碰到吹毛求疵型的客户和业主，绝对是对房地产经纪人的一次考验。倘若房地产经纪人没有很充实的知识储备，没有很完善的"反攻"策略，很容易招架不住他们的挑剔。要想成功地让这类客户和业主在合同上签字，房地产经纪人应巧妙地避开他们的锋芒，具体做法如图5-8所示。

1．房地产经纪人在与他们交流时要十分注重细节，从细节上的优势着手来打动客户和业主

2．满足客户和业主的虚荣心，承认客户和业主眼光独到

3．吹毛求疵型客户和业主大都对自己非常有自信，因此最好不要直接反驳他们

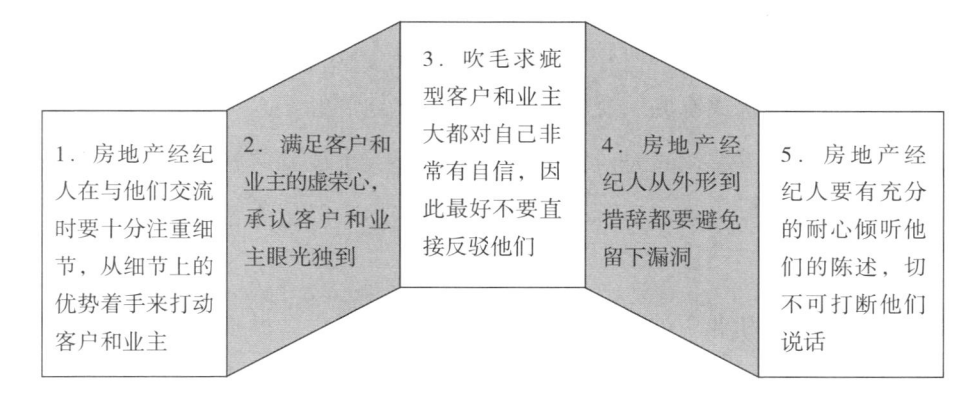

4．房地产经纪人从外形到措辞都要避免留下漏洞

5．房地产经纪人要有充分的耐心倾听他们的陈述，切不可打断他们说话

图5-8　如何应对吹毛求疵型客户和业主

4. 斤斤计较型客户和业主

有这样一种客户和业主：他们常常对房屋情况和房地产经纪人的言谈充满兴趣，但是他们并不着急与房地产经纪人签订合同，而是反复试探成交价格的底线，在与房地产经纪人的不断周旋之中力求在交易中使自己获得的利益最大化——这就是斤斤计较型客户和业主。

对于这类客户的屡屡砍价行为和业主的频繁加价行为，房地产经纪人应该这么做。

首先，一定要守住价格底线。房地产经纪人要明确的是，只有当此类客户真正有购买能力或者有购买欲望，此类业主真正想租售自己的房屋的时候，他们才会和房地产经纪人斤斤计较，但是这时房地产经纪人不可沾沾自喜，而是要特别谨慎地守住自己所确定的价格底线，顺利与客户和业主签合同。

其次，运用一些小技巧，为自己化解困境。虽然这种类型的客户和业主比较难缠，但是要成功攻下这些客户和业主，房地产经纪人还是可以运用一些技巧的。具体做法如图5-9所示。

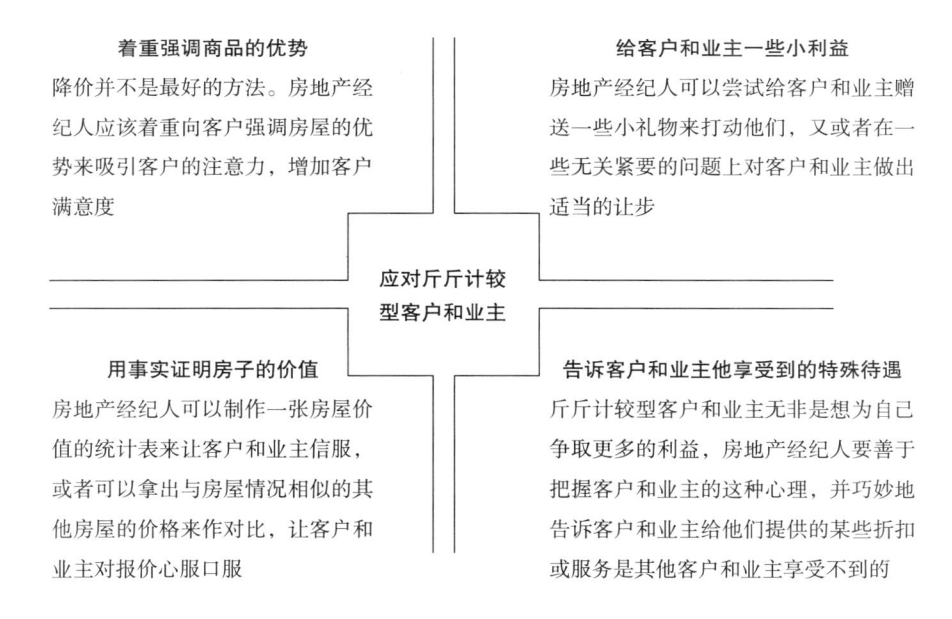

着重强调商品的优势
降价并不是最好的方法。房地产经纪人应该着重向客户强调房屋的优势来吸引客户的注意力，增加客户满意度

给客户和业主一些小利益
房地产经纪人可以尝试给客户和业主赠送一些小礼物来打动他们，又或者在一些无关紧要的问题上对客户和业主做出适当的让步

应对斤斤计较型客户和业主

用事实证明房子的价值
房地产经纪人可以制作一张房屋价值的统计表来让客户和业主信服，或者可以拿出与房屋情况相似的其他房屋的价格来作对比，让客户和业主对报价心服口服

告诉客户和业主他享受到的特殊待遇
斤斤计较型客户和业主无非是想为自己争取更多的利益，房地产经纪人要善于把握客户和业主的这种心理，并巧妙地告诉客户和业主给他们提供的某些折扣或服务是其他客户和业主享受不到的

图5-9　如何应对斤斤计较型客户和业主

总之，房地产经纪人面对的客户和业主的类型是多种多样的，当面对不同的客户和业主时，要学会察言观色，转换思维，快速识别客户的"心理"，站在不同的客户和业主的立场上看问题，让客户和业主变成你的忠实客户和业主。

5.7 异议消除有模板

房地产经纪人在带客看房的过程中，客户提出异议是很正常的。有道是"嫌货才是买货人"，有的客户对房地产经纪人所说的每件事都认同，从不发表自己看法，这样的客户肯定不是真心买房的。只有提出异议的客户，才是真心关注这套房屋，并有可能最终购买的人。当客户提出异议时，房地产经纪人能清楚地了解他的兴趣、爱好和顾虑，从而对症下药，让客户异议成为达成交易的跳板。

1. "这套房屋我不太喜欢"

客　户："这套房屋我不太喜欢。"（模糊不清的异议）

房地产经纪人："为什么呢？"（一探"为什么"）

客　户："不为什么，反正我就是不想要。"

房地产经纪人："您这么坚持肯定是有原因的，能告诉我您为什么不喜欢吗？是不是您对我的服务不满意？"（用假设法二问"为什么"）

客　户："不是，你的服务挺好的，我主要是觉得这套房屋的户型不好。"

房地产经纪人："这套房屋是经典的正南正北朝向，光线又好，又不会有'西晒'，三居室结构也很紧凑，您一家三口住其中两间，另外一间可以当作客房，也可以当作书房，厨房和卫生间的结构利用也很合理，没有多余的过道占用空间，还送您两个露台。这种户型还是挺好的，您说呢？"

客　户："这个我知道，但是我还是不太喜欢。"

房地产经纪人："张先生，是不是除了户型，您还有什么其他的顾虑，您只管跟我说，没准我能帮您解决呢？"（三探"为什么"）

客　户："呃……其实是这样的，这套房屋面积比我预想的大了点，算下来这个价款以我的经济能力有点承受不了，所以想考虑面积小点的房屋。"（真实的异议和顾虑）

当客户对整个房屋提出模糊的、不明确的异议，没有指出哪一点自己不喜欢时，房地产经纪人首先要做的并不是解决异议，而是要通过问"为什么"来抽丝剥茧，层层深入，引出客户隐藏的真实想法，然后再着手去解决。

当然，房地产经纪人不能以一连串的"为什么"来逼问客户，这样做容易让客户感到紧张，不自觉地更加坚定了"不买"的决心。房地产经纪人可以尝试以不同的提问形式来探究异议产生的真实原因，如图5-10所示。

> ◎ "您的这个想法很特别，能说说您为什么这么认为吗？"
> ◎ "我觉得您这么说肯定是有原因的，能告诉我为什么吗？"
> ◎ "之前我也有一位客户这么说，可我一直不明白为什么，您能告诉我吗？"
> ◎ "您一定是因为对我的服务不满意，对吗？"

图5-10　探究客户异议产生的原因（示例）

2. "我还是觉得××房好"

客　　户："这间房屋装修太简单了，我还是觉得精装修的房屋好，省得我自己装修了。"

房地产经纪人："张姐，您和先生工作肯定很忙吧，精装修的房屋确实省事，买完立马就可以住进去（认同客户的想法）。但是您想想，您和您先生刚结婚，好不容易有个自己的小家，里面的装修却是别人的，到处都还留着别人的风格和气息，那多不舒服啊！再说，您二位都是高素质的人，住的房屋当然也要体现自己独特的品位是不是？这样朋友来家里时您也有面子啊！"（分析自己装修的好处）

客　　户："哈哈，那倒是。"

房地产经纪人："再说了，现在装修也没您想象的那么麻烦，您把想要的风格和大体的要求跟设计师一说，就可以全程外包出去，有空了去看看，等着收房就行了。到时候这套房屋肯定会大变身，成为您梦想中的完美小窝！"（消除客户怕麻烦的心理）

房屋是一笔非常大的投资，客户在买房之前"货比三家"，并像上面例子中的客户一样，觉得"××房好"，都是再正常不过的表现。有的房地产经纪人一听到客户提出这样的异议，可能会把嘴一撇说："精装修哪有自己装修的舒服啊！"或者是"都什么时候了，您的观念还停留在八十年代！"

殊不知，销售人员有这样两条金科玉律："第一条，客户永远是对的；第二条，如果客户错了，请参看第一条。"由此可见，不论客户的异议有多么无理、落后、错误和不理智，房地产经纪人都不能直接驳斥客户，趾高气昂地说"您错了""不对"，而要先肯定客户的想法，保全客户的面子和自尊心，客户才会听你说接下来的话。

通过赞美和认同客户使客户放松警惕之后，房地产经纪人就可以话锋一转，以"但是"开头，适当分析那套房屋的不足之处，并告诉他这套房屋所具备的优势和能给他带来的利益，从而让客户转变立场。房地产经纪人在处理这种异议时可以使用如图5-11所示的话术模板。

> ◎ "李大哥，您说得没错！××房确实在××方面好一些，但是（列举缺点）……不知您有没有注意到（指出瑕疵）……而这套房（强调优点）……"
> ◎ "王姐，您真是内行！那种房屋是有这种优点，但是它的不足也很多（列举缺点）……这套房虽然在××方面欠缺一些，但是这点小问题并不影响您的居住质量，而且这套房屋的优点也是那套房屋所不具备的（分析优点）……"

图5-11　处理"我还是觉得××房好"的话术模板

3. 房屋缺陷的异议

客户："这套房屋采光不好，被前面那幢大厦给挡住了。"

客户："你不是说交通方便吗？这里也太偏了吧！"

客户："这套房屋建筑时间太久了。"

客户："这房屋看上去怎么那么破旧啊！墙面的漆都开始掉了！卫生间水管也生锈了！"

……

类似这样的异议，相信房地产经纪人一定不会感到陌生，在客户看房时，提出最多的异议可能就是关于房屋缺陷和一些小瑕疵方面的异议。许多房地产经纪人一听到客户挑剔房屋的缺陷和瑕疵，就像被人当众揭短一样，感到很难堪，又不知如何反驳，于是条件反射地去否定、掩饰或者忽略这些缺点，以"没有啊""这房屋采光明明很好"之类的话语辩解。这样做不但不会令客户回心转意，还会显得不够尊重客户，更让客户看出你的慌张，从而放弃买房的打算。

在面对这类异议时，房地产经纪人需要针对不同的异议采用灵活多样的应对方法。

1）间接否认法（见图5-12）

> ◎ 客　户："这里也太偏僻了吧！交通肯定不方便！"
> ◎ 房地产经纪人："您说得没错，这里是有一点偏，但是您出小区门口往右走200米就是公交车站了，很多线路都经过这里，交通很方便的。"

图5-12　间接否认法说服客户（示例）

这句话表面上看承认了客户的观点，其实论述的内容都在反驳"交通不便"。因此，房地产经纪人可以采用这种句式，先承认客户的看法，再委婉地以客观事实进行否定。

2）"樱桃树"法

一位房地产经纪人带着一对老夫妻来买房屋，一进门，太太惊呼："天哪，好大一棵樱桃树哦！"原来，院子里种着一大棵樱桃树，碰巧这家太太特别爱吃樱桃。先生当然也了解太太的这个爱好了，忙使眼色：别声张！但还是被精明的房地产经纪人发现了。

看房屋时，出于购房者的习惯，先生和太太极力挑着房屋的问题："客厅不够大哦！"房地产经纪人也如实说明："是的，客厅面积偏小一点。但是您想想，每年春天的时候，院子里那棵樱桃树开满鲜花，您可以和太太一起在院子里沐浴花香，多么浪漫和惬意啊！"太太望向先生，眼神中充满了爱意。

先生继续找问题："厨房这个窗户太小了。"房地产经纪人说："是的，但是您想想，您的太太在做饭的时候，一透过窗户就能看到院子里那棵樱桃树，一开窗户甚至能摘到树上的樱桃，这样连做饭也成了一件多么愉快的事情！"太太听了，会心地笑了。

先生不甘心，来到卧室，继续挑毛病："卧室通风不是特别好，有点闷。"房地产经纪人回答："不开窗户是显得有点闷了，不过您想想，当炎热的夏天到来的时候，您一家可以搬上摇椅，就在院子里那棵樱桃树下，乘凉、享用晚餐、数星星，和孩子们享受天伦之乐，多么让人羡慕啊！"

就这样，先生挑了一圈问题，而房地产经纪人总是能使他们忽略缺陷，将注意力集中到樱桃树上。最后，这位先生和太太购买了这套房屋，憧憬着在这里和樱桃树一起生活的场景。

这位聪明的房地产经纪人之所以能在客户对房屋有诸多挑剔的情况下做成这笔交易，就是因为他准确地掌握了夫妇俩的心理，利用能打动他们的"樱桃树"大做文章，最终促成交易。

当客户提出的异议有事实依据时，房地产经纪人也可以使用这种方法，将客户关注的优点放大，最终使客户忽略房屋的不足。以"樱桃树"法说服客户的示例如图5-13所示。

> ◎ "您说得对，前面那幢大厦是挡住了一部分的光线，但是您想想，这套房子这么安静，最适合老人居住了，而且周围就有商场、超市，您买东西非常方便，房子本身的户型、结构、楼层都很合适。跟这些优点比起来，光线稍微差一点有什么关系呢？"
> ◎ "李先生，虽然房子楼层不太好，但小区环境非常棒，还有个很大的游乐场，您儿子在里面会玩得多开心啊！"
> ◎ "虽然厨房偏小，但是它有个大露台，而且还不计入房屋面积，多划算！"

图5-13　"樱桃树"法说服客户（示例）

3）太极法

客　　户："六楼？还没有电梯？太不方便了吧。"

房地产经纪人："李先生，这正是我向您推荐这套房屋的原因。您不是说每个月都要去健身房健身吗？那您一定非常注重养生，如果住在六楼，您和您的家人上下楼的时候正好可以运动运动，长期坚持肯定不比去健身房的效果差！"

正如太极拳里的"借力使力"一样，太极法的核心是将客户提出的房屋缺点进行巧妙的转化，使其反而成为优点和卖点。用太极法说服客户的示例如图5-14所示。

> ◎ "这正是我认为您需要购买这套房屋的理由" "这正是这套房屋的好处"
> ◎ "正是因为距离马路远，才能这么安静啊！"
> ◎ "正是因为卧室稍小，才更显得温馨浪漫啊！"
> ◎ "正是由于靠近路边，交通才能这么方便啊，您上班两分钟就到公交站了！"

图5-14　太极法说服客户（示例）

4）忽视法

所谓"忽视法",就是不正面回答客户提出的异议,而采用忽视的办法,一笑而过即可。但是忽视异议是要有特定条件的,只有当客户提出反对意见并不是真的想要答案,或者提出的是一些没有大碍的瑕疵,并且很明显是客户在"鸡蛋里挑骨头"时才能采用,例如:

"这屋里怎么看着这么乱啊!"

"这里真是安静得让人受不了!"

"我不喜欢这块墙上安这么大的镜子!"

客户提出这些异议,一般意在增加谈判的筹码,若此时房地产经纪人没有"据理力争",就会让客户觉得房地产经纪人没有自信,或有意掩饰,这时房地产经纪人只需要微笑点头,或以"您真幽默""真是高见"之类的话忽视过去即可。

4. "我得跟家人（朋友）商量商量"

客　　户："买房这么大的事,我想和家人商量一下再作决定。"

房地产经纪人："李先生,您是不是对这套房屋还有什么不满意的地方？"（确认客户对房屋的满意度）

客　　户："那倒没有,就是想跟我妻子商量一下。"

房地产经纪人："嗯,买房投资很大,家人参与确实有必要。李先生,您很会参考别人的意见,难怪您在生意场上这么成功。我最欣赏的就是您这样白手起家,最后发展壮大起来的成功人士。"（引导客户谈论当年）

客　　户："哈哈,哪里哪里,我当年只是……"（让客户谈论其感兴趣的话题）

房地产经纪人："看来,您不但有谋略,还是一位善于把握机会、有决断的人。其实买房也是一样的,遇到自己满意的好房不容易,这套房最适合你们家住了。前两天也有两位太太来看了,都很喜欢,就是需要回去跟先生商量,您今天不要很可能就被别人抢走了。我建议您先把这套房定下来,您太太看了肯定也会非常喜欢的,您觉得呢？"

客　　户："好吧！我再做一回主,交定金吧！"

"要和家人（朋友）商量商量",是客户在最后的紧要关头经常使用的托词,但也可能是客户的真实想法。房地产经纪人这时需要向客户强调房屋的物超所值,制造房屋很抢手的紧张气氛,并适度使用激将法,刺激其作出购买决定,可以如图5-15中这样说。

- "这套房是我们的主推户型,每天来看房的人很多,已经有好几位客户表示感兴趣了。"
- "您也看了不少房屋吧,找到一套各方面满意的房屋真的挺不容易的。"
- "男人是家里的顶梁柱,买房这么大的事,当然得男人拿主意了,是吧李先生?"
- "您先生那么爱您,只要您喜欢,一定不会反对的。"

图5-15 说服存在"我得跟家人(朋友)商量商量"异议的客户(示例)

第6章

促成交易，签订合同

房地产经纪人的工作就是为业主寻找匹配的租客和买家，为客户寻找匹配的房源吗？答案可以是"是"，也可以是"不是"。说"是"的原因在于，房地产经纪人的工作主要表现在上述两个方面；说"不是"是因为，房地产经纪人的工作实质是解决难题。

优秀的房地产经纪人都是高超的问题解决专家、贴心的客户服务专家。业主和客户的房产租赁及买卖涉及面广，其中蕴含的问题繁杂。如果不能切实为业主和客户解决这些问题，房地产经纪人这个"月老"就无法促成业主和客户的"好姻缘"，自己也无法登临房地产经纪业的精英行列。

6.1 把握好交易时机

李先生看完房后,一直眉头紧锁,似乎在思考着什么,嘴里还念念有词。房地产经纪人小王只顾着在一旁讲解,并没有察觉到李先生的表情变化。小王想,自己把该说的话都说了,将这套房屋的优点也都一一做了介绍,价格方面李先生似乎也没有提出异议,于是他转向李先生说道:"李先生,要不咱们把合同签了吧!"谁知,李先生有点生气地说:"你急什么急!我还没考虑好呢!"

在促成交易时,房地产经纪人对时机的利用和把握相当重要。一方面,如果试图过早成交,客户会觉得你目中无人、莽莽撞撞,从而使成交变得极为困难;另一方面,如果下手过晚,可能又会错过成交的最佳时机。因此,房地产经纪人必须选择恰当的时机才能促成交易。

那么,如何把握交易时机呢?著名销售专家罗曼·文森特曾说过:"客户通常都会在不同的沟通阶段发出不同的信号,你必须留心这些信号,切勿坐失良机,错过了邀请客户作出承诺的关键时刻。"可见,房地产经纪人需要学会察言观色,敏锐地捕捉成交之前客户发出的表情、语言和行为等方面的信号,这样才能正确把握交易时机,提高成交概率。

1. 表情信号

人的面部表情是其心理活动的一面镜子,当客户有了购买的打算时,通常都会在表情上露出端倪。一旦客户出现如图6-1所示的表情信号,就表明他对房屋基本满意,并做好了成交的打算。

- 客户面部表情从冷漠、怀疑变为自然大方、随和、亲切
- 眼睛转动由慢变快,眼神发亮,充满神采
- 嘴唇抿紧,似乎在品味、权衡,或嘴巴上翘,露出一丝微笑
- 认真倾听交易细节和付款方法,并陷入沉思
- 向同伴使眼色,相视微笑,或用眼神传递"你感觉怎么样"

图6-1 客户有成交意向的表情信号

2. 语言信号

除了表情，房地产经纪人还可以从客户无意识透露的只言片语中判断是否到了可以成交的时机，当下面任何一种情况发生时，就表明客户已经有了购买的意图。

（1）客户对房地产经纪人的推介表示积极的肯定与赞扬，如"你说得对""没错""确实是这样的"。

（2）经过反复比较和挑选后，客户的话题集中在某套房屋，并不断地询问该套房屋的细节。

（3）客户仔细询问付款或贷款等具体交易事项的流程和手续。

（4）客户反复询问已经答复过的问题，并问"是真的吗""你确定吗""你不会骗人吧"。

（5）客户要求房地产经纪人就售后服务作出保证，如"你保证能按时交房吗""你保证能办下贷款吗"。

（6）客户使用假设购买的句式，如"假如一次性付款的话能优惠多少？"

（7）客户提出附加条件，如"有没有赠送什么东西""家具和电器能送吗"。

（8）客户开始询问同伴的意见，并低声耳语。

3. 行为信号

行为是受思想意识支配的，客户不同的行为也透露出其不同的心理变化。行为语言传达的信息往往比口头表达的更为丰富和准确。身为房地产经纪人，要具备敏锐的观察力，识别这些行为中蕴含的购买信号，如图6-2所示。

◎ 客户使用计算器或在纸上试算，翻阅日历或记事本
◎ 客户十分关注房地产经纪人的动作和谈话，并止不住地点头
◎ 客户反复、认真翻阅交易流程、税费表单等资料
◎ 客户反复、认真查看房屋有无瑕疵
◎ 客户姿态由前倾转为后仰，或做其他舒展的动作，身体显得放松
◎ 客户靠在椅子上，左右相顾，突然直视房地产经纪人，表示已经下定了决心
◎ 客户突然用手轻敲桌子或身子某部分，集中思路最后定夺
◎ 客户掏出香烟请房地产经纪人抽，以示友好

图6-2 客户有购买意向的行为信号

除了上面列举的三种信号，客户一些其他的言行举止也可能是成交的信号，如客户反复要求与业主和房地产经纪人面谈等。另外，不同年龄、性格的人，也会表现出不同的成交预兆，房地产经纪人要善于在工作中观察、分析、总结并把握。

总之，房地产经纪人只要善于分析当时的环境和氛围，捕捉各种有利的成交信号，把握"天时、地利、人和"，就一定可以顺水推舟，做成交易。

6.2 "抓住"成交关键人

购房是件大事，常常是客户全家出动来看房，房地产经纪人很难一眼就看出谁是决策者，这时应该如何识别呢？一般来说，图6-3所示的三类人在购房时很有可能就是那位能拍板的"Mr. Right"。

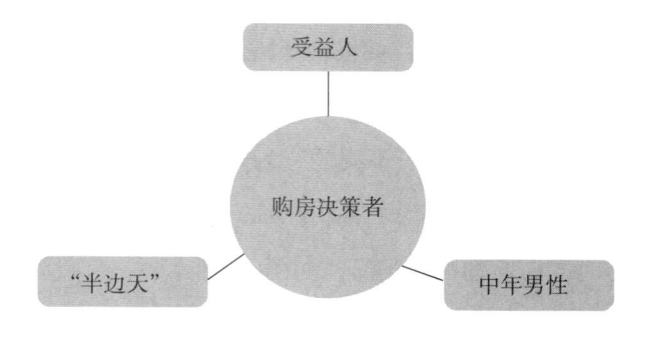

图6-3 三类可能的决策者

1. 受益人

判断哪位是真正的决策者，首先可以从他们的购房目的出发，确定这套房屋的受益人是谁，谁就有可能是最有发言权的人。

房地产经纪人："大妈，这套房屋您买了是准备和大叔自己住呢，还是给儿子留着啊？"

客　　户："我们老两口就在郊区住着，清静，这套房屋是给儿子结婚用的。"

房地产经纪人：（对刘大妈的儿子）"刘先生，大叔大妈为您想得真是周到，看来是想早点抱孙子了。您觉得这个小区怎么样？交通方便，两房的户型也正适合刚结婚的年轻人，房屋的装修风格也比较简约和时尚……"

显而易见，虽然是父母掏钱，但住房屋的毕竟是刘先生，他才是真正的受益人，当然要买刘先生中意的房屋，因此，房地产经纪人此时专注于刘先生的需求才是促成交易的关键。当然，出钱人说话的分量也不容小觑，房地产经纪人还需要适当照顾到他们的喜好。

2. "半边天"

有句话叫"妇女能顶半边天"。当夫妻二人尤其是年轻小夫妻来购房时，房地产经纪人可千万不要小瞧了"半边天"的力量。现在大部分年轻家庭的日常开支都由女性做主，她们紧握"财政大权"，对于家庭用品有着绝对的选择权和话语权。这时房地产经纪人不妨先把女士设定为决策者，针对其需求作重点介绍。

房地产经纪人："李先生，李小姐，这套房屋你们还满意吗？"

李先生："我还是比较倾向于楼层高一点的房屋，视野开阔。"

李小姐："要那么高干什么？上下都不方便，我就喜欢楼层低一点的（气势较足）。"

李先生："好好好，都听你的。"

房地产经纪人："哈哈，李小姐，您看您先生多疼您，只要您喜欢的他都没意见。您说得没错，这套房屋上下楼非常方便，而且您注意到了吗？卫生间面积比较大，可以放个浴缸，累了一天泡泡澡非常舒服，客厅的光线非常好，约上几位闺蜜在这儿喝茶、聊天、晒太阳，什么烦恼都没有了……"

3. 中年男性

据调查，在城市家庭购房活动中，40%以上是由中年男性作决策的。由于中年男性有了一定的经济积累和社会地位，自信心逐渐增强，在购房、买车这样的大事上更倾向于自己拿主意。因此，当中年夫妇来看房时，房地产经纪人首先要以男性为先，针对他所关心的事项做详细介绍。但也不能冷落了"半边天"，要根据夫妻二人的对话仔细识别。

房地产经纪人："张先生、张太太，你们觉得这套房屋怎么样？"

张太太："我不太懂，让孩子他爸说吧。"

张先生："价格还是略贵了一些，不知道这套房屋有没有投资的价值。"

房地产经纪人："张先生，这个小区附近马上要新建一条地铁线路，项目已经批下来了，今后肯定会升值的，不论是自住还是投资都非常划算。"

上面介绍的这三类人在房屋买卖中是最有可能的决策者，但也会出现一些例外。对此，房地产经纪人需要察言观色，根据客户之前的对话以及后期的接触真正识别谁是决策者。房地产经纪人可以利用以下4个小技巧，识别那个"关键"人物，具体如图6-4所示。

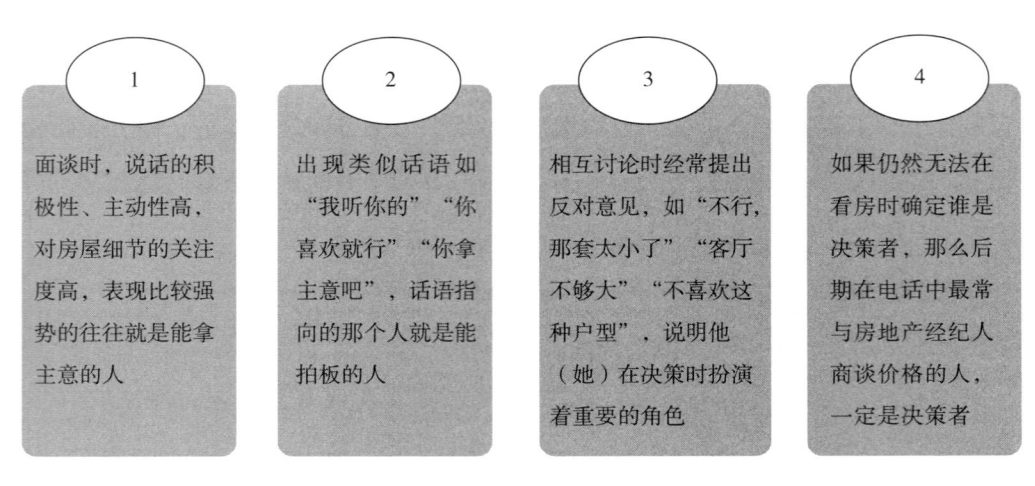

1	2	3	4
面谈时，说话的积极性、主动性高，对房屋细节的关注度高，表现比较强势的往往就是能拿主意的人	出现类似话语如"我听你的""你喜欢就行""你拿主意吧"，话语指向的那个人就是能拍板的人	相互讨论时经常提出反对意见，如"不行，那套太小了""客厅不够大""不喜欢这种户型"，说明他（她）在决策时扮演着重要的角色	如果仍然无法在看房时确定谁是决策者，那么后期在电话中最常与房地产经纪人商谈价格的人，一定是决策者

图6-4　识别购房决策者的技巧

6.3　促成交易有方法

促成房地产交易的过程就像秋天收割麦子的过程，找对交易时机就好比把握住收割麦子的节气，抓住关键则好比是找准了收割的麦田。但是，光有这两点还是不够的，还需要掌握娴熟的收割技巧，才能及时、高效地将自己辛勤耕耘的庄稼收割回家。也就是说，要想促成交易，房地产经纪人还需要用对方法。

1. 直接促成法

房地产经纪人："黄先生，您还有什么其他不明白的地方吗？"

客　　户："嗯，没有了。"

房地产经纪人："那我们现在就下定金，好吗？"

直接促成法是在房地产销售中经常使用的方法，并且也是最简单的方法，是在房地产经纪人确认客户对房屋比较满意，购买意愿比较强烈，并一一解答了所有的异议和问题后，顺势直接建议成交的一种方法。

直接促成法适用于老客户、有购房经验的客户和善于理性分析的客户。这种方法的优点是成交快速、高效，缺点是时机不当容易给客户造成压力，从而破坏成交的气氛。直接促成法的三段式话术模板如图6-5所示。

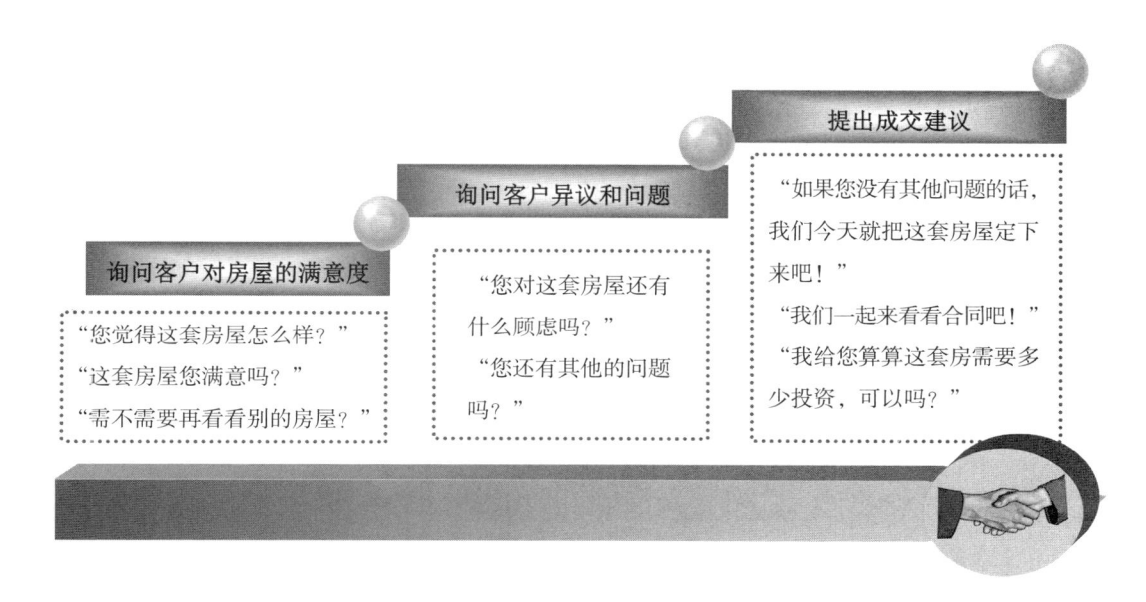

询问客户对房屋的满意度
"您觉得这套房屋怎么样？"
"这套房屋您满意吗？"
"需不需要再看看别的房屋？"

询问客户异议和问题
"您对这套房屋还有什么顾虑吗？"
"您还有其他的问题吗？"

提出成交建议
"如果您没有其他问题的话，我们今天就把这套房屋定下来吧！"
"我们一起来看看合同吧！"
"我给您算算这套房需要多少投资，可以吗？"

图6-5　直接促成法的三段式话术模板

2．假定成交法

当客户对房屋比较满意，并且异议也得到了很好的解决时，房地产经纪人完全可以自信地假定客户已同意成交，请客户进入交易的下一步流程。

房地产经纪人："李先生，您对这套房各方面还满意吗？"

客　　户：（点头）"还可以。"

房地产经纪人："那我去准备一下合同和要填的表格。"（"那就请您交一下定金吧。"）

3．非此即彼法

非此即彼法也叫"二者择一"法，是房地产经纪人通过选择性问句，让客户在提供的选择范围之内做出回应，它的好处是能把客户的注意力转移到"要哪一个"的问题上，而不是"要不要"的问题上，可以有效地堵住客户的"不"字。

房地产经纪人："张小姐，从房屋的风格来说，您是喜欢经典的，还是喜欢有特色、体现个性的？"

客　　户："嗯，从这点来说，我倒是倾向于这套比较有特色的。"

房地产经纪人："李先生，您是喜欢楼层高一点视野开阔的A套，还是喜欢楼层较低上下楼方便的B套？"

客　　户："我还是想要这套楼层高的。"

4. 优惠促成法

房地产经纪人："我们门店这段时间给客户提供了很大的优惠，这个月底前购房中介费能打8折，您再不作决定，以后就没有这个机会了。"

客　　户："好吧，那我下定金吧。"

优惠促成法也叫让步成交法，是通过提供优惠条件来吸引客户，促使客户作出购买决定的一种方法，这里的优惠条件一般是中介费。在运用优惠促成法时，房地产经纪人需要注意以下4点，具体如图6-6所示。

1. 明确自己拥有的折扣权限，超出权限范围的必须向上级主管提出申请

2. 给客户优惠前，可以要求客户付一部分定金，以增加交易成功的胜算

3. 可以假装多次打电话向主管申请，让客户感受到这些优惠的来之不易，避免客户得寸进尺

4. 请求客户不要向其他业主或客户泄露优惠信息，从而让他更加相信优惠的真实性

使用优惠促成法时的注意事项

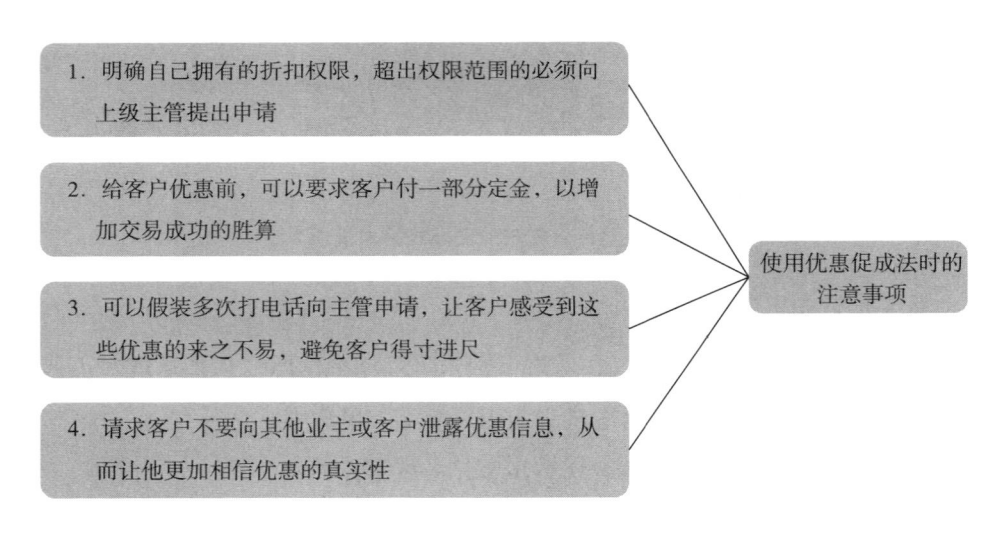

图6-6　使用优惠促成法时的注意事项

5. 激将促成法

房地产经纪人："李先生，您在××大厦上班，那一定认识××公司的赵总吧？"

客　　户："没听说过，他是？"

房地产经纪人："哦，他是××公司总经理，跟您一样，也是年纪轻轻就自己开

了家公司，生意做得挺红火的。这位赵先生前天在我们这儿定了两套房，一套居住，一套投资。"

客　　户："一下子买了两套？"

房地产经纪人："是啊，他对我们这个小区非常喜欢，说在这里购房的不是企业的高层就是老板，居住环境好。李先生，您也是大老板，事业和决策能力也一定不比赵先生差，如果购房能为您的事业和家庭带来利益，肯定要当机立断，对吧？"

客　　户："那当然。"

房地产经纪人："那我们来看看这份合同吧。"

争强好胜、爱面子是人的本性，房地产经纪人如果能巧妙地利用人的这一心理，在适当的时候刺激客户、赞美客户，可以极大地激发客户的购买欲望，促使客户下决心来购买。至于选择什么话题来刺激客户，房地产经纪人需要先摸清客户的"要害"所在，在客户最在乎的那个"点"上轻轻一探，如下列说法。

"王先生，您的同学都已经购房成家了，难道您不想也拥有一个自己的家吗？"

"李先生，像您这种成功人士，如果不住在这种高档小区，怎么能体现出您高贵的身份和独特的品位呢？"

"您还犹豫什么呢？您难道不想让您的太太每天早上不用那么辛苦奔波，孩子上市内最好的学校吗？"

6. 遗憾成交法

人都有害怕错过的心理，遗憾成交法就是利用客户趋利避害的心理，通过房地产经纪人向客户列举不买某套房的损失，强调"如果不买这套房，你将有多么遗憾"，以达成最终交易。

"陈小姐，这种户型的房屋在这个小区是最后一套，如果您现在不买，以后可就很难再找到面积、户型、价位都这么合适的房屋了。"

"张太太，您想想，您要是不把房屋买在这儿，每天上下班路上得花一个多小时，每天早上没时间送孩子去学校，下了班也没时间给孩子做饭，您怎么忍心啊！"

"王先生，现在的房价涨起来可没谱啊，您要是现在不买，一个礼拜后每平方米可能又涨500元，那时候可就得多掏好几万元啊！"

7. 紧张促成法

当客户选好房后一直下不了决心，房地产经纪人也可以通过一些话术制造销售火爆、房源抢手的气氛，利用客户担心房源被抢走的紧张心理，促使客户快速作出购买决定。

"李先生，您看，又有两位客户下午要来看房，您赶紧拿个主意呀！"

"李先生，您要是真喜欢就先定下来吧，这种户型的房屋非常受欢迎，来看房的客户大多数都指明要买这种房屋。您要是不订下来，很快就会被别的客户看中。我们昨天就有两个客户为了争一套房打起来了。"

房地产经纪人还可以当着客户的面与同事一起制造出竞争气氛，促使客户快速下定金。这个"竞争者"的实力越强大，购买意愿越强烈，客户切身体验到的压力和紧迫感就越大，从而越有可能成交。

同　　事："小张，你正在给客户介绍××社区的408是吗？"

房地产经纪人："嗯，刚带这位客户去看了，他挺满意的，怎么了？"

同　　事："哦，我一位老客户看上了这套房，所以我来问问你这边的情况。"

房地产经纪人："你能不能向你的客户推荐别的房，两房户型的这个小区不是还有几套吗？"

同　　事："都带他看过了，不是楼层高了，就是朝向不好，非让我问问这一套。"

房地产经纪人："这样啊，那你先带他看看别的房，我再跟我的客户商量一下。"

8. 富兰克林成交法

很多理性、擅长分析的客户，他们往往很难被房地产经纪人生动的介绍或一两句话所打动，在是否购房的问题上，这类客户更倾向于理性地分析和对比。此时，房地产经纪人运用富兰克林成交法将会起到不错的效果。

富兰克林成交法是美国著名的发明家和政治家富兰克林在遇到棘手的事情时经常使用的处理方法。富兰克林法的基本操作是在一张纸上画出两列，呈"T"字形，左边内容表示肯定，右边内容表示否定。因此，房地产经纪人在使用这种方法时，可以将一张白纸从中间分成两列，一列写客户买这套房的理由，另一列写客户不买的理由，让客户能够直观、清晰地认识和分析。富兰克林成交法（示例）如图6-7所示。

买的理由	不买的理由
房子朝向好，户型合理 小区绿化好，临近公园 黄金地段，升值潜力大 孩子入学方便 离上班地点近 配套设施齐全，有活动中心 买菜、购物方便	房价比预期高出5万元 停车位较少 只是简单装修，购买后还得自己装修

图6-7 富兰克林成交法（示例）

1）突出优势

房地产经纪人帮助客户分析的结果肯定不是让客户对购房更加顾虑，相信也没有哪位房地产经纪人会主动将房屋的缺点一五一十地全翻出来。因此，在使用富兰克林成交法时，房地产经纪人需要着力突出优势，使整张纸最后看起来优点远远大于缺点，这样才更有说服力。

2）让客户参与

房地产经纪人不能唱"独角戏"，要让客户也参与到分析之中，由他们来提出购房的不利之处，这样不但能加强分析的可信度，避免自卖自夸的嫌疑，还可以让房地产经纪人有针对性地作出解释和说明，淡化甚至逆转这些不利之处。当客户看到购房的有利方面与不利方面的悬殊对比之后，相信一定会不再犹豫，放心地作出购买决定。

6.4 价格磋商促成交

业主都希望自己的房屋能卖个好价钱，因此在价格谈判中，他们的行为表现为"守价"，咬紧牙关，不到最后关头不愿意"割肉"。当买卖双方给出的价格差距较大时，房地产经纪人要做的，就是采取某些技巧，帮助客户拉下价格，促成交易。

1. 与业主谈价

1）攻其弱项

"刘先生，您也知道，您这套房屋是1997年盖的，楼龄太长了，现在一般人购房都不愿意考虑2000年以前的房屋了，以您要的价格，就更难出手了。"

"王小姐，客户嫌您这套房屋朝向不太好，楼下就是KTV，噪声真的不小，李先生能出到130万元，也算合理了，您就不要再坚持了。"

世界上没有什么是十全十美的，房屋也是一样的，从楼层、楼龄、户型、交通、噪声、空气、物业管理到配套设施，总有存在不足的地方，而业主对自己房屋的缺点更是心知肚明，房地产经纪人只要抓住房屋客观存在的弱项一一列举，相信业主要价的底气就不会那么足了。

2）制造危机感

"最近市场很不景气啊，国家政策一出台，购房的客户就少了一大半，陈女士出的价已经很不错了，您再不出手，可能连这个价都卖不了啊！"

"听说最近好几个新盖的楼盘都要降价了，好多专家都说以后的房价肯定还要降，您要是再过一周卖，恐怕每平方米就少了500元了！"

房地产经纪人要让业主感觉到市场正在走下坡路，并以国家相关政策和专家言论予以证明，让业主感到找到一个客户实在不容易，再不出售可能会给自己造成更大的损失。

3）以情动人

每个业主对自己的房屋都有一种特殊的感情，卖掉它就好像是要让自己的女儿出嫁一样，都想找个"值得托付"的人家，因此会因为对某位客户的认同，而接受较低的价格。房地产经纪人也可以通过多讲客户的好处，或者难处，激发业主的好感和同情心，促成这笔交易，具体话术如图6-8所示。

◎ "李先生省吃俭用这么多年，最大的心愿就是把家乡的父母接来照顾。现在这样的孝子可不多啊，您就成全他这一片孝心吧！"

◎ "这小夫妻俩特别好，自己起早贪黑地忙，却资助了好几个山区的小学生，这样的好心人住在您的房子里，您自己也高兴不是吗？"

图6-8 以情打动业主话术（示例）

4）举例比较

"王先生，我们店这个月卖了好几套这个小区的房屋，每平方米不超过5 000元，您的房屋卖到每平方米5 300元，已经算不错了！"

"陈先生，我说实话，李先生出这个价已经相当不错了，上星期我同事刚在旁边楼上卖了一套房屋，每平方米才6 200元，您还是把您的价格再降一点吧！"

这种方法通过举例来比较近期的成交记录，或通过与业主房屋条件接近的房屋价格作对比，凸显出业主要价偏高以及客户出价的合理性，以达到让业主降价的目的。举例时最好不要选取离住户太接近的房屋，以免业主去打听。

5）强调现值

这种方法是要让业主明白：钱是一直在贬值的，明天的钱不如今天的钱有价值，早点卖就可以早点回笼资金，产生更大的效用，如图6-9所示的话术是通过强调现值来说服业主降价的。

◎ "王先生，您也知道，只有捏在自己手里的才是钱，您早点出手的话，再拿着这些房款去投资，不但很快可以收回减少的房款，还能挣不少呢！"

◎ "李小姐，现在什么都在贬值，您不赶紧卖掉房屋的话，以后可就没现在这么值钱了，还是趁着现在价格好，让一步吧！"

图6-9 强调现值来说服业主降价话术（示例）

2. 与客户谈价

在开始与客户谈价之前，首先要明确客户的意向，即客户是否明确自己的选择，是否还在比较。对谈价技巧的运用，始终是建立在客户对产品有70%的认可程度上的，任何违背客户意愿，随意玩弄手法的行为必定会失败。

1）适度坚持价格

不经过一番磨价，在谈判刚开始时就轻易让价，或很快就失去耐心，这样的房地产经纪人在谈判中肯定会失去话语权，被客户牵着鼻子走。正如拿破仑所说的，谁能坚持最后五分钟，胜利就属于谁。因此，房地产经纪人在与客户谈判之初，需要适度坚持价格。

客　　户："这套房屋再便宜5万元吧？"

房地产经纪人："什么？您在跟我开玩笑吧！绝对不可能！"

房地产经纪人像上面这样对价格的坚持太生硬的话可能会把客户"逼走",所以可以采用如图6-10所示的策略,再结合价格异议说服模板,适度坚持价格。

> 1　使用强调利益法,反复向客户说明房屋物超所值,列举房屋的各项优点
>
> 2　使用比较法,举例论证目前房屋价格相比市场价格的合理性
>
> 3　搬出业主做挡箭牌,声称业主言明价格没有谈判的空间

图6-10　适度坚持价格的策略

2)控制客户的杀价底线

很多时候,即使业主的报价已经偏低,客户还是会大刀阔斧地进行杀价,这时,房地产经纪人需要控制好客户杀价的底线,避免还价过低引起业主反感。

"王先生,您的心情我完全了解,现在房价居高不下,大家都很为难,但是业主的出价确实比市场价低很多了。我尽量跟业主讲讲,您要有心理准备,业主明确说低于60万元是不可能卖的。"

3)探明底价

对于房屋价格,每个客户心里都有自己认为合适的价格数字,房地产经纪人需要先探明客户的心理底线,才好获得主动权,掌握谈判的局面。

"那您认为多少钱合适呢?"

"您觉得什么价格可以接受?"

"你能接受的最高价格是多少呢?"

4)白加黑

当客户步步紧逼使房地产经纪人无法招架的时候,房地产经纪人可以搬出"专家"级的人作为挡箭牌,这个"专家"级的人可以是同事、经纪主管或经纪门店店长,由房地产经纪人与其一个"唱白脸"、一个"唱黑脸",让客户认识到降价的困难程度和业主出价的合理性。

房地产经纪人:"主管,这位李先生说他觉得这套房屋70万元就差不多了。"

主　　管:"什么?70万元,不可能!不可能!我做了这么多笔交易,还从来没有听说过这种房屋卖这么低的价格!"

房地产经纪人:"李先生,您看,我们主管做房地产业务七八年了,对这一带的

市场行情非常了解，他都觉得这个价格有点离谱，您还是考虑加一些吧！"

5）表功

房地产经纪人可以通过一些语言，使客户看到房地产经纪人为了给他争取更低的价格，付出了很多额外的努力，让他认识到再降低价格已经非常艰难。让客户感受到特别的优待与尊重，使其更加信赖房地产经纪人，从而降低心理防线，适当调整价格。

"我昨天特地又跑了趟业主家，跟他磨了半天嘴皮子，我说您是我的老客户，要是一点优惠都没有，我都不好意思见您了。起初他怎么都不肯再降价，经过我好说歹说才降了5000元。"

"王姐，我这两天真是把腿都快跑断了，天天给业主打电话，弄得业主现在都不太愿意接我的电话，口气也很生硬，这价格估计是下不来了。"

6）不要忽视参谋

客户李先生带着一位朋友一起来看房屋，房地产经纪人小周一看，李先生衣冠楚楚，气质不凡，而他的这位朋友却又黑又瘦，穿着普通。小周心想，他肯定是李先生的秘书或者司机。

于是，小周对李先生小心接待，非常殷勤，却没怎么理会其朋友。等看完房屋谈价格时，小周凭借自己的三寸不烂之舌，几乎都快把李先生说动心了。谁知，李先生那位站在旁边一直不吭声的朋友走过来，低声对李先生耳语了几句，李先生听完突然转变了态度，说道："我这位朋友是搞房地产的行家，他认为你这个价格太不公道了，我们还是改天再谈吧！"说完便转身离去。

客户在购房时往往会征询朋友或行业内某些人士的意见，并对这些"参谋"的意见深信不疑，这些"参谋"对交易能否成功有着决定性的影响。因此，当客户"不是一个人在战斗"时，房地产经纪人不但需要照顾好客户，更需要在"参谋"身上下功夫，通过一些技巧使其无法还价，还可以采用"糖衣+炮弹"的谈价策略，如图6-11所示。

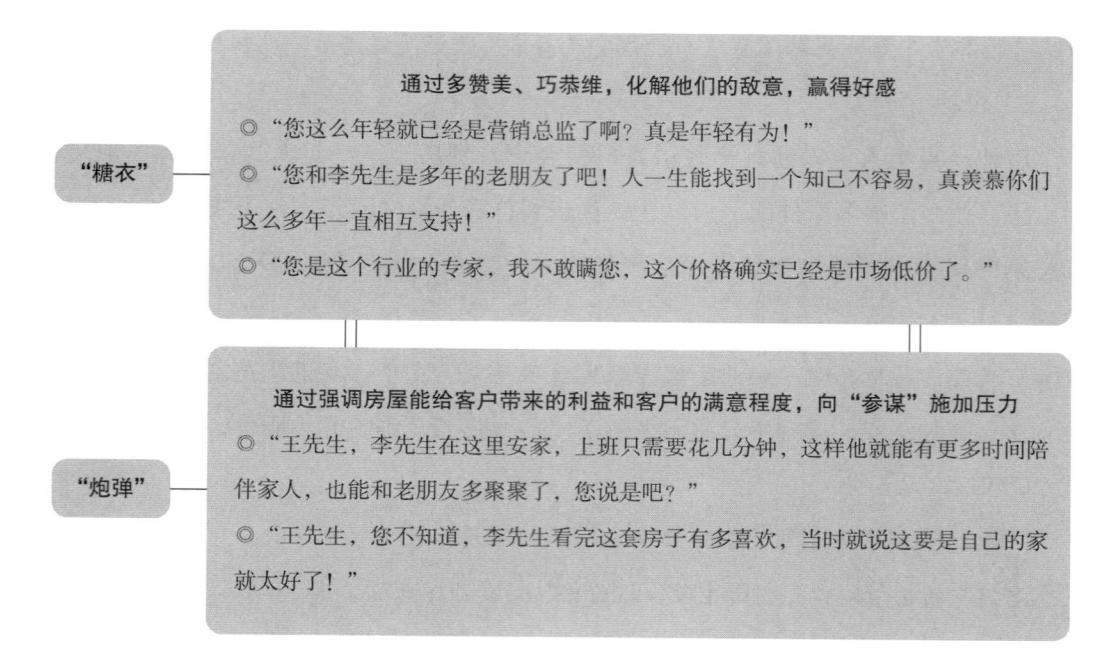

```
┌──────┐     ┌─────────────────────────────────────────────────────┐
│"糖衣" │────▶│  通过多赞美、巧恭维，化解他们的敌意，赢得好感           │
└──────┘     │ ◎ "您这么年轻就已经是营销总监了啊？真是年轻有为！"     │
             │ ◎ "您和李先生是多年的老朋友了吧！人一生能找到一个知己不容易，真羡慕你们这么多年一直相互支持！" │
             │ ◎ "您是这个行业的专家，我不敢瞒您，这个价格确实已经是市场低价了。" │
             └─────────────────────────────────────────────────────┘

┌──────┐     ┌─────────────────────────────────────────────────────┐
│"炮弹" │────▶│ 通过强调房屋能给客户带来的利益和客户的满意程度，向"参谋"施加压力 │
└──────┘     │ ◎ "王先生，李先生在这里安家，上班只需要花几分钟，这样他就能有更多时间陪伴家人，也能和老朋友多聚聚了，您说是吧？" │
             │ ◎ "王先生，您不知道，李先生看完这套房子有多喜欢，当时就说这要是自己的家就太好了！" │
             └─────────────────────────────────────────────────────┘
```

图6-11 "糖衣+炮弹"的谈价策略（示例）

3. 撮合价格

小张前几天接待的一位客户，对他推荐的一套房屋的各方面都比较满意，出价80万元，而业主的报价是83万元。小张跟双方谈了两个回合，双方都同意了81万元的价格，小张原以为这单肯定到手了。

谁知到了最后关头，客户和业主都不干了，客户觉得自己买亏了，要求再降5000元，而业主觉得自己卖亏了，要求再加1万元，谁也不肯让步，最后闹得不欢而散。

客户和业主永远是一对矛盾体，业主总想多卖一些，而客户却总想少掏一些，如果房地产经纪人像这个例子中的小张一样，轻易地就告诉了业主和客户对方价位出到了多少，会让业主和客户都觉得自己吃亏了，随之要求涨（降）价，一旦发生这样的情形，事情就很难控制了。因此，房地产经纪人应合理控制价格撮合的进度，如图6-12所示。

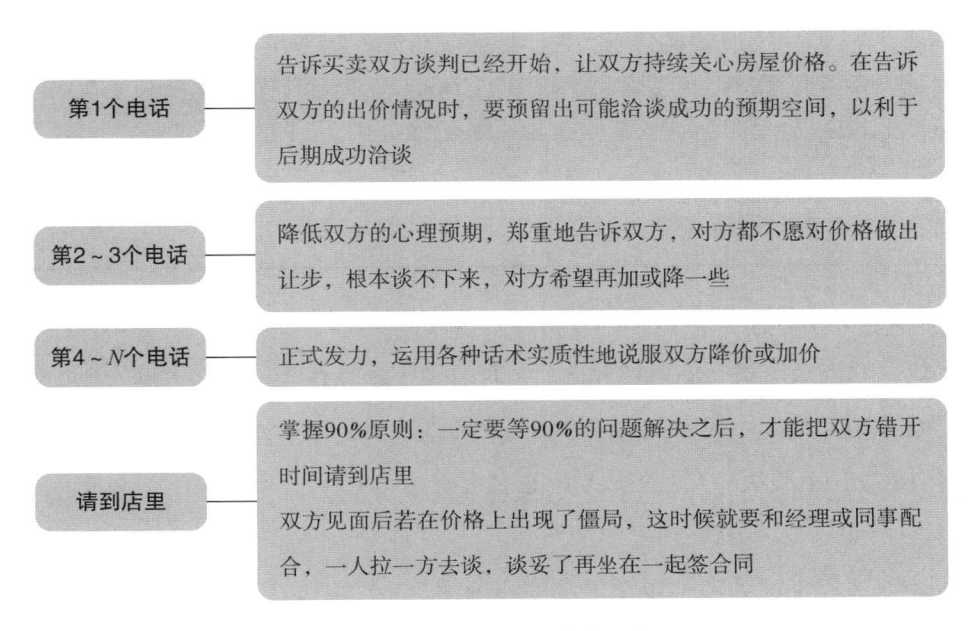

第1个电话	告诉买卖双方谈判已经开始，让双方持续关心房屋价格。在告诉双方的出价情况时，要预留出可能洽谈成功的预期空间，以利于后期成功洽谈
第2~3个电话	降低双方的心理预期，郑重地告诉双方，对方都不愿对价格做出让步，根本谈不下来，对方希望再加或降一些
第4~N个电话	正式发力，运用各种话术实质性地说服双方降价或加价
请到店里	掌握90%原则：一定要等90%的问题解决之后，才能把双方错开时间请到店里 双方见面后若在价格上出现了僵局，这时候就要和经理或同事配合，一人拉一方去谈，谈妥了再坐在一起签合同

图6-12 控制价格撮合的进度

房地产经纪人撮合双方价格的过程90%是通过电话进行的，好多房地产经纪人在打电话时比较心急，总希望赶快把问题全部解决，一个电话说三四十分钟，殊不知这样做会让客户或业主根本来不及消化你的论据，产生的后果是一个问题都解决不掉。

正确的做法：把谈判理由分解，打第1个电话主要说一到两点，让对方思考，听对方的反馈，然后结合反馈再组织话术打第2个电话、第3个电话……这样每隔20~30分钟打一个电话，让业主和客户能够充分思考，从而收获到不错的谈判效果。总的来说，房地产经纪人需要把握：打电话的次数多要比单次通话时间长更重要。

此外，房地产经纪人撮合双方价格还有一些技巧，掌握这些技巧，相信能够使客户和业主更快达成一致。

1）不要轻易露底价

××花园一套135平方米的房屋，业主底价为140万元，客户看完房后出价为130万元，房地产经纪人小张的预估成交价是135万元。因此，他给业主说客户出价为120万元，给客户报价150万元，用150万元说服客户加价，用120万元来说服业主从140万元降价，以利于撮合成交。如表6-1所示。

表6-1 与业主、客户的出价策略（示例）

出价类型	业主	客户
客户或业主真实出价（万元）	140	130
告诉客户或业主的价格（万元）	150	120

从表6-1中可以看出，业主和客户的真实出价差距只有10万元，但如果告诉双方真实的底价，双方必定咬死不愿多降（加）价。而小张这样做，让业主以为自己比客户的出价高了20万元，让客户以为自己比业主的报价低了20万元，降价或加价的幅度更大，撮合的空间就更大，交易的成功率也会更高。

2）向好说话的一方议价

在谈判过程中，并不一定要主攻客户或主攻业主，买家和卖家很少有势均力敌的，因此，哪一方好说话、易退让则主要跟哪一方谈。

3）气氛和谐

房地产经纪人应该注意营造买卖双方和谐和友好的气氛，当出现矛盾或不满时，房地产经纪人要进行及时调解。保持和谐气氛（示例）如图6-13所示。

◎ 对客户这样说："陈姐，房东说了他很想卖给您，想给这房子找个好买主，他对您印象很好……"

◎ 对业主这样说："这位客户人真的不错，她说您家的房子特别有生活气息，她非常喜欢，只是因为经济确实紧张，出不了那么高的价。"

图6-13 保持和谐气氛（示例）

4）保持中立

房地产经纪人："王大叔，您的这套房都是十多年的老房屋了，楼道又破又旧，屋里面的漆面都掉了，还要那么高的价钱，客户肯定接受不了！"

业　　主："到底是你购房还是客户购房？你凭什么说我的房屋不好！我不卖了！"

房地产经纪人："李姐，我觉得这房屋真的挺值的，我都心动了，不能让人家业主太亏了呀，您就再加点吧！"

客　　户："你要是觉得我应该加钱，那你替我加，我没钱，你觉得房屋值你就自己买吧！"

有的房地产经纪人在谈判过程中容易发生类似上面的两种情况，不能很好地摆正自己的位置，总是把自己牵扯到谈判中，惹得业主和客户都不高兴。

出现这种情况的原因很简单，就是房地产经纪人没有保持中立。客户以为你偏向业主，业主以为你替客户说话，导致双方都把你当成"敌人"。因此，房地产经纪人需要记住：让业主降价的任何理由都要说是"客户的意思"，跟客户谈价时要说明是"业主的意思"，不能以自己的名义去谈价或发表看法。

"客户说了，大哥您的房屋是朝北的，朝南的才卖2万元一平方米，结果您卖2.2万元，实在太贵了，所以，客户想让您价位落一些！"

"业主说，这个房屋装修花了60万元，而且还送车位，所以一点都不贵，他希望您能加点。"

若房地产经纪人以如上的说法，用双方的名义谈价，他们就不会责怪房地产经纪人站着说话不腰疼了，反而会认为房地产经纪人确实是在为自己着想，是"自己人"，这样房地产经纪人才能更好地说服业主和客户。

6.5　交易资金要把控

如何确保交易资金的安全是房地产交易中最为核心的问题。因为房地产交易不像其他商品交易那样可以当场"一手交钱一手交货"，而必须由买卖双方在签订房地产买卖合同、交付部分或全部房款后，才能到房地产登记部门办理产权登记、审核、过户等手续。在交付房款至房屋过户完毕这个过程中就形成了时间差，极其容易导致风险的发生。在这个过程中，交易资金可分为意向金、购房款和佣金。

1. 意向金

客户黄先生看中了××房地产的一处房源，与门店签订了协议并支付了5万元意向金后，双方约定：业主签字同意交易条件并收取意向金时，意向金转为定金。

后来，黄先生了解到该房屋贷款还没付清，抵押权还没解除，业主要求黄先生先付一笔房款供其还清贷款，等抵押权解除后再过户给黄先生。没有经验的黄先生不敢答应，便在交付意向金的第四天电话通知（已录音）房地产经纪人暂停交易。但是房地产经纪人说，黄先生的意向金已转交业主成为定金。

黄先生找到了业主签署的委托协议，签字的落款日期是交付意向金的第五天，比他通知收回意见金的日期要晚一天。于是，他要求停止交易并退还意向金，并要求经纪门店公开赔礼道歉。

经纪门店转递意向金的风险主要表现在两个方面，一个是如上例中的××房地产，在客户发出中止交易的指令后仍转递意向金；另一个是超过承购（租）方在居间协议中约定的委托期限仍转递意向金，会面临被承购（租）方索取意向金，而卖主不愿归还的风险。

2. 购房款

××房地产好不容易谈成了一笔房屋买卖交易，合同约定：购房人在合同签订后，将首期款交到房地产经纪人手中，等卖主解除房屋抵押时由房地产经纪人直接转付给卖方。

卖主按照约定，在很短的时间内解除了房屋抵押并向经纪方发出了付款通知，但买方要求门店暂缓付款，待他收到银行贷款的批准通知书后再付。门店就买方这一要求征求卖方意见，卖方口头同意但未作书面确认，门店遂按照买方的意思暂时扣下了首期款。

但是，当买方收到银行贷款通知书时，卖方却以没有按时支付首期款为由要求买方承担违约责任。门店的大意和过失造成了买方的违约，不得不为买方的损失承担法律责任。

购房款少则几十万元，多则几百万元，甚至上千万元，对于房地产经纪人而言，依法正确、有效地监管这种代收、代付资金非常重要。在客户要求经纪门店对房款进行监管的交易中，经纪门店要承担的风险也要大得多。

3. 佣金

佣金本来是房地产经纪门店为卖方和买方提供房屋居间服务的合法收入，但是，如果收取佣金的过程操作不当,也会给经纪门店带来一定的风险。

某房地产经纪门店的房地产经纪人小张接待了一位想租房的客户。一般租房的中介费是一个月的房租,但是小张只是口头告知了该客户,并没有进行书面约定。

后来小张带他看了一套房屋,月租2 000元,客户对各方面都比较满意,可是在支付佣金的时候客户不愿意了,认为2 000元的佣金太高,只愿意支付1 000元。由于最近客户很少,小张急于想做成这笔交易,最后只能接受了客户的要求。

佣金收取的风险主要来自两个方面,一方面是委托时没有将佣金的比例确定清楚,导致佣金收取困难,这个例子里的小张就是没有将佣金协议与客户做书面形式的约定,从而导致无法足额收取佣金的;另一方面是房地产经纪公司不按国家或行业规定的比例(主要是超出规定的收取比例)收取佣金而引起的风险。

6.6 合同签订的细节

合同签订是一个非常重要的环节,稍有疏忽,不但可能让"煮熟的鸭子"飞走,还可能引起法律纠纷,给房地产经纪人及其门店带来损失。因此,房地产经纪人需要花心思在签约之前做充分的准备,使签约过程顺利进行,也将签约后发生风险的概率降至最低。

1. 签约前的准备

首先,房地产经纪人需要再次确认如图6-14所示的事项。

其次,房地产经纪人应将相关的合同和表格文件准备齐全。此时,房地产经纪人一定要仔细审查合同有无疏漏,条款是否完备,用词是否准确,内容是否合法,以做到万无一失。

确定合同没有问题之后,房地产经纪人再将合同和相关表格按要求的份数打印出来,将己方需要填写的条款填写完整。

1. 房产权利现状的再次确认

房屋产权证的真实性、共有人对房产出售（租）的意见、业主还贷情况、按揭银行、按揭年限、待还款额、月供款等

2. 购买方资格的再次确认

目前很多城市会有购买资格的限定，因此须对购买方的购买资格进行再次确认

3. 再次计算交易双方应付的税费和佣金
4. 再次确认双方认可的各项费用付款方式
5. 再次确认房产交付的时间
6. 再次确认水、电、煤气的运行数据
7. 再次清点随房产赠送的物品
8. 再次确定签约的确切时间及交房时间
9. 再次明晰双方责任及违约处理办法

图6-14　签约前相关事项的再次确认

在约定的签约日期的前一至两天，房地产经纪人还应当主动与业主、客户联系，再次确认具体时间，并提醒客户和业主准备好如图6-15所示的材料。

业主

房屋产权证及个人身份证明，房屋共有人的房屋产权证明文件。若由委托人代理签署的，还要带上法律认可的委托书和个人身份证

客户

个人身份证明，如需办理按揭的还应准备：户口簿、婚姻证明文件、首期款复印件、个人收入证明、按揭银行存折、个人一年内的银行对账单等

图6-15　提醒客户和业主准备的材料

最后，除了请客户和业主准备好相关材料，房地产经纪人自己还需准备与门店配备的相关证件、印章、收款收据等，并清理签约现场，保持现场干净整洁，创造良好的签约气氛。

2. 正式签约

在签约过程中，房地产经纪人一定要时刻保持稳定的情绪和得体的言行举止，让

客户感到交易的公正性和房地产经纪人的专业性，从而放心签约，并在有机会时再次合作。

那么，一个专业的房地产经纪人会如何完成整个签约过程呢？签约的步骤如图6–16所示。

> 1. 热情迎接客户和业主进门，端上茶水并寒暄几句，恭喜客户和业主达成所愿，并感谢他们的信任和支持
> 2. 请客户和业主出示相关证件以供查验，确认其真实身份
> 3. 向客户和业主出示二手房买卖合同，就合同的主要条款进行解释，并解答相关疑问
> 4. 与客户和业主协商并确定合同的具体内容
> 5. 有关人员在合同上签字确认
> 6. 按合同规定收取相关费用和佣金，并说明后续手续的办理流程

图6-16　签约的步骤

在签买卖合同或租赁合同时，业主和客户都需要出席，这时房地产经纪人最好在双方到达后先将他们隔离开来，分别与客户和业主就合同的具体条款进行沟通，确认没有争议的情况下再会合，以免双方突然就某一事项发生冲突，使签约无法进行。

此外，房地产经纪人还应注意下列事项，如图6–17所示。

> 1. 合同最好由本人和共有人亲自签名、盖章，由他人代理的，委托书最好经过法律公证
> 2. 填写合同时应认真、仔细，避免出错，尤其是房款金额、税费金额、佣金比例等数字
> 3. 随时留意买卖双方的举动，防止双方暗中联系或交流
> 4. 签约后的合同迅速交房地产交易管理机构审核，并报房地产登记机构备案
> 5. 出现一些问题导致无法按时签约时，应该请客户和业主先回，并另约时间

图6-17　签约时的注意事项

3. 合同登记备案

合同签订后，房地产经纪人要根据国家的相关规定协助做好存量房的合同网签和备案、新建商品房的合同网签和备案以及租赁房产的合同登记备案工作。

6.7 合同模板

1. 房屋租赁合同范本

房屋租赁合同

出租人（甲方）：_____证件类型及编号：_____

租赁代理机构：_____备案证明编号：_____

承租人（乙方）：_____证件类型及编号：_____

依据《中华人民共和国民法典》及有关法律、法规，甲方委托代理出租房屋的房地产经纪机构（即租赁代理机构）和乙方在平等、自愿的基础上，就房屋租赁的有关事宜达成协议如下。

第一条　房屋基本情况

（一）房屋坐落于_____市_____区（县）_____街道办事处（乡镇）_____，建筑面积_____平方米。

（二）房屋权属状况：甲方持有（□房屋所有权证/□公有住房租赁合同/□房屋买卖合同/□其他房屋来源证明文件），房屋所有权证书编号：_____或房屋来源证明文件名称：_____，房屋所有权人（公有住房承租人、购房人）姓名或名称：_____，房屋（□是/□否）已设定了抵押。

第二条　房屋租赁情况及登记备案

（一）租赁用途：_____；如租赁用途为居住的，居住人数：_____，最多不超过_____人。

（二）租赁用途为非居住的，甲方应自订立房屋租赁合同之日起30日内，到房屋所在地的房屋行政管理部门办理房屋租赁合同备案手续。

第三条　租赁期限

（一）房屋租赁期自_____年_____月_____日至_____年_____月_____日，共计_____年_____个月。甲方应于_____年_____月_____日前将房屋按约定条件交付给乙方。《房屋交割清单》（见附件）经甲、乙双方交验签字、盖章并移交房门钥匙及_____后视为交付完成。

（二）租赁期满或合同解除后，甲方有权收回房屋，乙方应按照原状返还房屋及其附属物品、设备设施。甲、乙双方应对房屋及其附属物品、设备设施及水电使用等情况进行验收，结清各自应当承担的费用。

乙方继续承租的，应提前_____日向甲方提出（□书面/□口头）续租要求，协商一致后，双方重新签订房屋租赁合同。

第四条　租金及押金

（一）租金标准及支付方式：_____元/（□ 月/□ 季），租金总计：人民币_____元整（¥：_____）。

租金支付方式：押_____付_____，各期租金支付日期：_____，_____，_____。甲方委托的租赁代理机构在_____银行开立房屋租赁代理租金专用账户（以下简称"租金账户"），账号为_____，乙方通过第_____种方式按期将租金（含押金）交存到租金账户。

1. 委托租金账户开户行按合同约定代扣租金，乙方在_____银行开设付款账户，账号为_____。

2. 乙方将租金直接汇入租金账户（包括汇款、转账或POS机刷卡等方式）。

3. 乙方原因不能将租金直接存入租金账户，乙方委托租赁代理机构代交租金。租赁代理机构应在24小时内将租金存入租金账户，不得直接收存或存入其他账户。

（二）押金：人民币_____元整（¥：_____）租赁期满或合同解除后，房屋租赁押金除抵扣应由乙方承担的费用、租金，以及乙方应当承担的违约赔偿责任外，剩余部分应如数返还给乙方。

第五条　其他相关费用的承担方式

租赁期内的下列费用中，_____由甲方承担，_____由乙方承担：（1）水费；（2）电费；（3）电话费；（4）电视收视费；（5）供暖费；（6）燃气费；（7）物业管理费；（8）房屋租赁税费；（9）卫生费；（10）上网费；（11）车位费；（12）室内设施维修费；（13）_____费用。

本合同中未列明的与房屋有关的其他费用均由甲方承担。如乙方垫付了应由甲方支付的费用，甲方应根据乙方出示的相关缴费凭据向乙方返还相应费用。

第六条　佣金

本合同签订后（□ 即时/□_____日内），租赁代理机构可按月租金的_____%收取佣金人民币_____元整（¥：_____），其中乙方应向房地产经纪门店支付月租金的_____%，即人民币_____元整（¥：_____）作为佣金，支付方式：□现金/□转账支票/□银行汇款（甲、乙双方支付的佣金总额应不超过月租金标准）。

第七条　房屋维护及维修

（一）甲方应保证出租房屋的建筑结构和设备设施符合建筑、消防、治安、卫生等方面的安全条件，不得危及人身安全；承租人保证遵守国家和本省、市的法律法规相关规定以及该房屋所在小区的物业管理规约。

（二）租赁期内，甲、乙双方应共同保障该房屋及其附属物品、设备设施处于适用和安全的状态。

1. 对于该房屋及其附属物品、设备设施因自然属性或合理使用而导致的损耗，乙方应及时通知甲方修复。甲方应在接到乙方通知后的_____日内进行维修。逾期不维修的，乙方可代为维修，费用由甲方承担。因维修房屋影响乙方使用的，应相应减少租金或延长租赁期限。

2. 因乙方保管不当或不合理使用，致使该房屋及其附属物品、设备设施发生损坏或故障的，乙方应负责维修或承担赔偿责任。

第八条　转租

除甲、乙双方另有约定外，乙方须事先征得甲方书面同意，方可在租赁期内将房屋部分或全部转租给他人，并就受转租人的行为向甲方承担责任。

第九条　合同解除

（一）经甲、乙双方协商一致，可以解除本合同。

（二）因不可抗力导致本合同无法继续履行的，本合同自行解除。

（三）甲方有下列情形之一的，乙方有权单方解除合同。

1. 迟延交付房屋达_____日的。
2. 交付的房屋严重不符合合同约定或影响乙方安全、健康的。
3. 不承担约定的维修义务，致使乙方无法正常使用房屋的。
4. _____。

（四）乙方有下列情形之一的，甲方有权单方解除合同，收回房屋。

1. 不按照约定支付租金达_____日的。
2. 欠缴各项费用达_____元的。
3. 擅自改变房屋用途的。

4. 擅自拆、改，变动或损坏房屋主体结构的。

5. 保管不当或不合理使用导致房屋附属物品、设备设施损坏并拒不赔偿的。

6. 利用房屋从事违法活动、损害公共利益或者妨碍他人正常工作、生活的。

7. 擅自将房屋转租给第三人的。

8. _____。

（五）其他法定的合同解除情形。

略。

第十条 违约责任

（一）甲方有本合同第九条第三款约定的情形之一的，应按月租金的_____%向乙方支付违约金；乙方有本合同第九条第四款约定的情形之一的，应按月租金的_____%向甲方支付违约金，甲方还可要求乙方将房屋恢复原状或赔偿相应损失。

（二）租赁期内，甲方需提前收回该房屋的，或乙方需提前退租的，应提前_____日通知对方，并按月租金的_____%支付违约金，甲方还应退还相应的租金。

（三）因甲方未按约定履行维修义务造成乙方人身、财产损失的，甲方应承担赔偿责任。

（四）甲方未按约定时间交付该房屋的或者乙方不按约定支付租金但未达到解除合同条件的，以及乙方未按约定时间返还房屋的，应按_____标准支付违约金。

第十一条 合同争议的解决办法

本合同项下发生的争议，由双方当事人协商解决；协商不成的，依法向有管辖权的人民法院起诉，或按照另行达成的仲裁条款或仲裁协议申请仲裁。

第十二条 其他约定事项

_____
_____
_____。

本合同经双方签字、盖章后生效。本合同（及附件）一式_____份，其中甲方执_____份，乙方执_____份，租赁代理机构执一份，_____执_____份。

本合同生效后，双方对合同内容的变更或补充应采取书面形式，以作为本合同的附件。附件与本合同具有同等的法律效力。

出租人（甲方）签章：　　　　　　　　承租人（乙方）签章：

委托代理人：　　　　　　　　　　　　委托代理人：

联系方式：　　　　　　　　　　　　　联系方式：

租赁代理机构签章：

经纪执业人员签字：

资格注册证书编号：

　　　年　　月　　日　　　　　　　　　　年　　月　　日

2. 房屋买卖合同范本

房屋买卖合同

出卖人（甲方）：_____　　买受人（乙方）：_____

委托代理机构（丙方）：_____

根据国家和_____省（市）法律、法规和有关规定，甲、乙、丙三方在平等、自愿、协商一致的基础上就下列房地产买卖达成协议如下。

经丙方介绍，甲方自愿将本合同第一条所列房屋出售给乙方，甲方已将房屋状况充分告知乙方，乙方对甲方所出售的房屋及附属设施、装潢情况已充分了解，并表示愿意购买该房屋。

第一条　房屋基本情况

甲方房屋（以下简称该房屋）坐落于_____；位于第_____层，共_____（套/间），房屋结构为_____，建筑面积_____平方米（其中实际建筑面积_____平方米，公共部位与公用房屋分摊建筑面积_____平方米），房屋用途为_____，房屋所有权证号/土地使用权证号/房地产权证号为_____。

第二条　房屋面积的约定

（一）本合同第一条所约定的面积为（□甲方暂测/□原产权证上标明/□房地产产权登记机关实际测定）面积。如暂测面积或原产权证上标明的面积（以下统称暂测面积）与房地产产权登记机关实际测定的面积有差异的，以房地产产权登记机关实际测定面积（以下简称实际面积）为准。

（二）该房屋交付时，房屋实际面积与暂测面积的差别不超过暂测面积的±_____%（不包括±_____%）时，房屋价款保持不变。

（三）房屋实际面积与暂测面积差别超过暂测面积的±_____%（包括±_____%）时，甲、乙双方同意按下述第_____种方式处理。

1. 乙方有权提出退房，甲方须在乙方提出退房要求之日起_____天内将乙方已付款退还给乙方，并按_____利率付给利息。

2. 每平方米价格保持不变，房价款总金额按实际面积调整。

第三条　土地使用权性质

（一）该房屋相应的土地使用权取得方式为_____。

（二）土地使用权年限自_____年_____月_____日至_____年_____月_____日。以划拨方式取得土地使用权的房地产转让批准文件号为_____；该房屋买卖后，按照有关规定，乙方（必须／无须）补办土地使用权出让手续。

第四条　价格

按（□总建筑面积／□实际建筑面积）计算，该房屋售价为每平方米_____元，总金额为_____元，（大写）___佰___拾___万___仟___佰___拾___元整。

第五条　付款方式

乙方应于本合同生效之日向甲方支付定金_____元整，并于本合同生效之日起____日按以下第____种方式向甲方支付房款。

（一）一次性付清。

（二）按该房屋售价_____%的比例支付首付款_____元，剩余房款以乙方向银行申请个人住房贷款的方式支付。

第六条　交付期限

甲方应于收到房款_____日内，将该房屋的产权证书交给乙方，并应在收到该房屋全部价款之日起_____日内，将该房屋交付给乙方。

第七条　乙方逾期付款的违约责任

（一）乙方如未按本合同第五条规定的时间付款，甲方对乙方的逾期付款行为有权追究违约利息。自本合同规定的应付款限期的第二天起至实际付款之日止，月利息按_____计算。

（二）逾期超过_____天后，即视为乙方不履行本合同。届时，甲方有权按下述第_____种约定，追究乙方的违约责任。

1. 终止合同，乙方按累计应付款的_____%向甲方支付违约金。甲方实际经济损失超过乙方支付的违约金时，实际经济损失与违约金的差额部分由乙方据实赔偿。

2. 乙方按累计应付款的_____%向甲方支付违约金，合同继续履行。

3. 其他_____。

第八条　甲方逾期交付房屋的违约责任

（一）除人力不可抗拒的自然灾害等特殊情况外，甲方如未按本合同第六条规定的期限将该房屋交付给乙方使用，乙方有权按已交付的房价款向甲方追究违约利息。按本合同规定的交付期限的第二天起至实际交付之日止，月利息在_____个月内按_____利率计算；自第_____个月起，月利息则按_____利率计算。

（二）逾期超过_____个月，则视为甲方不履行本合同，乙方有权按下列第_____种约定，追究甲方的违约责任。

1. 终止合同，甲方按乙方累计已付款的_____%向乙方支付违约金。乙方实际经济损失超过甲方支付的违约金时，实际经济损失与违约金的差额部分由甲方据实赔偿。

2. 甲方按乙方累计已付款的_____%向乙方支付违约金，合同继续履行。

3. 其他处理方式_____。

第九条　关于产权过户的约定

甲、乙双方同意在签订本合同50个工作日内（以丙方通知为准），持本合同的相关证件共同到_____房地产交易管理部门办理产权过户手续。因本房屋所有权转移所发生的土地增值税由甲方向国家缴纳，契税由乙方向国家缴纳；其他房屋交易所发生的税费除另有约定的外，均按政府的规定由甲、乙双方分别缴纳。

丙方在甲、乙双方备齐过户及贷款相关资料后，有责任在50个工作日内协助甲、乙双方办理过户及贷款手续。

第十条　费用交接时间

水、电、煤气、物业、供暖等各项费用的交接日期为_____年_____月_____日。

第十一条　代理费用及权证过户费

（一）丙方代理费用为_____元。签订合同时，甲方按出售房屋价格的_____%向丙方支付代理费_____元，乙方按房屋购买价格的_____%向丙方支付代理费_____元。剩余代理费用在委托事项完成（新房屋产权证下发）后由甲、乙双方一次性支付丙方。

（二）甲、乙双方各向丙方支付权证代办费_____元。

第十二条　声明及保证

甲方：

（一）甲方有权签署并有能力履行本合同。

（二）在签署本合同时，任何法院、仲裁机构、行政机关或监管机构均未作出任何足以对甲方履行本合同产生重大不利影响的判决、裁定、裁决或具体行政行为。

乙方：

（一）乙方有权签署并有能力履行本合同。

（二）在签署本合同时，任何法院、仲裁机构、行政机关或监管机构均未作出任何足以对乙方履行本合同产生重大不利影响的判决、裁定、裁决或具体行政行为。

第十三条　合同的变更

本合同履行期间，发生特殊情况时，甲、乙任何一方须变更本合同的，变更一方应及时书面通知对方，征得对方同意后，双方在规定的时限内（书面通知发出_____天内）签订书面变更协议，该协议将成为合同不可分割的部分。未经双方签署书面变更协议，任何一方无权变更本合同，否则，由此造成的一方的经济损失，由责任方承担。

第十四条　合同的转让

除本合同中另有规定外或经双方协商同意外，本合同所规定双方的任何权利和义务，任何一方在未征得另一方书面同意之前，不得转让给第三方。任何转让，未经另一方书面明确同意，均属无效。

第十五条　争议的处理

（一）本合同受中华人民共和国法律管辖并按其进行解释。

（二）本合同在履行过程中发生的争议，由双方当事人协商解决，也可由有关部门调解；协商或调解不成的，按下列第_____种方式解决。

1. 提交_____仲裁委员会仲裁。
2. 依法向人民法院起诉。

第十六条　合同的解释

本合同未尽事宜或条款内容不明确，合同双方当事人可以根据本合同的原则、目的、交易习惯及关联条款的内容，按照通常理解对本合同作出合理解释。该解释具有约束力，除非解释与法律或本合同相抵触。

第十七条 合同的补充

本合同未尽事宜，依照有关法律、法规执行，法律、法规未作规定的，甲、乙双方可以达成书面补充合同或附件。

第十八条 合同的效力

（一）本合同自双方或双方法定代表人或其授权代表人签字并加盖单位公章或合同专用章之日起生效。

（二）本合同一式四份，甲、乙、丙三方各执一份，一份送交_____市房地产交易所。

（三）本合同的附件和补充合同均为本合同不可分割的组成部分，与本合同具有同等的法律效力。

甲方（盖章）：_____	乙方（盖章）：_____	丙方（盖章）：_____
法定代表人（签字）：_____	法定代表人（签字）：_____	房地产经纪人（签字）：_____
委托代理人（签字）：_____	委托代理人（签字）：_____	资格注册证书编号：_____
联系方式：_____	联系方式：_____	联系方式：_____
___年___月___日	___年___月___日	___年___月___日

3. 房屋出租委托代理合同范本

房屋出租委托代理合同

委托人（甲方）：_____证件类型及编号：_____

租赁代理机构（乙方）：_____备案证明编号：_____

依据《中华人民共和国民法典》及有关法律、法规，甲、乙双方在平等、自愿的基础上，就房屋出租委托代理的有关事宜达成协议如下。

第一条 房屋基本情况

（一）房屋坐落于____市____区（县）_____街道办事处（乡镇）_____，建筑面积_____平方米。

（二）房屋权属状况：甲方持有（□房屋所有权证/□公有住房租赁合同/□房屋买卖合同/□其他房屋来源证明文件），房屋所有权证书编号：_____或房屋来源证明文件名称：_____，房屋所有权人（公有住房承租人、购房人）姓名或名称：_____，房屋（□是□否）已设定抵押（出租房屋信息登记表见附件）。

第二条　房屋租赁用途

租赁用途：_____，如租赁用途为居住的，居住人数不得多于_____人。

第三条　出租代理权限及期限

（一）乙方出租代理权限为：□代甲方出租房屋并办理与承租人之间的洽商、联络、签约事宜；□代甲方办理与房屋租赁有关的备案、登记手续；□代甲方向承租人收取租金；□代甲方向税务部门缴纳税费；□监督承租人按照房屋租赁合同的约定履行义务；_____。

（二）出租代理期自_____年_____月_____日至_____年_____月_____日，共计___年___个月。出租代理期限可延长_____（□日/□月）。

（三）甲方应于_____年_____月_____日前将房屋交付给乙方，《房屋交割清单》见附件二。

（四）出租委托代理期限届满或本合同终止后，乙方应将房屋交回甲方。

第四条　租金

（一）租金标准：_____元/（□月/□季/□半年/□年），租金总计：人民币_____元整（￥：_____）。

（二）租金收取方式：甲方在_____银行开设账户，账号为_____；乙方在_____银行开设房屋租赁代理租金专用账户，账号为_____，乙方通过该账户收取租金并按约定划入甲方账户。

（三）乙方将各期租金划入甲方账户的日期:_____，_____，_____。

第五条　佣金及相关服务费用

甲方向乙方支付的费用标准、计算方式及关于装修、家具电器等有关费用约定见附件三。

第六条　押金

甲方交付房屋时，乙方（□是/□否）向甲方垫付押金，金额为人民币_____元整（￥：_____）。出租委托代理期限届满或合同解除后，押金除抵扣应由乙方或承租方承担的费用、租金及违约赔偿金外，剩余部分应如数返还乙方。

第七条 其他费用

出租委托代理期限内，甲方不承担与房屋有关的下列费用_____：

（1）水费；（2）电费；（3）电话费；（4）电视收视费；（5）供暖费；（6）燃气费；（7）物业管理费；（8）房屋租赁税费；（9）卫生费；（10）上网费；（11）车位费；（12）室内设施维修费；（13）其他费用_____。

本合同中未列明的与房屋有关的其他费用均由甲方承担。如乙方或承租人垫付了应由甲方支付的费用，甲方应根据相关缴费凭据返还相应费用。

第八条 房屋及附属设施的维护

（一）出租委托代理期限内房屋及其附属物品、设备设施的维修责任：

1. 甲方负责_____；
2. 乙方负责_____。

（二）甲方（□ 是/□ 否）允许乙方或承租方对房屋进行装修、装饰或添置新物。

第九条 转委托

出租代理期限内，未经甲方书面许可，乙方不得将代理事宜全部或部分转委托给他人。

第十条 合同的解除

（一）经甲、乙双方协商一致，可以终止本合同。

（二）出现任何不可抗力的情形导致本合同无法继续履行的，本合同自行解除。

（三）甲方有下列情形之一的，乙方有权单方解除合同。

1. 迟延交付房屋达_____日的。
2. 交付的房屋严重不符合合同约定或影响承租人安全、健康的。
3. 不承担约定的维修义务致使乙方无法出租房屋的。
4. _____。

（四）乙方有下列情形之一的，甲方有权单方解除合同，收回房屋。

1. 未按约定划付租金达_____日以上的。
2. 擅自改变房屋用途的。
3. 擅自变动或损坏房屋主体结构的。
4. 保管不当或不合理使用导致附属物品、设备设施损坏并拒不赔偿的。

5. 利用房屋从事违法活动、损害公共利益或者妨碍他人正常工作、生活的。

6. 放任承租方的上述行为的。

7. _____。

（五）其他法定的合同解除情形。

略。

第十一条　违约责任

（一）出租代理期内甲方或乙方须提前终止合同的，应提前_____日通知对方，并按月租金的_____%支付违约金。

（二）甲方有本合同第十条第三款情形之一的，应按月租金的_____%向乙方支付违约金。

（三）乙方有本合同第十条第四款情形之一的，应按月租金的_____%向甲方支付违约金，甲方还可要求乙方将房屋恢复原状或赔偿相应损失。因乙方前述行为导致甲方被有关行政机关处罚的，甲方可向乙方追偿。

（四）_____。

第十二条　合同争议的解决办法

本合同项下发生的争议，由双方当事人协商解决；协商不成的，依法向有管辖权的人民法院提起诉讼，或按照另行达成的仲裁条款或仲裁协议申请仲裁。

第十三条　其他约定事项

_____
_____
_____。

第十四条　合同生效

本合同经甲、乙双方签字、盖章后生效。本合同（及附件）一式_____份，其中甲方执_____份，乙方执_____份，_____执_____份。

本合同生效后，甲、乙双方对合同内容的变更或补充应采取书面形式，作为本合同的附件。附件与本合同具有同等的法律效力。

委托人（甲方）签章：　　　　　　租赁代理机构（乙方）签章：

联系电话：　　　　　　　　　　　联系电话：

委托代理人： 备案证明编号：

房地产经纪人签字：

资格注册证书编号：

　　年　　月　　日　　　　　　　　年　　月　　日

4. 房屋出售委托协议范本

房屋出售委托协议

委托人：_____

（系房屋出售人）

通讯地址：_____

邮政编码：_____

身份证件号码（营业执照注册号）：_____

法定代表人：_____联系电话：_____

委托代理人：_____联系电话：_____

受托人：_____

（系房地产经纪机构）

通讯地址：_____

邮政编码：_____联系电话：_____

营业执照注册号：_____

备案证明编号：_____

法定代表人：_____联系电话：_____

委托代理人：_____联系电话：_____

根据《中华人民共和国民法典》《中华人民共和国城市房地产管理法》及其他法律法规，委托人和受托人本着平等、自愿、公平、诚实信用的原则，经协商一致，达成协议如下。

第一条　房屋基本情况

（一）该房屋为（楼房／平房），坐落于：_____市_____区（县）_____小区（街道）_____幢／座／号（楼）_____单元_____号（室），该房屋所在楼栋建筑总层数为_____层，其中地上_____层，地下_____层。该房屋所在楼层为_____层，建筑面积共_____平方米。

（二）该房屋规划设计用途为（住宅／公寓／别墅／办公／商业）_____。

（三）房屋权属情况。

房屋所有权证证号为_____，共有权证证号为_____，填发单位为_____；该房屋□未设定抵押／□已经设定抵押，抵押权人为_____，他项权利证证号为_____。

委托人保证该房屋没有产权纠纷，委托人因素造成该房屋不能办理产权登记、不能如期办理入住或发生债权债务纠纷的，由委托人承担相应责任。

第二条　委托期限及方式

本协议委托期限自_____年_____月_____日至_____年_____月_____日，此期间受托人为委托人的□独家／□非独家委托服务提供者。

独家委托服务：委托人仅委托受托人为其本次委托销售房屋的唯一受托人。

非独家委托服务：委托人除可委托受托人为其本次委托销售房屋的受托人外，还可委托其他房地产经纪机构或个人代为销售。

第三条　服务内容

委托人委托受托人提供下列第___项服务（可多选）。

（一）提供与上述房屋买卖相关的法律法规、政策、市场行情咨询。

（二）寻找房屋买受人。

（三）在本协议第二条约定的期限内协助管理上述房屋。

（四）协助并撮合委托人与买受人签订房屋买卖合同。

（五）代办税费缴纳事务。

（六）代办上述房屋抵押注销手续。

（七）代办房屋产权转移登记及附属设施过户手续。

（八）代理移交房屋、附属设施及家具设备等。

（九）其他（请注明）_____。

第四条　委托出售价格

（一）委托人要求上述房屋的出售总价不低于（人民币）_____元（大写金额：_____元整）。

（二）实际成交价高于前款约定最低出售价的，高出部分属委托人所有，但受托人有权按实际成交价收取佣金。

第五条 佣金及支付

（一）在委托人房屋成功出售（即签订《房屋买卖合同》）之前，受托人不收取委托人任何费用。

（二）委托人在同受托人提供的购房者签订《房屋买卖合同》时，按国家及行业相关规定及本协议约定向受托人支付相关费用。标准如下。

1. 佣金：房价款的_____%。

2. _____。

第六条 各方责任

（一）委托人责任。

1. 委托人向受托人提供所出售房屋的有效证件及详细资料，作为受托人提供委托服务的依据。

2. 委托人保证其出售的房屋具备合法出售条件（包括但不限于：已征得共有人同意、出租人已放弃优先购买权）。

3. 委托人应积极配合受托人开展的正常经纪活动。

4. 委托人应按本协议约定支付佣金，并不得擅自单方解除和变更本协议。

5. 委托期限内或委托期满六个月内不得与受托人介绍过的客户自行成交。

6. 委托人的委托方式如为独家委托的，不得将该售房信息委托其他房地产经纪机构或个人代为销售。

7. _____。

（二）受托人责任。

1. 受托人应核查委托人提供的房源是否符合出售条件。

2. 受托人就房屋交易程序、成交价格、付款方式、房屋交付及产权登记等方面，为委托人提供咨询服务。

3. 受托人应积极主动为委托人提供经纪服务，不得擅自单方终止本协议。

4. 受托人应按与委托人约定的委托事项要求开展经纪活动，委托事项变化须经委托人书面同意。

5. 受托人应及时向委托人通报有关委托事项的进展情况，接受委托人咨询，解答相关问题及协助办理相关手续。

6. 受托人应充分利用自身所拥有的推广途径，对委托人房屋进行推介，并协助买卖双方达成交易，协助交易双方办理相关房屋转移登记手续。

7. 除本协议约定的费用外，受托人不以任何方式或理由向委托人收取其他费用。

8. 受托人未经委托人同意不得将委托事项转委托其他房地产经纪机构或个人。

9. 受托人同时接受交易双方委托的，应向双方当事人如实说明情况。

10. _____。

第七条 违约责任

（一）委托人违约责任。

1. 委托人故意提供虚假的上述房屋证件和资料的，受托人有权单方解除本协议，给受托人造成损失的，委托人应依法承担赔偿责任。

2. 委托人泄露由受托人提供的购房人资料，给受托人、买受人造成损失的，委托人应依法承担赔偿责任。

3. 委托人在委托期限内或委托期满六个月内自行与第三人达成交易的，应按照本协议约定的标准向受托人支付佣金。但双方在本协议第二条中约定为非独家委托，并能证明该项交易与受托人的服务没有直接因果关系的除外。

4. _____。

（二）受托人违约责任。

1. 受托人违背执业保密义务，泄露委托人商业秘密或个人隐私，给委托人造成损害的，应按照_____标准支付违约金，约定违约金不足以弥补委托人损失的，委托人有权要求受托人补充赔偿。

2. 受托人有隐瞒、虚构信息或恶意串通等影响委托人利益的行为，委托人除有权解除本协议、要求退还已支付的相关款项外，受托人还应按照_____标准，向委托人支付违约金。

3. 在委托代办事项中，受托人因工作疏漏，遗失委托人的证件、文件、资料、发票等，应给予受托人相应经济补偿。

4. _____。

第八条 不可抗力

因不可抗力不能按照约定履行本协议的，根据不可抗力的影响，可部分或全部免除责任。

第九条 协议变更与解除

（一）协议变更。在本协议履行期间，任何一方要求变更本协议条款，应书面通知对方，并经双方协商一致，达成补充协议。补充协议为本协议的组成部分，与本协议具有同等效力。

（二）协议解除。经双方协商一致，可解除本协议。

第十条 争议处理

本协议在履行中如发生争议，双方应协商解决。协商不能解决的，双方同意按以下第____种方式解决争议。

（一）提交当地仲裁委员会仲裁。

（二）任何一方均可向房屋所在地人民法院提起诉讼。

第十一条 附件

本协议及附件共_____页，一式_____份，具有同等法律效力，其中委托人执_____份，受托人执_____份，_____执_____份。

第十二条 其他约定

_____。

委托人（签章）：_____　　受托人（签章）：_____

法定代表人：　　　　　　　　　　　　　法定代表人：

委托代理人（签章）：　　　　　　　　　委托代理人（签章）：

备案证明编号：

房地产经纪人：

经纪资格证书编号：

　　_____年_____月____日　　　　　　_____年_____月____日

5. 客户服务确认书范本

客户服务确认书

委托人：_____

委托代理人：_____　联系方式：_____　证件号码：_____

受托人：_____

房地产经纪人：_____ 联系方式：_____ 证件号码：_____

受托人根据委托人的要求和期望及《房屋购买委托协议》的规定，经房屋出卖人同意，受托人的房地产经纪人将下列房屋推荐给委托人。委托人签订本客户服务确认书时，受托人按照下列时间带委托人（含委托人的代理人、承办人及各关联方）亲自到下列推荐的房屋实地查看并进行相关居间介绍，且委托人在此确认：在此次看房前，没有其他房地产经纪机构向委托人推荐和查看下表所列房屋。委托人对受托人的居间中介、咨询服务予以签字确认，具体房屋地址如下。

带看时间	房屋坐落	委托人签名确认	房地产经纪人

委托人同意以下委托条款。

一、在查看房屋前，委托人应出示有效证件。

二、佣金支付条款如下。

1. 签订《房屋买卖合同》后，受托人有权按《房屋购买委托协议》的相关约定向委托人收取佣金。

2. 委托人（包括但不限于委托人的代理人及各关联方）如与受托人所介绍的房屋出卖人在签订本确认书后的六个月内，无论以何种方式及任何价格私下成交，委托人仍应支付受托人全额佣金。

本确认书中"关联方"是指与委托人关系密切的人员，包括配偶、父母、子女。

三、本确认书一式贰份，甲、乙双方各执壹份。甲、乙双方如有其他约定事项，可在本条另行约定：
_____。

四、委托人在受托人的房地产经纪人陪同下察看过上述房屋后，如有不满意之处以及具体的期望和要求，可以在本条列出：_____。

受托人将根据委托人的要求和期望尽力为委托人提供满意的服务。

委托人：   受托人：
联系电话：   联系电话：
委托代理人：   房地产经纪人：

通讯地址：   通讯地址：

联系电话：   联系电话：

　　年　　月　　日   　　年　　月　　日

附件：房屋交割清单

房屋附属设备设施状况及损赔表

名称	品牌	单位	数量	单价	损赔额

其他相关费用

项目	单位	单价	起计时间	起计底数	项目	单位	单价	起计时间	起计底数
水费					上网费				
电费					车位费				
电话费					租赁税费				
收视费					供暖费				
燃气费					物业费				
卫生费									

交房确认	对上述情况，乙方经验收，认为符合房屋交验条件，并且双方已对水、电、燃气等费用结算完结，同意接收。
	交房日期：　　年　　月　　日
	甲方（出租人）签章：　　　　　　　　　　乙方（承租人）签章：

退房确认	甲、乙双方已对房屋和附属物品、设备设施及水电使用等情况进行了验收，并办理了退房手续。有关费用的承担和房屋及其附属物品、设备设施的返还□无纠纷/□附以下说明：_____。
	退房日期：　　年　　月　　日
	甲方（出租人）签章：　　　　　　　　　　乙方（承租人）签章：

第 7 章

完成交接，做好售后

房地产经纪人在合同签订后要协助完成房屋交验、贷款代办、不动产登记代办等后期手续，同时对于业主和客户关于房屋的各项问题，要做好售后服务工作，以提升交易双方的满意度，也为进一步开发房源与客源积累资源。

7.1 房屋交验准备齐

房屋交验，即房屋的交付和验收的简称，在存量房买卖、租赁经纪业务中，房地产经纪人需协助交易双方完成房屋交验。在新建商品房销售代理业务中，一般由房地产开发企业指定的物业服务企业与买方进行房屋交验。

在实际的经纪业务中，房屋交验顺利与否可能影响交易的成败。因此，在房屋交验时，房地产经纪人要协调并处理好交易双方可能出现的分歧和问题，协助交易双方顺利完成房屋交接并签字确认。

1. 交验前的准备

存量房买卖和租赁交验前的准备有所不同，具体如表7-1所示。

表7-1 存量房买卖和租赁交验前的准备

类别	准备项目	具体说明
存量房买卖	卖方需准备的资料和物品	包括产权人及代理人身份证明、合同约定须交接的各种设施设备的使用说明书、相关交费卡及交费凭证、物业服务合同、钥匙、门禁卡、电梯卡等
	买方需准备的资料和物品	包括购买方的身份证明、《房屋买卖合同》、房地产权属证书以及已支付或须支付的款项凭证等
	房地产经纪人需准备的资料和物品	包括各种验房需使用的工具及房屋状况说明书、房屋交接单等
存量房租赁	出租方需准备的资料和物品	包括产权人及代理人身份证明、房地产权证书或相关证明、室内家具电器及相关设备的使用说明书、相关交费卡、钥匙、门禁卡、电梯卡等
	租赁方需准备的资料和物品	包括租赁人的身份证明、需要支付的钱款等
	房地产经纪人需准备的资料和物品	包括各种验房需使用的工具及房屋状况说明书、房屋交接单等

为了维护买卖双方当事人的合法权益，房地产经纪人在存量房买卖和租赁中要根据相关规定，检查交易双方提供的资料是否齐全、真实和有无瑕疵。

2. 实地查验

存量房买卖和租赁实地查验的内容有所不同，具体如表7-2所示。

表7-2　存量房买卖和租赁实地查验的内容

类别	查验项目	具体说明
存量房买卖	检查房屋结构	检查房屋结构是否有问题，如建筑物是否沉降、使用中荷载是否超出允许范围、钢筋是否锈蚀、墙体与梁柱是否出现裂缝等
	查验装修和设备	检查装修表面变化，发现更严重的问题，如卫生间和厨房的上水阀门是否灵活、排水管道是否畅通、临近卫生间的墙体表面是否泛碱、卫生间的顶棚是否有水渍等
	查看计量表	查验户内各种计量表是否能够正常使用，并记录读数，检查燃气管道是否有改动，若有改动，要让卖方提供改装许可证
	检查家具、家电	按照交易合同检查家具、家电的数量、品牌是否与合同约定一致，相应的说明书、遥控器等物品是否齐备，并登记造册
	户口查验	到房屋户籍所在地派出所调查卖方户口是否已迁出，以免影响买方户口迁入
存量房租赁	检查设施设备	检查上下水管道、电路、有线或无线电视、网络设备、洁具等是否能正常使用
	检查家具、家电	检查家具、家电是否能正常使用，外观是否完好，并记录家具、家电的品牌和尺寸，对电器设备要进行试用，确认无损坏
	记录计量表读数	记录水、电、燃气等各类计量表的读数，以便交接相关费用
	检查钥匙、门禁卡	检查入户门钥匙、室内房间钥匙及密码、小区出入口门禁卡等，并测试其是否可用，如有车位、车库的需要办理更名登记

房地产经纪人要根据现场检查情况，边检查、边记录下房屋及各项设施设备的基本状况，并填写房屋交接单。

3. 协助办理交接手续

房屋查验结束后，房地产经纪人需协助交易双方办理相关的交接手续，主要包括：查验中发现的问题的解决方式、相关费用结算、设施设备使用人变更和签署房屋交接单。对于租赁的房屋交接要注意，不能只交钥匙而不签订房屋交接单，否则承租人可能不承认已交接而拒绝交付租金。

7.2 贷款代办要专业

按揭贷款是房屋交易发生后客户选择的一种支付方式，由于许多客户不了解办理贷款的流程或不愿花费精力亲自办理，委托房地产经纪门店代为办理并向其支付一定的费用便成为了较为普遍的做法。

赵先生在某房地产公司某房地产经纪人的撮合下，从李先生处买了一套房屋，约定房价为80万元，合同签订时赵先生支付定金5万元，双方约定合同签订后不得以任何理由解除合同。

在合同签订后的半个月内，赵先生向李先生支付了40万元的购房款，其余部分以贷款形式在办理过户时支付，贷款由房地产公司负责办理。

过了几天，房地产经纪人告诉赵先生，由于其资信状况达不到银行的要求，贷款批不下来。赵先生要求解除合同并退回定金，遭到李先生的拒绝。

最终经法院裁定，认为赵先生在签订合同前，该房地产公司没有清楚地告知其贷款风险，因此要求该房地产公司承担部分定金损失。

像上面这个例子中发生的事情一样，由于客户的资信状况和各家银行的规定不同，并不能保证每位客户的贷款申请都能获得批准。因此，房地产经纪人还会遇到贷款不成功的情况，从而有可能遭到客户的投诉，或被要求承担损失。

房地产经纪人要熟知贷款代办流程，避免贷款代办业务出现差错，影响客户的贷款时间和额度。个人住房商业贷款流程和国管公积金贷款流程分别如图7-1、图7-2所示。

需注意的是，有的地方个人商业贷款没有网签手续，具体应根据各地实际情况执行。地方管理的公积金贷款办理流程也可能与国管公积金贷款办理流程有所不同，如北京市管公积金贷款的办理流程是先评估再面签，后缴税过户。另外，还有的客户需要选择个人商业贷款和国管公积金贷款组合贷款，此时应先通过银行委托房地产评估机构评估房屋抵押价值，办理网签手续，再到公积金管理中心办理面签手续，最后在银行和公积金管理中心分别审核。在批贷后，买卖双方办理缴税、产权过户手续，最后办理抵押登记。

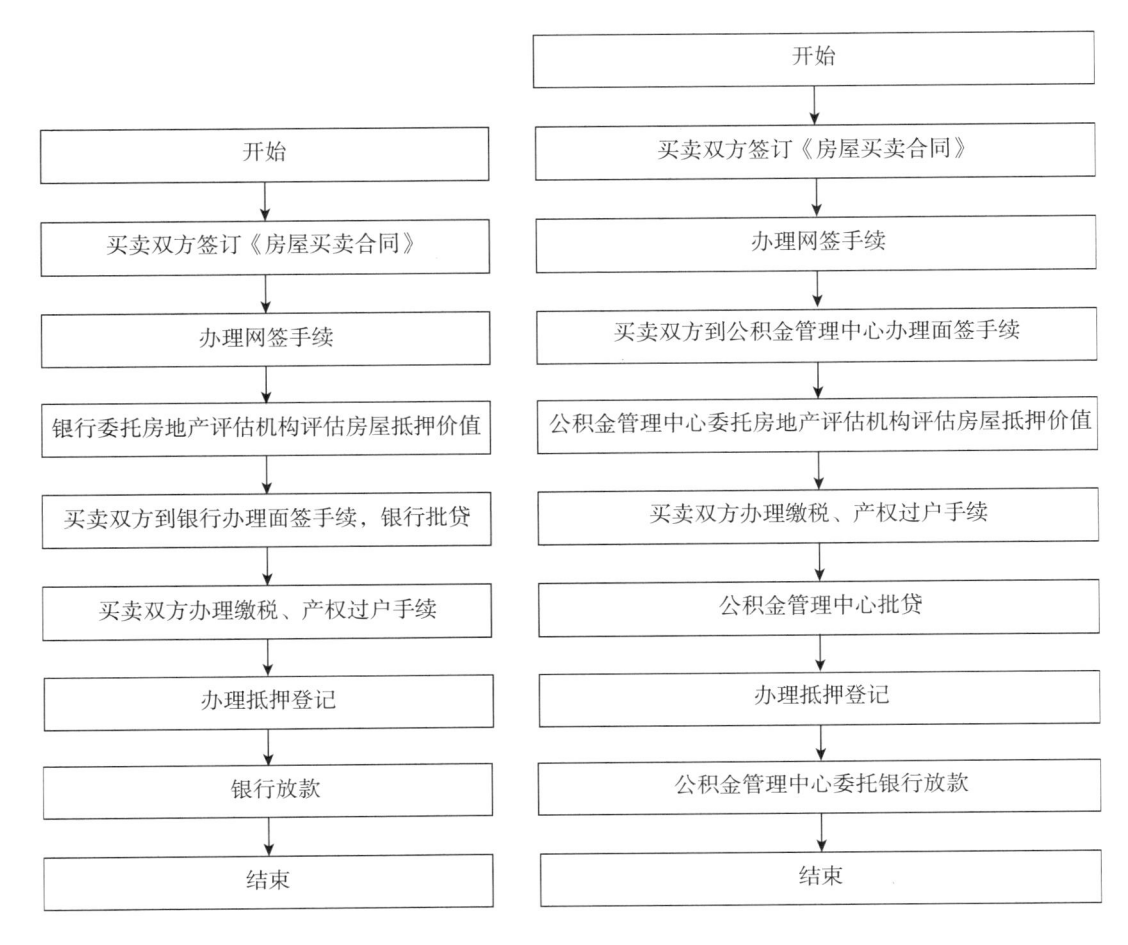

图7-1　个人住房商业贷款流程

```
开始
  ↓
买卖双方签订《房屋买卖合同》
  ↓
办理网签手续
  ↓
银行委托房地产评估机构评估房屋抵押价值
  ↓
买卖双方到银行办理面签手续，银行批贷
  ↓
买卖双方办理缴税、产权过户手续
  ↓
办理抵押登记
  ↓
银行放款
  ↓
结束
```

图7-2　国管公积金贷款流程

```
开始
  ↓
买卖双方签订《房屋买卖合同》
  ↓
办理网签手续
  ↓
买卖双方到公积金管理中心办理面签手续
  ↓
公积金管理中心委托房地产评估机构评估房屋抵押价值
  ↓
买卖双方办理缴税、产权过户手续
  ↓
公积金管理中心批贷
  ↓
办理抵押登记
  ↓
公积金管理中心委托银行放款
  ↓
结束
```

一般情况下，贷款代办的内容包括查询买方征信、拟定贷款方案、协助准备贷款申请材料、协助办理贷款相关手续。在贷款代办业务承接前，房地产经纪人要先确认贷款人的征信情况，确保贷款人可以办理贷款业务，再根据客户需求拟定包括贷款银行的贷款利率、贷款期限、利息计算、还款方式等信息。下面重点介绍一下贷款办理中贷款方需要准备的资料以及房地产经纪人职责，具体如表7-3所示。

表7-3　贷款办理中贷款方需要准备的资料及房地产经纪人职责

对象	必备资料/职责	备注
贷款方	个人住房借款申请	—
	身份证、户口簿和其他有效居民证件、婚姻状况证件	—

续表

对象	必备资料/职责	备注
贷款方	家庭稳定的经济收入证明	直接影响能否贷款成功及最高贷款额度
	购房合同、协议或其他批准文件	—
	购房的自筹资金的证明	—
	抵押物或质押物的清单、权属证明以及有处分权人同意抵押或质押证明、保证人同意提供担保的书面文件和保证人资信证明	尽量多地提供家庭房产、股票、基金、存折、车辆证明等其他财产证明
	其他文件或资料	—
房地产经纪人	带领客户去银行面签借款合同	—
	协助客户办理交易资金监管手续	—
	根据银行通知领取批贷函,并提醒借款人注意批贷函的有效期	—
	协助客户到不动产登记部门办理不动产抵押登记手续	—

为避免因资料的交接时间无准确记录而引发纠纷,房地产经纪人应有书面交接手续,内容包括资料名称、提供人、接收人、交接时间等,明确交接双方的责任,并且房地产经纪人还应认真、准确地填写,最后妥善保管。

7.3 不动产登记代办

房地产经纪人在经纪交易业务中,经常会涉及的不动产登记有不动产转移登记、不动产抵押权登记和不动产抵押权注销登记。不动产转移登记是指房屋由于买卖而发生的房屋所有权转移须申请不动产转移过户登记。不动产抵押权登记是以交易的不动产或其他不动产作为抵押物进行的抵押登记。不动产抵押权注销登记是指办理不动产转移登记前卖方有抵押贷款未结清的需要办理不动产抵押权注销登记。

××房地产公司的小刘成功地介绍张小姐从李先生处买了一套房屋,并签订了购房合同，但在办理过户登记的时候出现了问题。

张小姐在验房后，发现房屋的煤气管道老化，要求李先生更换新管道，但遭到李先生的拒绝。张小姐因此不愿意办理过户手续，导致小刘迟迟不能收取佣金。

代办过户登记也是房地产经纪人的售后服务之一，如果不谨慎对待，也会因过户过程不顺利而导致佣金无法及时收取。不动产登记代办程序复杂，并且各地会有不同的要求，房地产经纪人要了解当地不动产登记部门的要求并按要求及时办理。

1. 不动产转移登记代办

图7-3介绍了不动产转移登记代办的一般步骤。

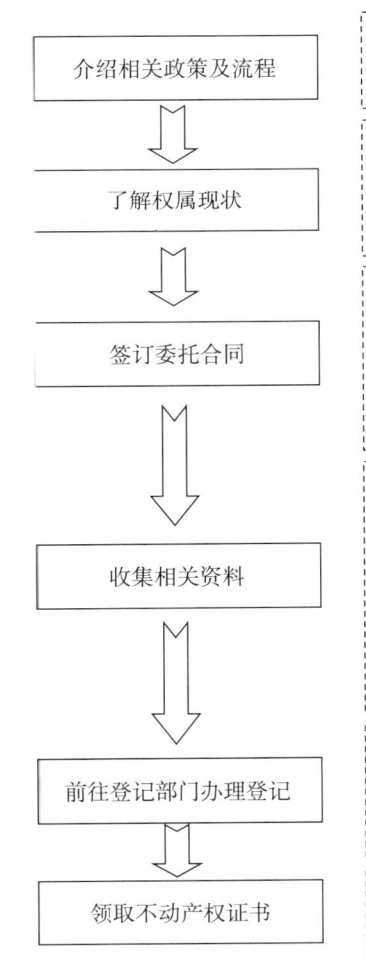

介绍相关政策及流程	介绍与不动产转移登记有关的政策、法规及办理登记的流程。告知应当由买卖双方缴纳的税费、准备的材料
了解权属现状	实地查看房屋、到房地产主管部门核验产权，了解不动产的使用状况及权属现状。重点了解是否存在共有人，是否存在抵押、查封等限制情况，是否已出租，是否存在异议登记等
签订委托合同	指导委托人填写登记申请书，并与委托人签订不动产转移登记代办合同，收取代办服务费。委托合同要约定委托的具体事项、双方的权利义务、违约责任、代办收费标准等。如委托方同意，可以在办理时由机构直接代收不动产转移登记相关税费
收集相关资料	告知委托人需准备的材料及何时提供。办理不动产转移登记需要的材料主要有房屋买卖合同、房地产交易结算资金托管凭证、买卖双方的身份证明、不动产权证书、契税完税凭证等。交付材料时，一般要求买卖双方亲自到场，如果本人无法到场，委托他人办理的，登记机构一般还会要求提供受托人的身份证明以及经过公证的授权委托书
前往登记部门办理登记	现场办理相关的登记事项，代为缴纳不动产转移登记各类税费。注意，有的城市的登记部门要求现场办理登记前需要先在网上预约，然后再持预约通知单到现场办理
领取不动产权证书	办理完不动产转移登记，领取不动产权证书，连同办理登记所缴纳的各种税费的发票一并转交给委托人

图7-3 不动产转移登记代办的一般步骤

在不动产转移登记代办业务中，房地产经纪人要注意一些特殊性质的住宅产权的转移，以下3种情况需要另行提交相关证明材料。

（1）已购经济适用住房取得契税完税凭证或不动产权证满5年出售的，需提交产权人户口所在地住房保障部门开具的放弃回购权的证明以及补交土地出让金的证明。

（2）成本价购买的公房、按经济适用住房管理的住房、限商品房等住宅的产权转移时，也需补交土地出让金的证明。

（3）房屋已设抵押且未申请注销的，应与抵押权人共同申请，提交他项权证原件，抵押权人同意抵押房屋产权转移的书面意见及抵押权人的身份证明等。

此外，要注意一些特殊情况，如办理车位产权转移登记时，需要提交购房人在车位相同物业管理区域内所购房屋的房屋买卖合同或不动产权证书。

2. 不动产抵押权登记代办

在实际业务中，很多城市不动产抵押权登记与转移登记可以一窗办理，即房地产经纪人可以直接准备好两个登记所需的资料一起办理登记，而有的城市则是先办理转移登记再办理抵押权登记。图7-4介绍了不动产抵押权登记代办的一般步骤。

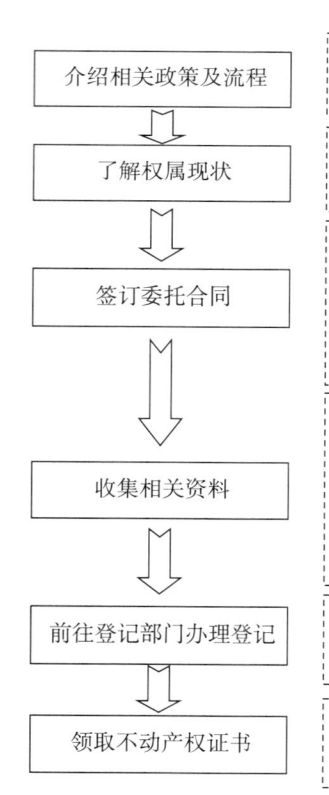

介绍相关政策及流程	介绍与不动产抵押权登记有关的政策、法规及办理登记的流程，告知应当由买卖双方准备的材料
了解权属现状	重点了解是否存在共有人，是否存在已抵押、查封等限制情况，是否已出租等
签订委托合同	指导委托人填写登记申请书，并与委托人签订不动产抵押权登记代办合同，收取代办服务费。委托合同要约定委托的具体事项、双方的权利义务、违约责任、代办收费标准等。如委托方同意，可以在办理时由机构直接代收不动产抵押权登记相关税费
收集相关资料	告知委托人需准备的材料及何时提供。办理不动产抵押权登记需要的材料主要有不动产权证书、抵押合同、抵押权人的身份证明、契税完税凭证等。交付材料时，一般要求抵押双方亲自到场，如果本人无法到场，委托他人办理的，登记机构一般还会要求提供受托人的身份证明以及经过公证的授权委托书
前往登记部门办理登记	将抵押合同、不动产权证书等资料递送当地不动产登记部门，并领取回执单
领取不动产权证书	领取不动产抵押权登记证明（他项权证），连同办理登记所缴纳的各种税费的发票一并转交给委托人

图7-4 不动产抵押权登记代办的一般步骤

3. 不动产抵押权注销登记代办

图7-5介绍了不动产抵押权注销登记代办的一般步骤。

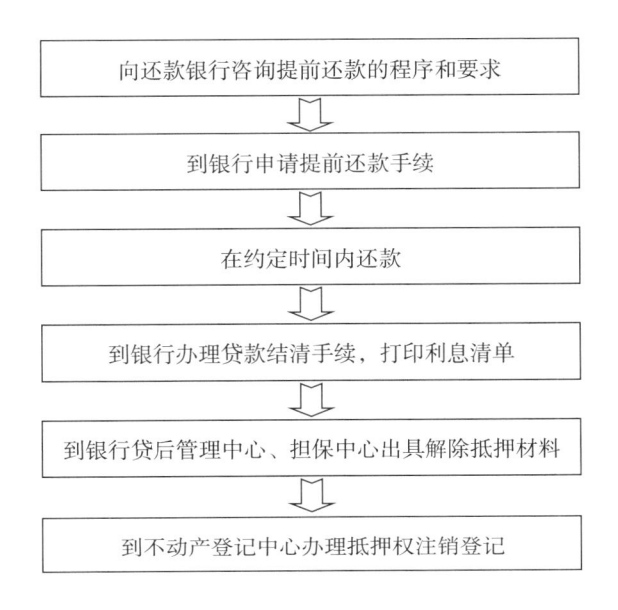

```
向还款银行咨询提前还款的程序和要求
            ↓
      到银行申请提前还款手续
            ↓
        在约定时间内还款
            ↓
   到银行办理贷款结清手续，打印利息清单
            ↓
   到银行贷后管理中心、担保中心出具解除抵押材料
            ↓
   到不动产登记中心办理抵押权注销登记
```

图7-5　不动产抵押权注销登记代办的一般步骤

房地产经纪人应严格执行经纪机构公示的代办服务项目、服务内容、收费标准，并在代办业务完成后，及时将代委托人缴纳的各种税费缴款凭证、发票交给委托人。

7.4　对客户负责到底

在经纪工作中发生问题的时候，很多房地产经纪人不是把焦点放在如何去解决问题上，而是放在一味寻找推卸责任的借口上，这种思维方式是非常有害的。当业绩没完成，被客户投诉等情况发生时，你在做些什么呢？你是在想办法解决问题，还是在寻找推卸责任的借口呢？

乔·吉拉德有一句名言："我相信推销活动真正的开始在成交之后，而不是之前。"意思是说，推销是一个连续的过程，真正的销售始于售后。成交既是一次推销活动的结束，又是下次推销活动的开始。业务员在成交之后继续关心顾客，将会既赢得老客户，又吸引新客户，使客户越来越多，生意越做越大。

在房地产经纪行业，房地产经纪人在客户签约之前热情相待、关怀备至，并不会给客户留下非常特别的印象，但是，如果客户签约了，入住了，甚至已经住上几年了，房地产经纪人依然能与客户保持良好的联系，适时表达关怀，及时帮助客户，这样的售后回访与关系保持，才最能赢得客户的绝对信任与绝对好感。因此，优秀的房地产经纪人能够始终如一地为客户服务，不仅做好签约前的销售工作，更看重签约后的关系维护。也就是说，房地产经纪人要对客户负责到底。

客户李先生购买了一套二手房，合同约定的交房日期是八月一号，但是业主那边出了些小问题，并且办理相关手续比较复杂，因此，预计交房日期将延迟到九月初。李先生了解到这一情况后找到房地产经纪人要求尽快入住。

李先生一见到当初给自己办理业务的房地产经纪人就劈头盖脸地说了一通："你们太缺德了，我十一月结婚，我购房是用来做婚房的！搞装修怎么也要三个月！购房时问你能不能按时交房，你说没问题，现在交不了房了，你说我去哪结婚啊！我不要这套房了，退了它我可以立马买套更好的房！"

认真听完客户的抱怨，房地产经纪人也很同情他的遭遇："李先生，您现在的心情我完全能理解。结婚是一辈子的大事，谁都希望顺顺利利的。您十一月份结婚，是吗？"李先生点了点头，并不言语。

"我上次见过一次您的未婚妻，非常漂亮，一看就是很温柔、很贤惠的好妻子，您真有福气。"房地产经纪人决定先安抚李先生的怒气。

"呃……但是现在房屋不能按时交付，我总不能租个地方当新房吧！我再也不相信你们了，你给我把这套房退了！"李先生不依不饶地说道。

房地产经纪人对李先生的气话没做什么反应，只是冷静地站在客户的利益角度，进行了一番分析："李先生，您购房后的这七个月里，这一地段的房价一直在上涨，您的这套房，每平方米已经升值了500~800元，这一套房总体升值了七、八万元啊，现在退房我觉得您比较吃亏啊。"

"那能怎么办，我不能改婚期，房屋又拿不到，我只能退了买别的房嘛！"李先生有些心动了，也觉得自己太冒失了。

房地产经纪人马上找到了解决问题的方法："李先生，您看这样好不好，我保证帮业主把所有问题在您婚期前两个月解决。然后，我给您推荐几家我们经常合作的装修公司，因为合作过所以比较熟，价格上也实在，您可以选择一家，我请他们在两个月内保质、保量地做好您这套房的装修。这样就不会耽误您的好日子。至于延期的这一个月的补偿金，按照合同规定的金额，我们在明天之前付给您，您看行吗？"

"你们确定业主能在九月一号交房？"

"如果您觉得我说话不太可信，我可以请我们领导来跟您做个保证。"

李先生摆了摆手："这倒不必了，那就这么说好了，九月如果再拿不到房，我就真的退了！"

"行，没问题。李先生，先预祝您新婚愉快！"

很多客户在购房后，往往会因多方面的因素而提出退房的要求，比方说：房价大幅下降，客户经济条件发生改变无法承担房款，或者房屋出现严重问题等。当处理这类问题时，房地产经纪人应该仔细地了解客户退房的原因，与上级协调、商讨，并综合合同条款，明确是否可以为客户办理退房。不管是否允许退房，房地产经纪人都要珍惜与客户之间建立的联系和信任基础，努力维持，不要随意破坏这种关系。总之，对客户负责到底。即使客户的要求是无理的，也要做好耐心的解释工作。

最后，针对对客户负责这一话题，批判一种存在于房地产经纪行业的错误思想，即很多房地产经纪人认为：房屋是大宗商品，客户不可能像买衣服一样隔三差五地购买，很多家庭三五十年就购买一套房，售后的回访和维护是没有多大效果的，客户即使再感动，也不可能每天都来买一套房。因此，用不着对客户负责到底。而且房地产经纪人工作的流动性很大，经常在不同项目之间跳槽，维护老客户的意义并不大。就这样，很多房地产经纪人很容易就放松了售后的关系维护工作，甚至将签约成功作为工作的终点，不能对客户负责到底。

其实，这是一种"短视"，每一个购房的客户身边都少不了三五个同样处于选房、购房阶段的潜在客户，只要老客户一句简单的评价或赞美，这些潜在客户会主动地找到房地产经纪人。这种业务耗费的成本和精力最小，且成功率最高。

所以，房地产经纪人一定要有担当，在成交前或成交后，都要保持对客户负责到底的态度，赢得客户的信任并建立起深厚的友谊。

7.5 与客户和业主成为朋友

作为房地产经纪人,你必须热爱你的客户和业主。只有真心热爱你的客户和业主,才能真正站在客户和业主的角度,发掘房屋价值,帮助客户和业主达成目的。

房地产经纪人:"赵先生,您好,我是××中介的小强,今天是您生日,祝您生日快乐呀!"(意外的祝福)

客　户:"哦,小强呀,谢谢你啊,可是你怎么知道今天是我生日啊?"

房地产经纪人:"我说出来您别怪我呀,上个月您来我们店里时,不是填了一张表嘛,我当时留意了一下,就记下了您的生日,今天问候您一声,您不会怪我吧?"(心细如尘)

客　户:"怎么会呢。不怪不怪。你记得我的生日,我感谢你还来不及呢。"

房地产经纪人:"赵先生,我听您那边办公室里一直人进人出的,您肯定很忙,您的生意越做越大,忙是难免的,可是也不能光顾着照顾生意,忘了照顾自己哦。生日一年就一次,您要是可以忙里偷闲,给自己庆个生,那样才好呢。"(朋友式的真诚关怀)

客　户:"没办法呀,公司我不盯着,不放心。"

房地产经纪人:"您这么忙,我也不能打搅您。我打电话就为了祝您生日快乐。这几天,我一直在为您留意符合您需求的房源,很快就可以给您答复,我就是跟您说一声。"

客　户:"那就辛苦你了,小强。我就知道,购房这事交给你,我绝对可以放心。"

房地产经纪人:"那好,赵先生,您接着工作吧,我也带客户去看房。您不要怪我啰唆啊,生日真的应该给自己放一放假哦。"

客　户:"行,我记下了,待会儿早点下班,回家跟家人过生日。"

所以说,房地产经纪人一定要重视并好好经营与业主和客户之间的关系,用对业主和客户的关心增加自己的竞争筹码和机会。像上文中,也许客户在多个中介那里都进行过购房登记,但是只有这一位房地产经纪人从登记表中留意到了他的生日,并主动打来祝福电话,这样一个与众不同的细节,就足以打动客户。

也许有的房地产经纪人会说：与客户和业主的关系经营得再好也没有太大的意义，一个客户不可能买百十来套房，一个业主也不可能卖百十来套房，跟每个客户和业主可能也就两三次合作机会，业主的房子卖出去了，客户买到房了，我的佣金到手了，这样不就结束了嘛。

表面上来说，这种想法是没错的，但实际上，与客户和业主的关系经营好了，对房地产经纪人而言，具有很大的价值和意义。一个片区里，有十几家甚至几十家中介，十位甚至上百位同行竞争，如果你与客户和业主的关系最"铁"，客户和业主对你最为信任，那么你就很有可能成为客户和业主的唯一顾问，在最后与业主进行价格谈判的时候，业主很可能冲着你的面子，在价格上作出一些让步，即使买卖完成了，业主还可能把朋友介绍给你。所以说，客户和业主的价值绝不仅限于一两次买卖合作，而在于长久的合作。在与客户和业主的关系维系上多花一点心血，多花一点时间，用爱去温暖客户和业主，绝对是一本万利的投资。

具体而言，经营与客户和业主的关系，向客户和业主表达关心，房地产经纪人可从如下4个方面入手。

1. 时常联络感情

客户和业主接到来自房地产经纪人的来电，绝大部分不是谈"房屋"就是说"房价"，其实客户和业主也是普通人，也有喜怒哀愁，也有日常生活。房地产经纪人平时跟进客户和业主时，不要一味只谈买卖，完全可以聊聊生活话题，嘘寒问暖，加深彼此认识，增进双方感情。比如，下大雪了，打电话提醒客户和业主最好别驾车上班；流感频发的季节，提醒客户和业主注意全家人的健康，预防感冒；客户或业主最近正忙着考驾照，可以跟他分享一下自己的经验，给他一些建议，等等。时间一长，客户和业主就会把你当成自己人，感情上也会更加亲近。

另外，房地产经纪人要运用好特殊时机。这里的特殊时机指的是最能给客户和业主意外的惊喜与感动的时刻，比如，客户和业主及其家人的生日，客户和业主最看重的纪念日、节日，等等。例如：

"×先生，今天是您家宝宝满两周岁对吧？我记得您上次跟我说过，说宝宝特别会挑时候，正好选在儿童节出生，祝您孩子生日快乐！"

"×先生，今天是您公司成立十周年的日子吧？恭喜您呀，我相信下一个十年，您一定会把公司做得更好、更强的。"

但是，时常联系并不意味着"狂轰乱炸"，而是尽量以温馨、体贴的形式送出问候，让客户和业主无论如何也无法讨厌你，甚至还有些许期待。

2. 多做"分外"事

罗尼是美国一位成功的房地产经纪人，她的客户对她的评价非常高，原因在于她经常提供一些贴心的服务。她几乎成了客户的情报中心：从教育体制、残障儿童学校、教会情况到养宠物、装修房屋，她都能提供非常中肯的建议。有时她还帮出差的客户关灯、关煤气、关水，以及接听电话，在大热天帮客户浇草坪。

有一次，一对夫妇刚搬进新家，却发现没有门把手，而业主已经离开了，罗尼自掏腰包买了个新的给他们。她觉得："花这区区150美元又如何？他们的好感对我更重要。客户付出了3%的佣金，就有权得到英国女王般的待遇。"

做好分内的事，是房地产经纪人的职责，而像罗尼这样做了许多本可以不做的"分外"事，不仅能够给客户和业主带来更大的惊喜，也更能让客户和业主感受到房地产经纪人服务的高附加值。多做"分外"事如图7-6所示。

> 1. 送礼物
> 成交之后、节假日或客户和业主的重要日子，如生日、结婚纪念日、升职日等，及时送一些小礼物，表达自己的祝福。礼物无需太贵重，例如，客户或业主家中有刚上学的孩子，可送一些文具、书籍，为女主人送上一束鲜花，或送去一些水果等
> 2. 生活助手
> 对客户和业主的生活提供一些力所能及的帮助，如帮客户熟悉周边环境，包括超市、商场、健身房、医院等，帮客户介绍装修公司、搬家公司等。熟悉客户和业主的职业，当他们互相有需要时介绍他们认识
> 3. 心理医生
> 在客户或业主遇到不幸的事或烦恼时，房地产经纪人可充当心理医生的角色，耐心聆听并表示理解，积极开导客户和业主，为客户和业主提供心理支持

图7-6 多做"分外"事

3. 关切体谅是关键

如果房地产经纪人能够真正地走近客户和业主，就会发现，客户和业主也有面临困难或难题的时候，也有烦不胜烦的时候，也有需要他人关心、体谅的时候，这种时候，房地产经纪人如果力所能及的话，一定要拉对方一把，低谷时的情谊是客户和业

主最难以忘记的。例如：

"×先生，昨天您跟我提到，打算将您母亲从老家的医院接到这边来，找一家好一点的医院做手术，是吗？我有一位同学的妈妈正好在××医院任护士长，或许能帮您一些忙，您看需不需要我帮您联系一下？"

4. 把客户和业主变成私交

要想提高客户和业主的忠诚度，最好的办法就是把"客户"和"业主"变成"私交"。如果与客户和业主成了朋友，一旦有机会，客户和业主肯定会帮你介绍新客户。

1）寻找兴趣共同点

一天，房地产经纪人小李去拜访客户王先生。刚一进门，就看见王先生在看NBA，火箭队对湖人队。小李是个NBA球迷，眼睛立刻就被吸引住了，看到姚明进了一个球时，忍不住说了一声："好球！"

这时，电视机前的王先生转过了头，对他说："小李，没看出来你也是球迷啊！"小李说道："是啊，我是姚明的铁杆粉丝！"王先生高兴地说道："正好我一个人看挺没意思的，你要是有空，坐下跟我一块看吧！"

于是，两个球迷坐在沙发上一块看了起来，看到进球时一起击掌庆祝，失球时一起唉声叹气，还不时热烈地讨论赛况，看得王太太忍俊不禁。比赛结束后，小李起身告辞，王先生说："小李，以后有比赛再到我家来，咱们再一块看！"

小李通过看球与客户王先生找到了兴趣共同点，经过两人一起看比赛，讨论赛况，相信客户已不再仅仅将小李看作房地产经纪人，而是看作一个可以聊天的朋友了。房地产经纪人在与客户和业主交谈时，不妨仔细观察其兴趣爱好，并大胆交流自己的心得，培养共同语言，让客户和业主愿意向你打开话匣子。

2）不提交易

在与客户和业主交往时，尽量不要经常提出"帮我介绍新客户吧"等要求，这会让客户和业主觉得："哦，你做这么多就是为了利用我"，从而让一切努力都失去意义。房地产经纪人应多聊一些生活琐事和共同的兴趣爱好，这种没有利益关系的沟通交流能显得更加真实，也更能打动客户和业主。

3）熟悉客户和业主的生活圈

从看房到签约，房地产经纪人要熟记客户和业主都有哪些家人、朋友，他们的名字和具体状况，在聊天时不经意地问一句："对了刘先生，上次我听您说您父亲高血压犯了，最近好点了吗？"在拜访客户和业主时，张口就可以叫出"张大爷、李大妈"等称呼，并记得客户和业主家中孩子的名字，这些能拉近与客户和业主的距离，形成"老熟人"的感觉。

第8章

租赁业务不能丢

存量房租赁业务是房地产经纪人业务中非常重要的一部分,尤其是在流动人口多的城市中,租赁业务规模非常大,并且租赁业务形态也是多样的,有代理租赁业务、租赁托管业务,更有一些经纪机构会单独设置专做租赁业务的人员配置。所以,房地产经纪人要做好租赁业务,为客户提供专业的房屋租赁服务。

8.1 代理租赁重配对、撮合

代理租赁业务是房地产经纪人将委托出租方和承租方就意向房屋进行配对、撮合，达成一致承租业务的过程。

一名优秀的房地产经纪人，多是从第一印象或与客户的电话沟通中获取信息的。租赁业务中，在获得房源信息后，要联系出租方进行现场查验，了解房源全面的、具体的信息。特别需要注意的是，对于不得出租的房屋，房地产经纪人不能承接租赁经纪业务。代理租赁业务的流程如图8-1所示。

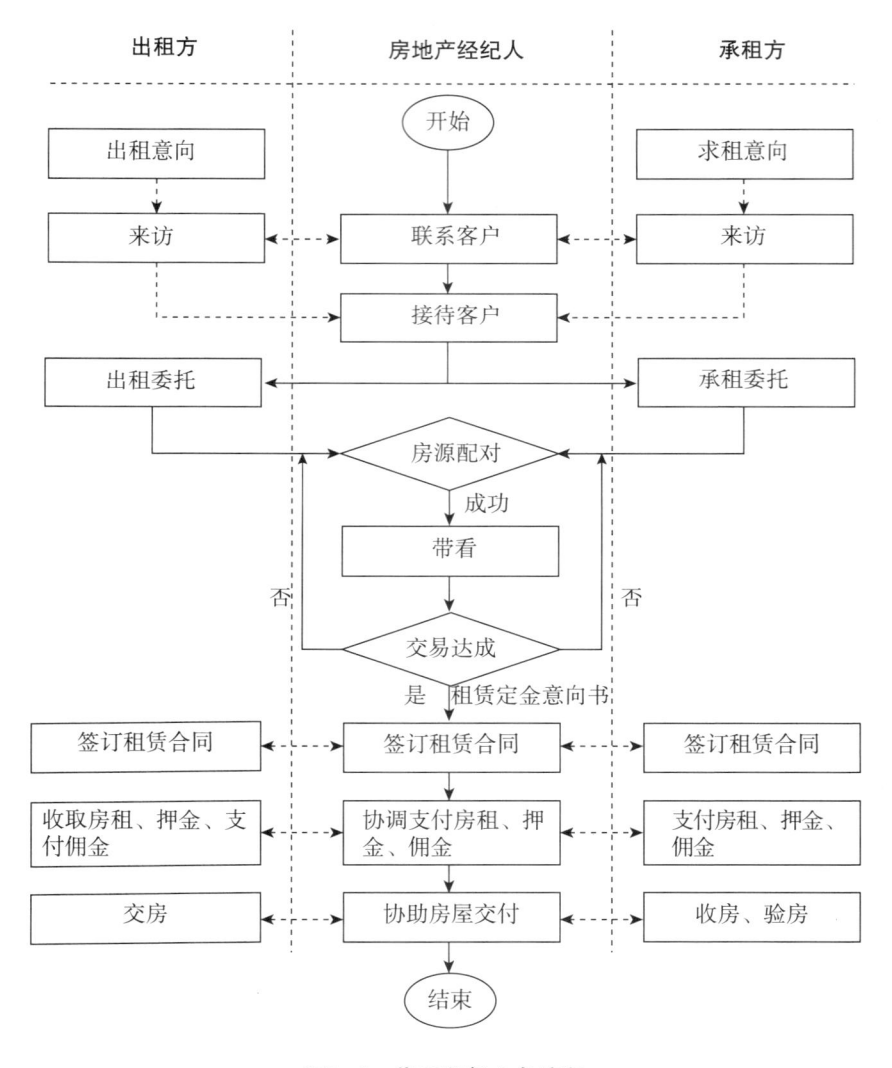

图8-1 代理租赁业务流程

在代理租赁业务中，房地产经纪人最重要的是做好房源配对工作，即将委托方要出租的房源信息，通过网络、门店广告、电话、人员推荐等方式进行广告宣传；对有求租意向的承租人，要重点了解客户对承租房屋的具体需求，然后在承租方需求范围内寻找房源，最终实现房源信息和客源信息的匹配。

在信息匹配成功后，要及时联系承租方看房，对于看房后有意向的，要开展业务撮合工作，在开展业务撮合工作时要注意如图8-2所示的三个要点。

熟悉和了解市场租金的变化	从多个角度撮合	把控合同签订与款项支付
1. 对租金有较大分歧时，可以从租金支付方式，租金折扣，房屋装修，提供的家电、家具和其他设备等方面，促使租赁双方从对方的角度考虑，缓和分歧，最终在租金价格、租金支付方式等方面达成一致 2. 对独家代理的房源，更要婉转的强调房屋的优势，以促成交易	从租赁双方都感兴趣的方面进行撮合，一般可以从房源紧俏情况、社区综合情况、交通情况、配套设施情况、周边环境、居住人口素质等角度撮合	三方共同签署《房屋租赁中介合同》。合同中明确约定三方的责任和权利，承租人定期向出租人支付约定租金，经纪机构在此项经纪活动中获取相应佣金；租赁双方的姓名、住所；房屋的坐落、面积、房屋结构和附属设施、家具、家电；租金和押金数额、支付方式及日期；租赁用途；房屋使用要求；房屋和室内设施的安全性能和维修责任；合同期限、合同形式等

图8-2 房地产经纪人开展业务撮合工作时要注意的三个要点

适合的才是最好的，什么样的客户适合什么样的房屋，房地产经纪人心里要有一杆秤。给客户介绍房屋时，只能适当提及房屋的优点，而不可一味地夸大。在代理租赁业务中，一般来说，工作比较稳定、收入较高的客户，成单的概率要高一些。

8.2 租赁托管核心在服务

租赁托管业务是指出租方将房屋完全托管给经纪机构，由经纪机构统一运营管理的房屋租赁。因此，在租赁托管业务中，经纪机构拥有房屋的运营权。在租赁托管业务中，最常见的是出租方将房屋出租给经纪机构，由经纪机构进行标准化的装修，再租赁给承租方，并根据出租合同的约定提供增值服务。租赁托管业务流程如图8-3所示。

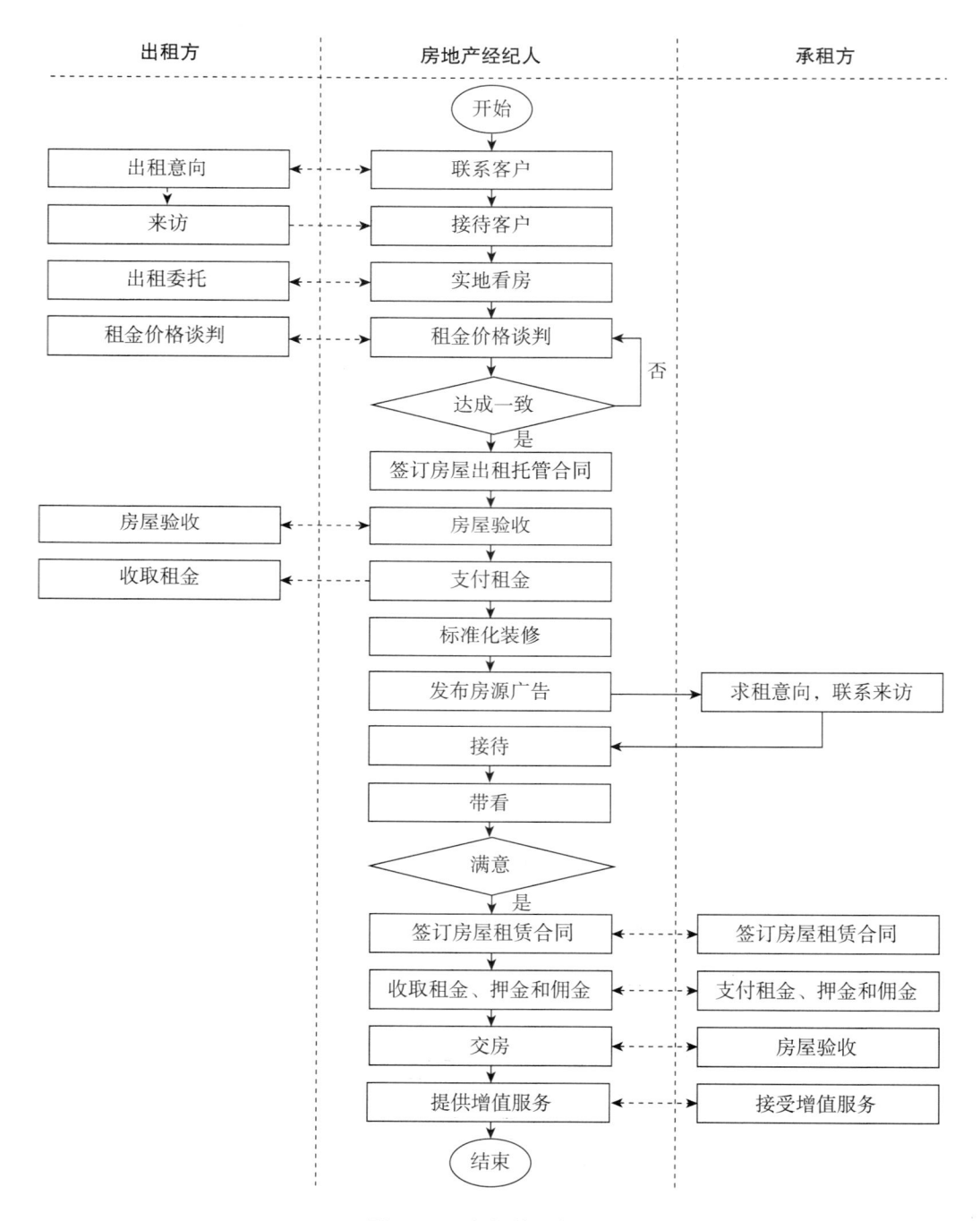

图8-3 租赁托管业务流程

相对于代理租赁业务，租赁托管业务对于出租方和承租方均有着一定的优势，具体如图8-4所示。

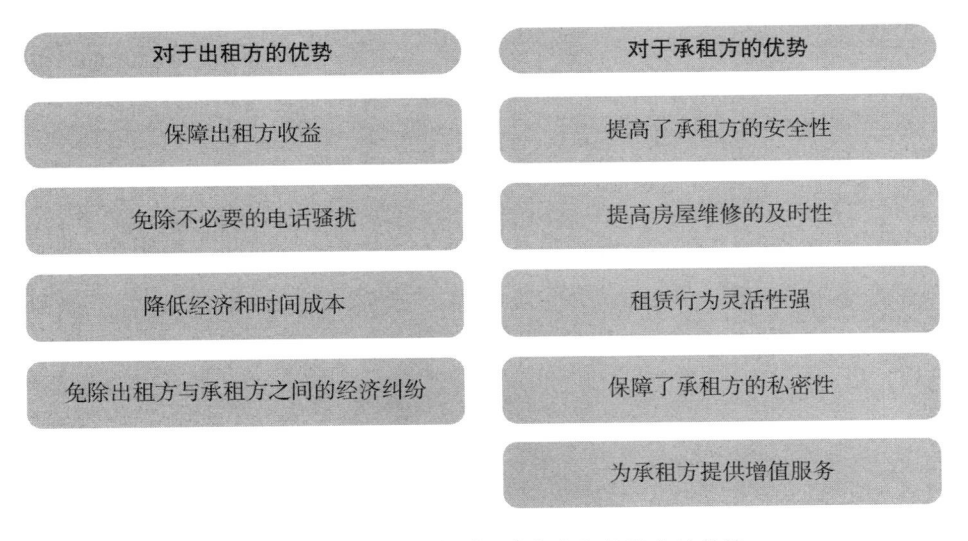

对于出租方的优势	对于承租方的优势
保障出租方收益	提高了承租方的安全性
免除不必要的电话骚扰	提高房屋维修的及时性
降低经济和时间成本	租赁行为灵活性强
免除出租方与承租方之间的经济纠纷	保障了承租方的私密性
	为承租方提供增值服务

图8-4 租赁托管业务对于出租方和承租方的优势

第 9 章

新建商品房租售代理

　　新建商品房租售代理是指房地产开发企业将开发建设的房地产项目委托给房地产经纪机构代为租售的一种方式。这里的新建商品房包含商品住房、公寓、写字楼、商业用房等不同形态，而在租售过程中，不同形态房产的客户类型、购买行为与销售执行会存在差异。

　　在实际的经纪业务中，新建商品房租售代理工作在房地产项目开始时就会启动。因此，租售代理业务会有两种形式，一种是经纪机构介入房地产项目开发经营的全过程，包括为房地产开发企业提供市场调查、产品定位、客户定位、营销推广、销售组织以及协助物业交付和代办不动产产权登记、融资贷款等一系列服务；另一种是经纪机构只负责给新建商品房的租售业务提供客源，具体的租售开展工作由新建商品房的销售部门来完成，经纪机构从销售中获取一定比例的佣金。

　　本章将重点介绍第一种形式的租售代理业务。

9.1 营销方案是基础

营销方案是房地产经纪机构综合营销能力的体现。在获取了新建商品房租售代理资格后，还要进入到项目案场，进行以下3个方面的工作。

1. 做好市场定位

除了房地产开发企业自身的销售意愿，还应对项目的本体特征（SWOT分析）和周边市场的竞争状况等客观因素进行分析，进而判断该项目的定位是市场领先者、市场补缺者、市场追随者还是市场挑战者。

2. 制定推广策略

明确项目的市场定位后，根据其定位可以制定后续的宣传推广策略，包括项目形象展示方式、推广渠道、宣传资料以及活动组织形式等一系列销售执行动作，均围绕项目而展开，并要结合项目营销的总费用和总预算来编制和实施。

3. 制订销售计划

根据项目在一定时期内须达成的销售金额、市场占有率等总体目标，对项目入市前的预热期、公开销售期、持续在售期和尾盘销售期等关键时间节点进行安排和指标监测。

具体的项目营销方案大纲如下。

项目营销方案大纲

一、项目概述

略。

二、项目前期策划

（一）市场行情及走势分析。

1. 宏观、微观市场走势分析。

2. 最新房地产市场行情分析。

（二）前期产品及市场定位可行性研究。

1. 产品定位分析。

2. 市场定位潜力分析。

3. 市场定位风险分析。

4. 市场定位的可行性评价。

5. 项目市场定位。

（三）品牌战略策划。

1. 名称确定建议及推广名确定。

2. 楼盘风格确定。

3. 建筑用料的建议。

4. 项目卖点的挖掘及提炼。

5. 小区环境营造——空间环境、生态环境、视觉环境、人文环境、智能环境。

6. 小区景观设计要点（环境规划）。

7. 电梯的设置。

8. 停车库设计要点、车位比例及安排。

9. 会所功能、内容划分及概念的提炼。

10. 装修标准。

11. 社区服务项目配置建议。

12. 物业管理服务项目建议。

三、项目营销策划

（一）项目营销阶段性划分。

（二）项目分期推出的战术部署及促销手法建议。

（三）市场进攻要点及切入方法建议（入市时机）。

（四）价格策略制定。

（五）价格体系及付款方式、原则。

（六）销售现场包装要点。

（七）卖场包装要点。

（八）卖场促销要点。

（九）展销会举办方案。

（十）外销方案制定。

（十一）CS系统（顾客满意系统）制定。

（十二）AIDAS原理（阶段性促销活动策划）。

（十三）模型制作指导。

（十四）收集市场反馈信息以及时调整营销方案。

（十五）分销网络辅助措施。

（十六）新闻推广方案（软性文章及题材炒作）。

（十七）公关推广方案（政府机关及集团购买的可能性建议）。

四、广告、宣传、推广设计

（一）品牌识别。

1. 展示系统设计。

（1）地盘形象设计。

（2）工地围墙展示设计。

（3）工地道路指示牌、楼体招示布、工程进度展示牌。

（4）售楼形象展示。

（5）售楼处外观展示指导、内部形象定位指导。

（6）售楼处设计建议。

（7）样板房形象定位、效果建议。

（8）售楼处展板创意建议。

（9）看楼车体外观设计。

（10）售楼人员服装设计、保安人员服装设计建议。

2. 宣传资料设计及相关文件格式规范。

（1）售楼书、折页设计。

（2）售楼合同及相关文件格式。

（3）价目表、付款方式等单页设计。

（4）工作证（卡）、售楼人员名片设计。

（5）办公事务用品设计。

3. 广告类规范。

（1）报纸广告标准格式。

（2）电视广告标准格式。

（3）手提袋广告标准格式。

4. 售楼导示系统。

（1）样板房导示牌。

（2）POP彩旗式吊旗设计。

（3）各类标示牌。

（4）户外看板。

5. 小区形象系统。

（1）导示系统设计。

（2）公共导示系统设计。

（3）公共信息展示设计。

（4）会所导示系统设计。

（5）各项配套设施形象系统设计。

（6）物业管理人员服饰设计。

（二）广告运动。

1. 广告诉求目标。

2. 广告诉求理念。

3. 广告主题口号。

4. 广告内容及表现手法。

5. 创意策划。

6. 统一宣传口径制定。

7. 整体氛围概念提示。

8. 媒体计划。

9. 创意延展。

10. 报纸广告方案。

11. 电视广告创意方案审核建议。

（三）整体营销费用预算及成本控制的策略。

略。

五、销售阶段工作规划

（一）售楼人员的安排及培训。

（二）售楼人员的进场及销售工作的实施。

（三）现场看楼团的筹划。

（四）客户区域、年龄、职业等层面分析。

（五）客户信息反馈表的编制、登记、汇总及总结分析。

（六）广告发布效果的跟踪。

（七）客户放弃购买的原因调查。

（八）售前及售后服务内容。

（九）定期销售总结及策略调整。

（十）系列促销活动。

（十一）销售后期收尾工作。

在编制了项目营销方案后，还需要准备具体的宣传资料，包括项目楼书、户型手册、宣传展板、销售导示牌、折页、单页等，此外还包括项目沙盘、样板房等。

9.2 客户分析是依据

无论是新建商品住宅客户，还是写字楼、商业用房客户，对于租售的需求基本都分为自用型、投资型和自用投资兼顾型三类。虽然每类客户在租售选择时都有具体的、不同的考量，但总体还是呈现出一定的规律的。下面以写字楼客户为例，展开具体的客户分析。

不同类型的客户对写字楼的租售需求有不同的特点，房地产经纪人要熟知每类客户的需求特点，精准营销。

1. 自用型客户分析

自用型客户指租售写字楼用于自己使用的客户。这类客户的分类及特点如表9-1所示。

表9-1 自用型客户的分类及特点

序号	分类	特点
1	具有雄厚实力和发展历史的大中型客户	公司历史悠久、实力雄厚，能承受高端写字楼的售价或租金；在行业中已经具备了良好的信誉和形象，高端写字楼是其实力的见证
2	发展中的中小型客户	公司处于发展上升期，对自身形象较为在意，会倾向于选择形象好、品质高的写字楼
3	初创且正在发展中的小型客户	刚起步的公司为了生存，再加上受到财力的局限，会选择价格较低且比较实惠的写字楼
4	初创公司客户或个人工作室、项目承包人	这类客户对办公面积要求不高，有的工作时间也相对自由，因此会选择办公与居住一体的商住楼或SOHO工作间

在自用型客户中，车位充足与否会成为其租购写字楼的重要影响因素，同时第1类客户大多会选择租购整栋、整层办公楼，是写字楼租售业务中需重点关注的一类客户。一般来说，大中型客户主要有如图9-1所示的4种类型。

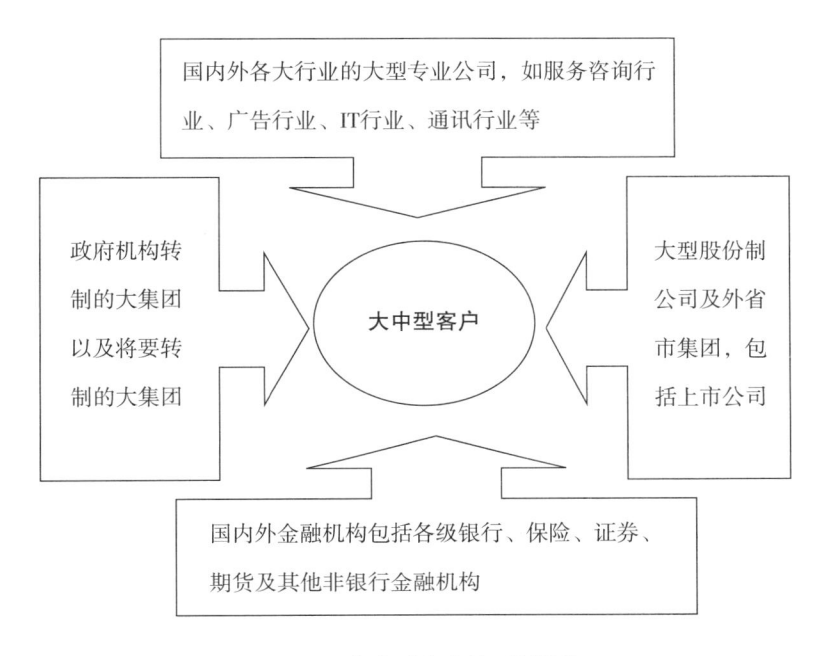

图9-1 大中型客户的4种类型

2. 投资型客户分析

投资型客户租售写字楼是为了赚取出租的租金或升值后的差价收益，这些客户中有的会长期持有，有的则只会短期持有。因此针对投资型客户对租购写字楼产品不同的处理方式和收益方式等特点，可将其分为纯投资型客户和兼顾型投资客户，他们具体的分类及特点如表9-2所示。

表9-2 投资型客户的分类及特点

类别	分类		特点
1	纯投资型客户	有足够富余资金的个体，包括个人或小企业主	一般租购的单套面积较小，以获取租金收入或短期升值后转售的差价收益为主
		专业的投资机构和投资基金	会整栋或整层的购买，并且大多是长期持有经营的
2	兼顾型投资客户		主要是自用，但购买时会留出富余的空间，富余的部分可以留着自用，也可以对外出租

无论是自用型客户还是投资型客户，对于写字楼的需求都是要求有好的地段和交通状况、配套设施，并且如果在政策、技术创新、人才等方面有优势，则会更具有被选择的可能。因此，房地产经纪人要根据项目的特点对客户进行细分，以有针对性地开展营销工作。

3. 客户需求分析

对于客户的需求可以从表9-3所示的5个维度进行分析。

表9-3 客户需求维度及说明

序号	需求维度	个人客户	企业客户
1	意向倾向	倾向购买	倾向租赁
2	装修情况	偏好清水楼	偏好简装修
3	环境因素顺序	区域、周边交通环境等	周边交通环境、区域等
4	配套要求顺序	停车位、绿化、会议室和餐厅	停车位、会议室、餐厅和统一前台接待
5	物业管理顺序	物业管理人员的素质、物业管理费、物业响应速度、物业管理水平	物业响应速度、物业管理水平、物业管理人员的素质、物业管理费

此外，温度与通风、电梯、出入管理、紧急/突发情况响应及处理等方面，也是客户普遍比较关注的需求。

9.3 规范服务遵流程

新建商品房销售主要包括现场接待、商品房认购、贷款代办。房地产经纪人应严格遵循标准的服务流程来开展销售工作。

新建商品房销售服务流程如图9-2所示。

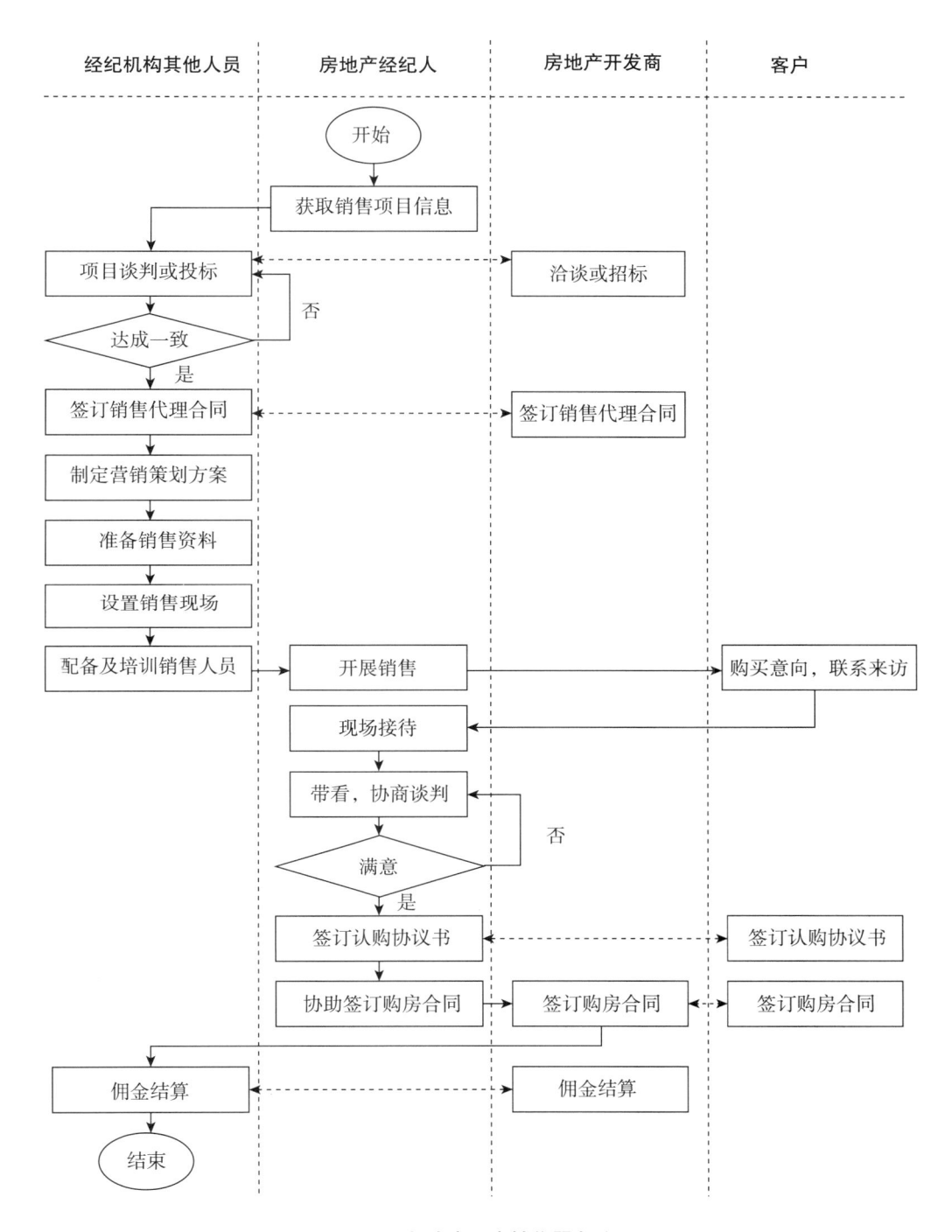

图9-2 新建商品房销售服务流程

在新建商品房的销售服务中，房屋带看和合同签订尤为重要，房地产经纪人需要把控关键节点，适时做好各项销售工作。

第10章

职业操守是关键

房地产经纪人在开展各项经纪业务时，也必须遵守职业操守，比如服务客户时不可过度承诺，也不能只追求佣金而不替客户考虑，等等。

10.1　一视同仁，真诚待客户和业主

在一位专业的房地产经纪人眼中，客户和业主是没有贵贱之分的，只是在需求层次上有所区别而已。因此，对不同的客户和业主，房地产经纪人在态度上应一视同仁，不应以貌取人、嫌贫爱富。否则，房地产经纪人很有可能看走了眼，搬起石头砸了自己的脚。

一个周末的傍晚，门店其他同事都出去忙了，有的带客看房，有的拜访客户，只有房地产经纪人小宋和小刘还在门店。

这时，门店急匆匆地走进一位年轻人，大概30岁，看起来挺焦虑的样子。小宋因正在给客户打电话，且见年轻人穿着打扮很普通，不像是租赁或买卖房屋的客户，就继续打着他的电话。

而年轻人在店里墙上的房源信息处看了一会儿后，走到小宋面前，说道："我有2套房屋着急要卖，你们能帮我尽快卖出去吗？"

小宋听着对方一口方言，想着这周边的房价都不低，这完全不像是真正的房主，就当作没听见，继续打着自己的电话。

这时小刘听到声音，从里边走出来，热情地接待了年轻人，原来年轻人确实是旁边小区的业主，因为家里老人出了事故，急需一大笔资金做手术，而他本人则是在照顾老人空隙时匆忙从医院赶回来处理卖房的事情的。

听到年轻人的讲述，小刘马上登记了客户信息，帮助客户在一周之内把房屋卖了出去，解决了客户的燃眉之急。后来这个客户又找小刘在更好的地段买了一套更大的房屋。

通常情况下，房地产经纪人确实可以通过观察业主或客户的衣着、用品、买卖房所处地段等来推测他们的经济实力和性格特征等。但是，房地产经纪人绝对不能以对方外在形象为标准区别性地对待客户或业主，戴上"有色眼镜"看人，对表面上看起来很普通甚至非常不起眼的客户或业主就处处轻视，如不主动打招呼，让客户或业主长时间等待，自己则在一边看报刊杂志、打呵欠、聊天等；与客户或业主谈话时语气生硬、冷漠，没有耐心多做交流，对业主或客户的提问不理不睬，或者用"哦""嗯""啊""知道了"等字眼敷衍对方；神态倨傲，要么低头不正视客户或

业主，要么眼神不集中，东瞧西看，甚至露出鄙夷神色等。

对客户或业主区别对待，不能一视同仁，对房地产经纪人来说，是极不可取的，它不仅有损个人的职业形象，也会对个人业绩造成直接的影响。不管客户是富，是贫；也不管业主的房屋是高档，还是低档，房地产经纪人对他们都要报以同样的热情和真诚。具体来说，房地产经纪人可从图10-1所示的几点入手，以端正的服务意识，一视同仁地对待客户和业主。

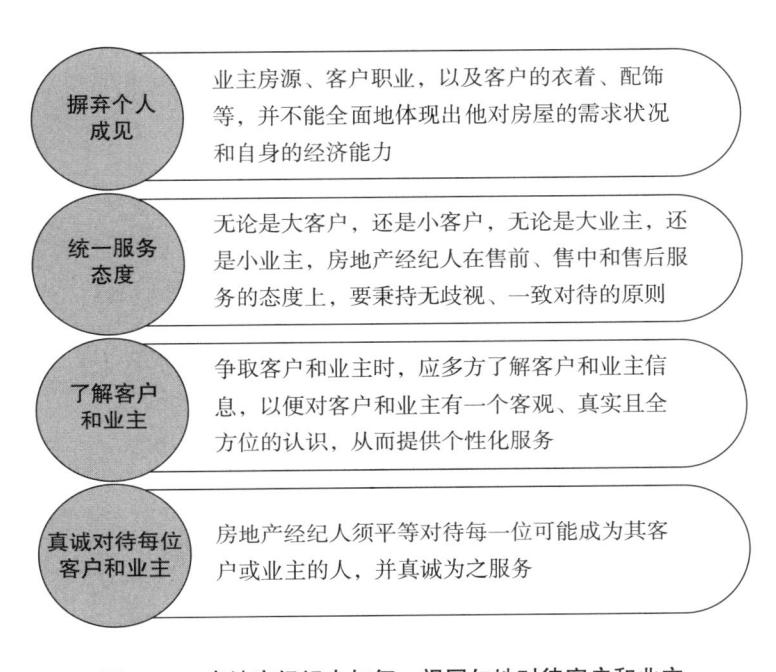

摒弃个人成见	业主房源、客户职业，以及客户的衣着、配饰等，并不能全面地体现出他对房屋的需求状况和自身的经济能力
统一服务态度	无论是大客户，还是小客户，无论是大业主，还是小业主，房地产经纪人在售前、售中和售后服务的态度上，要秉持无歧视、一致对待的原则
了解客户和业主	争取客户和业主时，应多方了解客户和业主信息，以便对客户和业主有一个客观、真实且全方位的认识，从而提供个性化服务
真诚对待每位客户和业主	房地产经纪人须平等对待每一位可能成为其客户或业主的人，并真诚为之服务

图10-1　房地产经纪人如何一视同仁地对待客户和业主

10.2　说到做到，不过度承诺

言而有信，说到做到，是做人的基本规范，也是和他人缔结长期、友好合作关系的行为准则。在房地产经纪行业内，客户在租住或购房时，房地产经纪人为坚定客户购买或租住的决心，往往承诺售后服务如何优良以解除其后顾之忧。而一旦客户遇到问题，需要房地产经纪人兑现自己的承诺时，房地产经纪人若积极帮客户排忧解难，一定能稳固双方的合作关系。反之，若房地产经纪人推脱敷衍，死不认账，只会给双方的合作关系蒙上一层阴影。

诚信守诺，说到做到，做好售后服务，是房地产经纪人维护好自身与客户关系的应尽之仪；出尔反尔，言行不一，是房地产经纪人的大忌。

有时，明明是一件小事，可房地产经纪人却没有兑现承诺，就有可能失去客户的信任，因为客户很容易将此联系到房地产经纪人的品行，乃至房地产经纪人所属公司的形象。很多时候，客户在乎的不是服务本身，而是房地产经纪人履行承诺的态度。若房地产经纪人对自己的服务承诺采取不合作的态度，只会搬起石头砸自己的脚，断绝与客户再次合作的可能。

所以，房地产经纪人在售前的许诺时，要慎之又慎，切不可说大话，而在兑现诺言时，则要态度诚恳，速度至上。唯有如此，客户才愿意和该房地产经纪人长期、稳定、友好地合作。

说到做到，不过度承诺，在客户出现责难、抱怨，甚至投诉时，信守承诺，有礼有节，为客户解决疑难，常常能化客户的怨气为和气。

客　　户："小李，你们刚给我家装修完才三天，洗手间墙壁的瓷砖就掉了一大片，你当初说这房屋很新，业主刚装修，还说用的什么粘合剂？质量这么差劲？你这不是欺诈吗？你要给我个说法！"

房地产经纪人："马先生，您先别急，我一定给您处理。待会儿我带一个人过去您家，现场查看下吧，30分钟内就到！"

客　　户："好吧！"

不到半小时，小李就带着一名同事，赶到马先生家。到洗手间检查后，发现造成侧壁瓷砖掉落的原因是楼上向下渗水。

房地产经纪人："问题搞明白了，是你们家楼上从墙角处向下渗水导致的，您看，这瓷砖是连带着水泥一起掉的。如果再这样下去，极有可能造成其他墙壁的腐蚀。您最好和楼上住户沟通下吧！"

客　　户："是这样啊，我错怪你了。"

房地产经纪人："没关系，为客户解决疑难是我们对客户的承诺。"

房地产经纪人不回避当初的承诺，客户一有召唤，马上赶到，还帮助其排查问题所在。最后，在找到问题产生的根源后，即使责任在客户，也一点儿没有责怪客户的意思。对于这样的房地产经纪人，客户又怎么会不投上信任的一票呢？

讲求诚信，说到做到，不过度承诺，是每一个房地产经纪人必须遵循的待客之道。具体来说，房地产经纪人可参照图10-2所示的4点对待承诺。

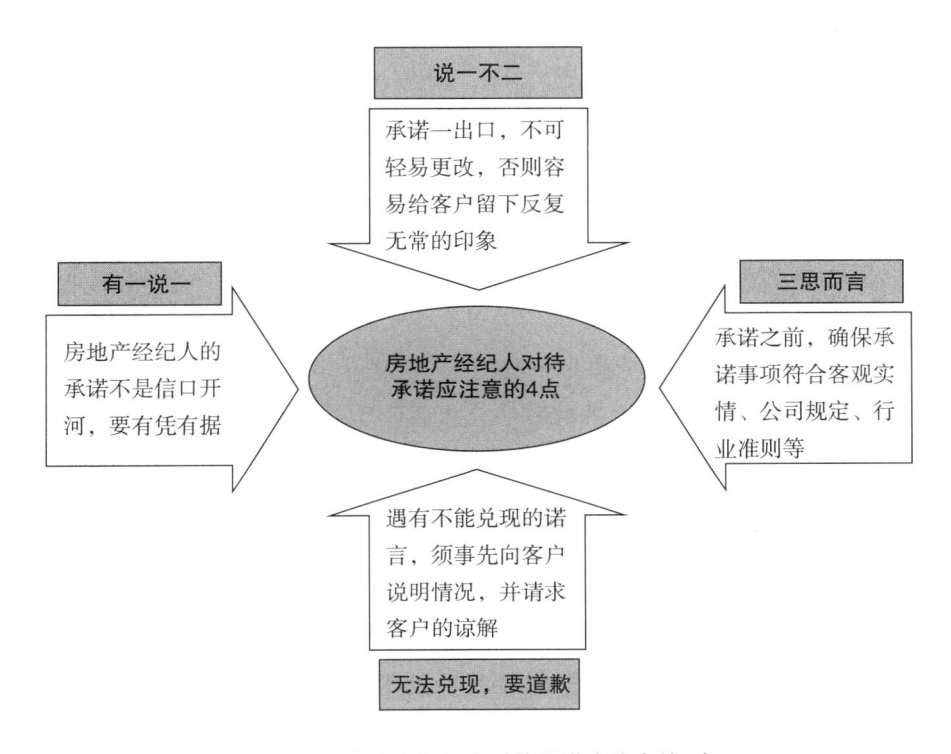

```
                    说一不二
                    承诺一出口，不可
                    轻易更改，否则容
                    易给客户留下反复
                    无常的印象

    有一说一                                    三思而言
    房地产经纪人的      房地产经纪人对待      承诺之前，确保承
    承诺不是信口开      承诺应注意的4点      诺事项符合客观实
    河，要有凭有据                             情、公司规定、行
                                              业准则等

                    遇有不能兑现的诺
                    言，须事先向客户
                    说明情况，并请求
                    客户的谅解
                    无法兑现，要道歉
```

图10-2　房地产经纪人对待承诺应注意的4点

10.3　客户的事 = 自己的事

在房地产经纪这一行，如果房地产经纪人能把自己放在客户搭档的位置上，帮客户之忙，急客户之急，解客户之难，那客户的单子还不是手到擒来吗？

每个人都有需要他人帮助的时候，客户也不例外。在面谈中，客户可能提及或者暴露出他们所面临的问题与困难，包括购房或租房事宜，以及个人生活中的难题等。倘若房地产经纪人能够及时地发现，用心地记住，并真诚地在跟进时提供力所能及的帮助，不管这帮助的力度是大还是小，客户都会记得房地产经纪人的这份心意和努力。一旦有这样的好感与信任，让客户"回头"就不是难事。

举个例子，有一天，你对客户说："李先生，上次跟您聊天的时候，您说最近在做服装批发生意是吧？我有个朋友最近刚好需要一批货，但这一行我不是太懂，您看您什么时候方便我们一起聊一聊？"如果你把客户的事当成了自己的事，给客户介绍生意，客户不但不会拒绝你见面的小小请求，反而还会对你心生好感。

当然，在将客户的事放在心上并帮助客户解决疑难之后，房地产经纪人也不要忘记推进工作进程。客户在感激房地产经纪人的关怀和帮助之时，也会把房地产经纪人当成自己人，往往乐于接受房地产经纪人的意见和请求，并为后期签单奠定基础。

房地产经纪人小黄参加朋友婚礼时，认识了一位具有购房意向的李先生。李先生向他请教了很多购房知识，还无意间透露了一些家庭生活情况。

从朋友婚礼赶回来不久，小黄就对李先生展开了"进攻"。经过一番细心准备，小黄拨通了李先生的电话。

房地产经纪人："李先生，您好，我是小黄。您上次提到想给孩子找个英语家教，不知道请到人了吗？"（把客户的事放在心上）

客　　户："小黄啊，难得你还记得这事。还没有呢，怎么，你有好的人选？"

房地产经纪人："哈哈，我看您特别重视这个事，就打电话问了好些同学和朋友，还真有这样一个人选，是我大学的同学，英语专业毕业，口语流利，最重要的是她脾气特别好，和孩子特别好相处，现在在一所英语培训学校当老师，您看怎么样？"

客　　户："听起来不错，这个周末一起见见，要是合适我就带孩子去拜师了，哈哈"

房地产经纪人："行，没问题，我跟她约一下。对了，李先生，上次您回去后跟家里人聊了吗？觉得买二手房怎么样？"

客　　户："哦，我老婆觉得买二手房不放心，怕房屋使用这么多年后，不如以前耐用，而且住在里面还担心会怪怪的。"

房地产经纪人："哦，原来是这样，您太太的担心也不无道理呢，这样吧，您什么时候方便可以带太太一起来，我带您去看一下那几栋房，眼见为实嘛。还可以和我的几个老客户交流交流，听听他们怎么评价，您看怎么样？"（重视客户提出的问题，积极寻求解决方案）

客　户："不错，那我们明天过去。"

可见，把客户孩子学英语的事当成自己的事，把解决这一难题当作送给客户的礼物，使得房地产经纪人给客户打电话时，一点儿也不显得冒冒失失，还容易给客户带去好心情，创造友好、和谐的沟通氛围。

当然，把客户的事当成自己的事，需要房地产经纪人将其贯彻到工作的全过程。在成交前，为了赢得客户，有些房地产经纪人也许会对客户的事很上心。可是成交之后呢？答案自然是应该一如既往地执行这种理念。客户购房或租房过户后，房地产经纪人的服务不能结束，而应开始新的征程。

比如，在过户之后，还有一些包括水电、煤气、打扫卫生、搬家等细节上的问题，房地产经纪人可以主动帮忙处理，毕竟客户在这方面缺乏经验。客户住进去一两个月后，也要打电话回访，看看他们遇到了什么问题，并帮他们解决。这不仅能完善服务质量，增进感情，还能让你建立一个更加广泛的客户群体。

有一个房地产经纪精英曾这样说："一流的房地产经纪人就是让客户喜欢你，如果客户喜欢你，这个单子不成交都难。那么，怎么让客户喜欢你呢？——最好的方法就是把客户的事当成自己的事！"也许，这就是他业绩斐然的秘密，值得广大房地产经纪人学习。

10.4　该说"不"时就说"不"

曾有沟通方面的专家认为，为了在沟通中建立值得他人信赖的形象，有时你说了"不"，表面上看是和对方唱反调，会失去客户的信赖，事实上却可能是建立深层信赖关系的开始。

××电子是某市最大的一家著名的电子企业，房地产经纪人马丽听闻该公司因为业务扩张，需要租赁办公楼，就立马跟进。巧妙通过前台一关后，马丽见到了该公司行政部的负责人。

"你找谁？"该负责人的声音很冷漠。

"您好，我是××房地产经纪公司的业务员马丽，这是我的名片。"马丽双手递上名片，心里有些发虚。

"推销办公楼的吧？今天已经是第三个了，谢谢你，或许我会考虑，但现在我很忙。"

马丽本没有指望马上就能赢得客户信任，见客户如此不悦，就果断地说了声对不起然后离开了，盘算着改日再来拜访。

走到楼梯拐角处时，马丽下意识地回了一下头，正好看见自己的名片被那个负责人一撕就扔进了废纸篓里，马丽感到非常气愤，于是她转身回去，对客户说："先生，对不起，如果您不打算现在考虑和我谈办公楼租赁的话，请问我可不可以要回我的名片？"

该负责人耸耸肩，问她："为什么？"

"没有特别的原因，上面印有我的名字和职业，我想要回来。"

"对不起，小姐，你的名片让我不小心洒上墨水了，不适合还给你。"

"如果真的洒上墨水，也请您还给我好吗？"马丽看了一眼废纸篓。

片刻，他说："好，这样吧。请问你们印一张名片的费用是多少？"

"五毛。"

"好，好。"他拿出钱夹，在里面找了片刻，抽出一张一元的人民币，"小姐，真的很对不起，我没有五毛零钱，这是我赔偿你名片的，可以吗？"

马丽想夺过那一元钱，撕个稀烂，但她忍住了。

她礼貌地接过一元钱，然后从包里抽出一张名片给了他："先生，对不起，我也没有五毛的零钱，这张名片算我找给您的钱，请您看清我的职业和我的名字。这不是一个适合扔进废纸篓的职业，也不是一个应该被扔进废纸篓的名字。"

说完，马丽头也不回地转身走了。

没想到第二天，马丽就接到了该负责人的电话，约她去他的公司。马丽几乎是趾高气扬地去了，打算再次和他理论一番，但他告诉马丽的却是他打算让马丽为他们公司推荐合适的办公楼。

该说"不"时就说"不"，是房地产经纪人自信的体现，也是和客户建立平等关系的重要方法。上文中房地产经纪人对客户有礼有节的"反抗"，不但没有得罪客户，反而让客户认识到自己的优秀品质，加深了对自己的好印象。

懂得说"不"是艺术，而如何向客户说"不"则是一项技术。因为，很多客户都把自己摆在上帝的位置，对否定性的话语往往比较敏感，会觉得自己受了气。因此，在表达否定意思的时候，房地产经纪人可参照如图10-3所示的5种技巧。

直接分析法：遇到很明显的、无理或过分的要求，房地产经纪人可以把自己拒绝的理由阐述清楚，并让对方体会到你的难处，让他也产生同感，这样对方就会在一定程度上接受你的否定。有一些客户是故意提出刁钻的问题来考验你的，如果你为难地接受了，他在得到好处的同时，并不会对你产生感激，相反，在今后还会得寸进尺

共鸣转移法：如果遇到的是无法直接说"不"的要求，并且对方也说明了他的理由，这时候可以先对对方的要求表示理解和赞许，并在交谈中慢慢地向你的困难点靠近，让对方在慢慢放松精神武装的同时与你产生共鸣，对你的困难之处表示出同情和支持，然后你再提出你的看法，留待以后条件成熟再给客户解决

礼貌打断法：人在说话的时候，都不喜欢被打断。但当你遇到别人提出一个你已经有预感困难的问题时，可以运用这个方法。在他人谈这个问题或做铺垫的时候，就微笑着打断谈话，并把话题引导到其他方面。这个做法的要求是要熟练运用并掌握有效倾听的技巧，且能把握住在谈话中能引起对方兴趣的话题，从而有效地把话题打断和转移。直到你离开的时候，他始终没有机会来谈他的要求

"拖"字诀：在对方的要求并没有很过分，但你却由于各种因素无法完成的情况下，可以采用拖的办法，让对方感觉到你其实不想办理。但并不是一拖再拖，而是要给予对方答复，答复此事需要进一步讨论和研究，说明对此问题的重视程度，最终结果在拖之中也就不了了之。该技巧适合用于客户或业主有求于房地产经纪人之时

替代处理法：当客户提出一个很棘手的问题，或者你目前无法解决的问题时，可以向下寻求一个你们都能接受的办法替代。往往暂时性的解决办法，却是处理矛盾和预防危机的手段。该技巧适用于所有客户

图10-3　房地产经纪人说"不"的技巧

需要注意的是，上面几种技巧在使用过程中，都有其适用范围和尺度，如果不能针对当时情景适用，很有可能弄巧成拙。比如，某个客户要求不签订看房协议书就看房，房地产经纪人就不能使用"拖"字诀，这虽然能够委婉地拒绝客户，但房地产经纪人也可能因为这个"拖"字把客户奉送给了竞争对手。此时采用"共鸣转移法"，先表示自己理解客户的顾虑，然后再陈述自己的难处，解释签字原因，有情有理，有

礼有节，激发客户共鸣，就可能让客户不再忍心为难你。

总之，"不"字可以在很大程度上维护房地产经纪人的权益。不要因为不好意思，或怕得罪客户而张不开口。只要是正确的，就要勇敢说出来，但要注意说出来的方式和方法。一句话，该说"不"时就说"不"！

10.5 不带着目的对待客户

每一个房地产经纪人都非常关注自己的业绩，关心自己能否完成公司的指标，关心自己能否前程似锦。而这一切都必须靠客户的订单来实现，更直白地说，就是要落实在客户的钱袋上。于是，很多房地产经纪人在与客户打交道时，脑子里想的，眼睛盯的，都是客户的钱袋。比如，房地产经纪人刚和客户见面，就迫不及待地询问客户："您打算购买什么价位的房屋？""您的预算是多少？"等。

可是，客户又是怎么想的呢？上到一个公司，下到一个人，谁的收入都不是凭空而来的，每一分钱都是辛勤劳动的结果。客户会珍惜自己钱袋里的财富，对那些一上来就打自己钱袋主意的房地产经纪人是不会有好感的。再说，房地产经纪人如果只是关心客户的钱袋，对客户本人则漠不关心，这样的功利之心是很容易令客户生厌的。开口预算，闭口价位，房地产经纪人这样做的话，只会让客户把自己的钱袋子捂得严严实实，还会在心理上设置层层防护，让别人无法接近一步。

当房地产经纪人抱着强烈的目的心上路，去和时刻警惕别人试图从自己这儿得到什么的客户打交道时，会出现什么情况，谁胜谁败，一目了然。

更进一步说，房地产经纪人在一些人的心目中的形象并不十分美好，很大程度上就是因为中介一波又一波的"电话攻势""谈"钱眼开等。有时，客户只要表露了购房的想法，又留下了联系方式的话，很快就会接到一个又一个中介的来电，时间长了，客户自然会很反感，很不耐烦，甚至拒接电话。有的房地产经纪人有强烈的功利性和目的性，如果客户是自己门店这边的，那么服务起来尽心尽力，但如果客户看完自己这边的房源，又跑到其他中介那边去看房，房地产经纪人感到不满，对这类客户很可能就不理不睬了。

这样的观念虽然在情理上是可以理解的，但是并不理智。只要客户还没有打款买房，那么这位客户就还是自己的，即便客户同时周旋在好几家中介之间，房地产经纪人也不能因一时之气而放弃客户，仍然要关心客户看房买房的进展，仍然要舍得为客户提一些公正的、有价值的建议。你第一次这样提建议，客户可能不会觉得有什么，但如果你说的在情在理，也确实保护了对方的利益，而且能够坚持第二次、第三次，那么，久而久之，客户一遇到问题就会想到你，一看完某套房就想听听你的评价与建议，只要有了这样的信任基础，在适当的时候，房地产经纪人就可以很轻松地将客户拉回来。

一位房地产经纪人在上一次跟进客户的过程中，了解到客户与同行的甲中介约定了周末去看房，房地产经纪人想了解一下看房的情况，于是致电客户。

房地产经纪人："杨先生，您说上个周末要去甲中介看××小区的房，后来去了吧？那边的房屋您满意吗？"（找好跟进的"由头"）

客　户："去是去了，看了7单元的901，那套房看着还可以，但我总觉得不太满意，也说不上原因。"

房地产经纪人："哦，901呀，那套房源我们店里也有，但当时我没给您推荐，就是现在，我也不会推荐那个小区的房屋给您。"（给客户制造一个小悬念）

客　户："为什么呀？"

房地产经纪人："我觉得像您这样的作家老师，平时肯定会常在家中看看书，写写文章，最需要的就是一个清静一些，景观秀丽一些的房屋。而××小区靠着高速路，附近又有地铁站，一天到晚都有点闹哄哄的，我如果给您介绍了那一带的房屋，等您真的入住了，一天到晚被吵得脑袋嗡嗡的，看书看不进去，写文章又来不了灵感，您到时肯定会埋怨我的。"（比客户更了解也更关心客户自己的需求，专业形象立时显现）

客　户："哈哈，原来是这样。我说当时走进那小区时，怎么觉得浑身都不自在呢。那小强呀，你们店里有没有好的适合我的房源呢？你最明白我的要求了，你给我留意留意啊……"

在上文情景中，房地产经纪人以询问客户近期看房的经历为切入话题，当听到客户不满意所看的房源时，房地产经纪人站在客户的角度娓娓道出了房源不太合适的地方，这一番话很能触动客户，因为房地产经纪人居然可以比客户更了解也更关心他们的需求，还没有任何的功利心，足见其专业性，也足以说明其值得托付。所以，客户更加信任房地产经纪人，也更愿意主动地与之讨论自己的"购房大计"。

所以，房地产经纪人真正应该关心的是客户，而不是客户的钱袋，也不是自己的业绩。只有摒弃目的性，从潜意识里关心客户的产品需求，关心客户的工作和生活，才是房地产经纪人取得成功的王道。客户感受到了真诚与无私关心，自然会主动敞开紧闭的心门，或者放心地打开自己的钱袋，接受房地产经纪人的专业指导。

为了消除与客户接触的目的性，房地产经纪人可以在日常生活中，提高与客户非正式沟通的频次。比如，在节假日或对客户而言非常重要的日子，如客户生日、某些纪念日等，向客户送去温馨的祝福，或一份恰当的礼物。这些都能让客户感受到房地产经纪人的诚挚关怀，增进双方的情感。

10.6 真正做到替客户着想

房地产经纪人在与人打交道时，经常会主动地或者应对方所求向对方提一些建议，同时，对方也会不时地给你提一些建议。你大概有过这样的感受——有的人提的建议，虽然不那么全面，也不那么中肯，但看对方那么热心，肯为你着想，你就是爱听，而且愿意按照这样的建议去试一试，而有的人说出来的建议，尽管又专业又正确，但却总带着点耳提面命、颐指气使的味道，你就是不喜欢，更不愿意循着对方的指点去做。

因此，当房地产经纪人在向客户提建议，或推荐房源的时候，一定不要开口就说"我觉得""在我看来""你听我说"这样的话，既然是为别人提建议，那么就应该摒弃以自己为中心的表达方式，多站在别人的立场上为对方设想，这样提建议，即便你的建议对对方来说并没有太大的可操作性或者实用性，但你的一片好心，也会让客户记着你的好。

有一位房地产中介的房地产经纪人，她的一位客户打算买一套二手房，但这位客户在不断看二手房源的同时，也一直在关注最近即将开盘的几个新楼盘项目，因为这位客户自己实在拿不准是买二手的现房好，还是买新房好。

房地产经纪人得知客户的想法后，笑着对客户说："罗姐，您有这种想法很正常，我之前也签过很多客户，他们最开始的时候在二手房与一手房之间也是更偏向于一手房一些，全新的，确实让人要放心一些。后来，我跟他们讲了二手房的四大优势之后，这些客户慢慢地都觉得二手房其实是更好的一个选择。"

客户一听，来了兴趣，忙问是哪四大优势。房地产经纪人伸出四个手指头，笑道："二手房对您来说，有四大优势，用四个字就可以概括了，那就是实、快、赚、爽。"客户很认真地听了起来。房地产经纪人继续说道："第一点，实，就是实在呀。您想，二手房是成品房，之前有人住，住得好不好您跟小区居民一打听心里就一清二楚了，房屋只要用了一两年，有没有质量问题它肯定会暴露出来，藏也藏不住，您甚至可以拿个小钉锤来四处敲敲试试，质量的好坏那是一目了然呀。但是一手房尤其是期房就没有这么方便了，您只能看到一个画出来的效果图，只能听售楼员讲，而交房时质量到底可不可靠，您心里也没个准，还得提防烂尾楼的风险，您说是吧？"

"这第二点，就是快，您看，买期房，从您认购到最后交房入住，快则半年，慢则一两年甚至更长时间。您钱交了，房屋却没住上，这多亏啊。而二手房，只要您找到可靠的中介，找到中意的房屋，跟业主谈妥了，房款一交，很快就能过户入住，在我们店里，隔一两周就拿到房屋的客户很多呀。"

客户连连点头，房地产经纪人趁热打铁接着说道："第三点嘛，是赚，怎么赚呢？您肯定知道，这一带二手房的价格要比一手房的价格低一截，这是赚；要是碰到了急于卖房变现的业主，您还可以砍砍价，省下一两万来，要是买新房，跟开发商砍价那可不容易，这也是赚吧；您买下了二手房，不着急入住的话，可以把房屋租出去，收租金，一年下来也有三四万块钱呢，这比交了钱眼巴巴地等期房要合算得多，这同样是赚；房屋到手了，您可以一边住着，一边看着房屋升值，这不也是赚吗？您说对吧？"

"第四点呀，是爽，为什么这么说呢？俗话说得好啊，远亲不如近邻，近邻不如对门，买一手房，您根本不知道您旁边会住着什么人，而买二手房，您事先就能了解到左邻右舍是哪些人，做什么工作的，是不是和气呀，好不好相处呀，毕竟房屋买了往往就要住一辈子，邻里关系好，住着也舒心呀，对吧？还有呢，您也知道一手房刚建起来，室内污染是免不了的，大人或许不要紧，但您家还有一个三岁的小宝贝呢，小孩子身子娇弱呀，我们这二手房经过几年的使用，就算有污染，有害物质也挥发得差不多了，健康有保证。您说，我说得对不对？"

客户听了，恍然大悟，终于下定决心，就买二手房。两周过后，经过房地产经纪人的撮合，客户最终顺利地买到了心仪的房屋。

这位房地产经纪人之所以能彻彻底底地打动客户，让客户全盘接受自己的建议，就是因为，她完全站在客户的立场上，真正替客户着想，帮客户考虑得通通透透，并且她的每一句话，几乎都是在为客户的切身利益做盘算。这样的建议，谁不乐意接受呢？

总之，每一名客户都希望能得到房地产经纪人真诚的关注与帮助。当你给他人提建议时，如果能真诚地为对方设想，从对方的立场出发去建言献策，那么，对方不仅会百般乐意地接受你的建议，更会记住你这个人。

10.7 积极主动做经纪

天上不会掉馅饼，好运不会自己敲门，而需要房地产经纪人自己主动去寻找。最早提出"积极主动"这个词的心理学家维克托·弗兰克曾这样说："在任何极端的环境里，人们总会拥有一种最后的自由，那就是选择自己的态度的自由。"是啊，从事房地产销售的房地产经纪人有千千万万，看起来竞争激烈，可市场是块大蛋糕，它对于每个人的机会都是均等的。谁更加积极主动，谁就能把握先机，取得更高的业绩。

从前，有一位严厉的主人要出国旅游，临行前他将三个仆人甲、乙、丙叫到跟前，分别给了5 000金币、2 000金币和1 000金币。主人没有做交代便出国去了。

甲领了钱，心想何不做些投资，让这些钱增值呢，于是他用这笔钱做了点小买卖，额外赚了5 000金币。乙也效仿甲把钱拿去投资，赚了2 000金币。唯独丙，他一想到主人的严厉，心想我要保住这笔钱，钱只要不少就能讨主人的欢心。

主人回来后，甲带着原本赏他的5 000金币和另外赚来的5 000金币去见他，说："主人，这是您交给我的钱，我又为您赚了5 000金币。"主人很高兴，提高了甲的地位，又让他跟自己一同享乐。接着乙也献上了自己赚来的钱，同样受到了主人的嘉奖。

轮到了丙，他上前说："主人，我知道您是很严厉的人，我怕把钱弄丢，于是把它埋藏起来。请看，您的钱还在这里，分毫不少。"

主人听后大怒，申斥丙道："你这又笨又懒的仆人，既然知道我是严厉的人，至少应当把我的金币放到银行里，等我回来时，可以连本带利收回来，怎么能将金币埋藏起来？"他吩咐左右夺过丙的钱，分给了甲、乙，后说道："凡有的，还要加给他，叫他有余；没有的，连他所有的也要夺过来！"

这就是市场的逻辑。仆人丙以为将金币埋藏起来就不会减少，可是他打错了算盘，殊不知别人财富的增加就是自己财富的减少。"守"是守不住的，如果不积极主动地争取，不仅得不到想要的，反而连自己手中的都有可能失去。

在激烈的市场竞争中，大家都在向前冲，站在原地等待的人很快就会被淘汰，很多房地产经纪人也都有类似的经历。开发客户的过程中，很多客户会说："我现在比较忙、我现在说话不方便""等下我给你电话"等；在与客户谈判过程中，客户又会说："我再考虑考虑""你等我消息"；在与客户基本谈妥履行手续的过程中，客户还会说："我很忙，最近一两天我就抽空去打款"……这些时候，房地产经纪人是否该乖乖地等着客户主动联系你呢？相信多数房地产经纪人都深有感触，他们大多数情况下不会再等到客户的电话了。

一个等字，就已经使房地产经纪人陷入了被动。要知道，客户有多种选择，房地产经纪人如果不紧紧抓住机会，客户就会做出其他选择，又怎么能等呢？客户因为选择多，模棱两可、敷衍了事是正常的，房地产经纪人在这时候不能将主动权交给客户。如果客户接听电话不便，房地产经纪人可以顺便问一下客户合适的时间，稍后再打过去；客户说等我去打款，房地产经纪人可以就打多少款与客户进行进一步讨论，让客户无法回避，最终完成交易。

技巧可以学会，但是状态却模仿不来。积极主动的态度需要房地产经纪人自我转变、自发培养，那么，房地产经纪人该如何变消极为积极，变等待为主动呢？

1. 培养责任感

房地产经纪人培养积极主动的工作态度应该首先从责任心的培养着手。消极被动的人总是在等待命运安排或贵人相助。对一件事情，他们总认为是事情找上他们，而自己无法主导或推动事情的进展。而积极主动的人对自己总有一份责任感，认为命运掌握在自己的手里，自己可以主导事情的发生和发展。房地产经纪人如何培养责任感，如图10-4所示。

> 1. 明确自己承担的责任
> 　　首先要明确自己的社会角色，才能明确自己对自己、家庭、公司等的责任。比如，房地产经纪人立志一年之内挣够50万元，这就是自己对自己的责任。只有明确了责任，才能增强责任感
> 2. 树立标杆
> 　　为自己树立责任心强烈的榜样，主动向标杆人物学习，用他们的优良品质和高尚行为来激励、感化自己，引导自己积极向上
> 3. 利用团队意识培养责任感
> 　　销售工作往往需要团队分工协作、共同完成，每个人各司其职，个人行为牵扯整个团队、整体利益。房地产经纪人可以利用团队协作加强自身责任意识，增强自身责任感
> 4. 从小事做起，让责任感落实
> 　　房地产经纪人可以利用工作中很多小事培养自己的责任感。例如：
> ◆ 穿戴整齐，这是对客户负责
> ◆ 工作记录完整、及时，这是对上级负责
> ◆ 多打电话、努力工作，这是对自己负责
> 每天通过小事增强责任感，更可以通过每一点进步激励、肯定自己

图10-4　房地产经纪人如何培责任感

2. 培养积极的人生观念

　　认为这个世界是喜剧的人会找乐子，而认为这个世界是悲剧的人会找药方子。事情本身并不会影响事情的结果，关键是房地产经纪人如何看待这件事。要具备积极的心态，房地产经纪人就必须从积极的角度看问题，培养积极的人生观念，练习并调整积极、正向的思维方式。

　　房地产经纪人首先要给自己注入一些积极的理念，比如，没有失败，只是暂时停止成功；困难只是乔装打扮的机遇女神；事情总不至于太糟，只要我马上行动，等等。这些都是很好的积极理念，房地产经纪人可以不断对自己重复这些理念并且把它们运用到实际销售过程中。

　　当自己被客户拒绝的时候可以这样想：这是客户给我的一个学习的机会，他更愿意迎接准备好以后的我。当偶尔丢失了一单的时候可以这样想：这一单不成，但是我学到了很多怎么能让下一单成交的技巧，我将应用到下一单中并且一定会成功。当自

己带客户看房而无果的时候可以这样想：我可以向这些精英学到很多东西，跟他们交朋友远比卖他们一套房收获多。当业主涨价的时候可以这样想：涨价的房才是好房，业主越变化无常也说明其越不坚定、越容易被搞定。如果每件事房地产经纪人都能这样从积极的方面看待，心情会开阔很多，事情处理起来也会顺畅很多。

房地产经纪人不光要从正向培养积极理念，也要用良好的结果反向肯定积极观念的作用，一直激励自己对积极观念的进一步运用，最终培养起遇事往好处想的习惯。

3. 置身积极的环境

处在社会之中，人人都会受环境影响，房地产经纪人若经常使自己处于积极主动的环境之中，自然会受到同样的影响，并且借助环境的力量，可以加速养成积极主动的心态和行为习惯。房地产经纪人将自己置身积极的环境，主要有如图10-5所示的几个方面。

> **1. 跟积极的人在一起**
> 　　物以类聚，人以群分。在身边的朋友和同事中寻找积极的人，并尽快成为他们的伙伴。积极的状态是一个磁场，可以同化周围环境。跟他们在一起，自然会受到积极状态的感染，从而让自己也变得积极起来
> **2. 接触积极的文字和声音**
> 　　感知世界主要靠视觉和听觉，房地产经纪人看到、听到的信息时刻影响着自己的心情。因此，要培养积极的态度，房地产经纪人就要有选择性地接触积极的信息，比如，阅读励志书籍和欣赏音响制品等
> **3. 做积极的动作**
> 　　行为动作可以影响心理。唉声叹气、缩手缩脚难免会影响心态开放的积极性。房地产经纪人要经常做一些积极的动作，比如，用微笑、昂首挺胸等来暗示自己，从而形成积极的心态

图10-5　房地产经纪人如何将自己置身积极的环境

积极主动的人永远都有机会，积极主动的人永远第一个抓住机会。积极主动是一种强烈的责任感和使命感，积极主动是一种乐观向上的思维方式。在当下竞争如此激烈的市场环境中，只有积极主动才可以占据优势地位，时代需要积极主动的人，积极主动正是每一个追求成功的人所必须具有的人生态度。房地产经纪人需要以积极主动的姿态，来创造机会，赢得客户，把握未来！

10.8 准确面对四型人格

四型人格即将人格分为：活泼型、力量型、完美型、平和型。前两种是外向人格，区别在于活泼型的人喜欢说，善于交涉，而力量型的人则喜欢做，善于完成任务。后两种是内向人格，区别在于完美型的人喜欢思考，试图精益求精，而平和型的人比较避世，善于聆听与观察。

在根据客户不同的性格特征将其分为四型人格后，房地产经纪人还需要针对不同性格的客户使用不同的接待、推介方法，做到因人而异、区分对待，以客户喜欢的方式去对待客户，这样才能赢得客户的信任与好感，提高销售成功率。

1. 应对活泼型客户

活泼型客户大体来说是属于外向、多言、乐观的群体。干脆利落、雷厉风行是这类客户的办事风格。这种类型的人开朗乐观，但是做事缺乏耐心，容易冲动，有时会感情用事。

碰上这种类型的客户，房地产经纪人在他们面前要尽力表现出豪爽干脆的一面，让他们觉得你是同道中人，乐意跟你交朋友，从而促成交易。

2. 应对平和型客户

平和型客户普遍内向，乐于做旁观者，属于悲观类型。从表面上看，他们总是一副祥和的表情，带着微微的笑容。穿着也总是比较休闲，内心的轻松愉悦总写在脸上。动作很慢，幅度很小。

但是，这种类型的客户通常在作决定之前会经过深思熟虑，且沉着冷静。他们考虑问题较为全面深入，不容易被房地产经纪人的言辞说服。在进行房地产交易之前，他们很可能通过各种渠道收集各类房地产信息，研究市场行情，汲取他人的房地产交易经验等。

碰上这种类型的客户，房地产经纪人要加强对房源质量及独特优点的说明，通过举例、分析、对比让其全方位地了解房源的特点和优势。房地产经纪人的一切说明要有理有据，不可操之过急。多方分析、层层推进才是应对此类客户的最好的方法。

3. 应对力量型客户

力量型的人是天生的领导者，他们执着好动，喜欢挑战。在买房的过程中，这种类型的人具有很强的决策力，喜欢自己来指挥和决定。力量型的人总会认为自己是正确的，即使错误，他们也不愿意认错。

要想说服力量型的客户，房地产经纪人最重要的是通过列举事实和有力的数据来让其信服。力量型客户的行动是很迅速的，作决定很快。因此，在与他们打交道的过程中，房地产经纪人不可犹犹豫豫，畏首畏尾，要想方设法地引导他们尽快作出决定。

4. 应对完美型客户

完美型客户以思考为主、深思熟虑、严肃、有目标并且目标感很强、追求完美、有艺术天分、沉闷、关注细节、完美主义、高标准、想得多但做得少、做事前一定要先想个计划、有条理、有组织、慎重。但同时，这种类型的客户往往行动力弱、优柔寡断、容易抑郁悲观、天生消极、易受环境影响、情绪化。

完美型的客户相对来说比较难以应付，他们常常会在房地产经纪人面前吹毛求疵。因此，要想攻下完美型客户，房地产经纪人可以在解说时采用"负正法"，即蜻蜓点水地带过房屋的缺点，着重强调房屋的各种优势。对于完美型客户提出的异议，房地产经纪人要给出详细的答案，并要用事实来支持自己的说法。

10.9 职业道德是底线

一些道德素质不高的房地产经纪人为了个人的利益，会作出一些损人利己的恶意违规行为。尤其是在一些财务监管制度不够完善的房地产经纪门店，房地产经纪人的可乘之机较多，风险发生的概率也就较大。房地产经纪人的道德风险主要有6种，如图10-6所示。

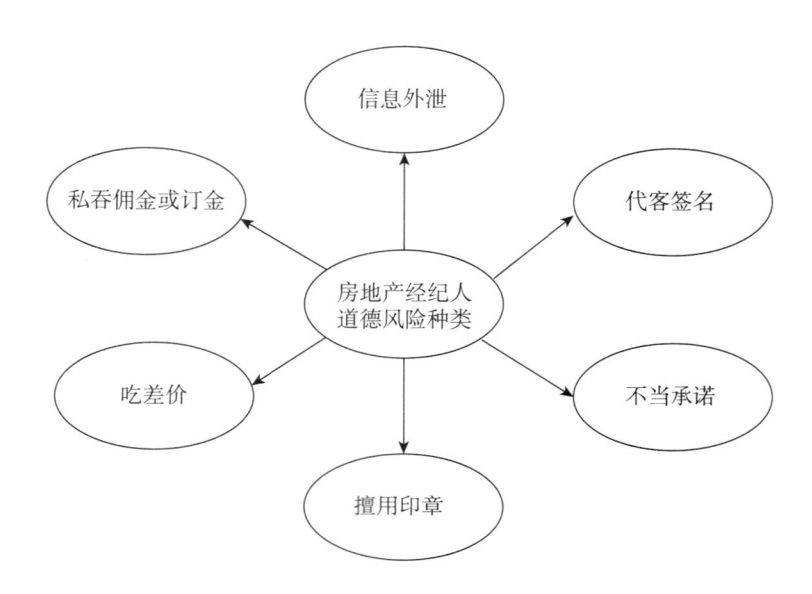

图10-6 房地产经纪人道德风险的种类

1. 信息外泄

房地产经纪人将掌握的房源信息或客户信息擅自泄露给有需要的客户或竞争者，并从中牟取利益。

2. 私吞佣金或订金

私底下促成买卖双方交易，却并不将佣金上交，而是放入自己口袋；或是将客户买房的订金私吞后潜逃。

3. 吃差价

对客户抬高房源的售价，却对业主压低售价，以赚取其中的差价。

周先生找到某房地产经纪门店，委托出售一套房屋，价格为70万元。房地产经纪人找了几个客户，其中有一个比较满意，心理价位是76万元，房地产经纪人并未提出异议。于是，客户以76万元购买了房屋，而房地产经纪人只交给周先生70万元，擅自扣除了6万元差价。

后来，客户发现了房地产经纪人吃差价的事，要求其退还6万元差价，并投诉到了政府主管部门。政府主管部门对该房地产经纪门店和房地产经纪人分别做出罚款和吊销执业证的处罚。

4. 擅用印章

门店的印章对外代表了门店，如使用不当，极易使门店承担一些本不该承担的损失。有些房地产经纪人由于经验不足、或由于存在个人利益，擅自使用印章，给门店带来了巨大的潜在风险。

5. 不当承诺

为了促成交易，房地产经纪人或房地产经纪门店往往会尽量迎合客户的要求，作出一些超出自身服务范围的承诺并写在协议中。这些承诺有可能增加房地产经纪门店不必要的工作量，而一旦房地产经纪门店拒绝兑现，就会遭到客户投诉，甚至引起法律上的纠纷。

6. 代客签名

由于房地产交易需要签署的文件非常多，常常会有漏签的情况。有的房地产经纪人为了省事，仿照客户的笔迹在合同上签了字。这种行为非常危险，轻则重新签订合同。重则客户要求停止交易。

第 11 章

好心态创造好业绩

既要找房源也要找客户、既要满足业主的期望也要满足客户的需求，还要面对各类不同的业主与客户……说到底，一个房地产经纪人并不好当。但是，既然选择了这样一份压力大、难度高、挑战性大的工作，对于房地产经纪人来说，尤其是刚走出校门即将入行的年轻人来说，就要摆正位置、端正心态，做好接受挑战的准备！

心态的好坏直接决定房地产经纪人事业的高度和广度。从"心"开启你的房地产经纪事业，爱上这一行并投入百分之百的热情，相信自己能够做好，并且凭着你的智慧和坚毅，走过风雨之后，一定会呈现出成功的喜悦和胜利的彩虹！

11.1 热爱

作为房地产经纪人，并不是所有人都拥有菲莉丝那般对工作的热爱。他们中的大部分在一些非工作场合不太愿意递出自己的名片。除了在工作时间和场合，很少会向其他人递出自己的名片，并介绍自己说："先生/小姐，您好！这是我的名片，我是××公司的房地产经纪人。"其中最普遍的原因在于他们对自己的工作还没有一个正面的认识，热爱自己的工作也就无从谈起了。那么，房地产经纪人应当如何正确看待自己的工作呢？

1. 销售是每个人的事业，是一项伟大的事业，是值得房地产经纪人骄傲的事业

每个人都在推销自己、自己的观念、成果等，以赢得他人的认可，因此每个人都是一名销售人员。此外，一个产品（包括业主的房屋）品质再好，如果没有销售人员的推销，也不会得到广泛的应用。想想吧，火车在上路之时，也曾被误解为冒着烟火的怪兽；摩斯发明了电报，却无法说服议会相信电波的存在……这一切的一切，都需要依赖于销售人员的辛勤推广。否则，今天你的生活可能一片黑暗，过着茹毛饮血的原始生活。可见，销售推动了世界的进步，是值得大家自豪的伟大事业。

2. 房地产经纪工作是大家提升生活水平，过上富裕生活的捷径

一个初入社会的普通人如何去改变自己的命运？考公务员当官？成功者寥寥无几；上大学，读研读博？得看年龄，还有学费、精力、智力等因素，而且毕业了也未必能马上成功；搞创新、搞发明，想法很棒，只是有点儿不切实际；开公司、创业，更是不错，但需要资本和经验等。而房地产经纪工作则不需要有以上的顾虑，相反地，它还具有以下4个优点。

（1）风险低。选择从事房地产经纪工作不需要你太多的资金投入，经济风险可以忽略不计。

（2）潜力大。我国正处于城市化进程中，房地产仍是朝阳行业，无论是一手楼市场，还是二手房市场，都将随着经济的发展不断成长壮大，发展潜力巨大。

（3）收入高。房地产是单价高的大众消费产品，因此成交后可赚取到高额的佣金。

（4）有成就感。帮助业主以满意的价格卖出了房屋，或帮助客户买到了心仪的房屋，都体现了自我的社会价值。

因此，房地产经纪工作是大家提升生活水平，过上富裕生活的捷径。

3. 房地产经纪工作的价值在很大程度上取决于从业者的态度

从价值角度而言，任何工作都有其价值，每一种工作都很重要。社会经济要正常运转，就需要扮演各种角色的工作。所以，不同的工作只是分工不同，没有哪份工作是没有价值的。不管这个社会是少了清洁工还是少了科学工作者，都是一种灾难。同样，少了房地产经纪人，社会运转的效率也会大大降低。

"三百六十行，行行出状元"，工作本身虽有不同，但产生的价值差距却不大，关键取决于房地产经纪人怎么看待自己的工作。如果房地产经纪人觉得自己的工作重要，很有价值，那么房地产经纪人工作起来就会非常努力，而且会非常开心，更会觉得自己的生命有意义，从而创造出更多价值。如此一来，形成良性循环，于社会有利，于自己更有利。但如果房地产经纪人觉得自己的工作没有价值，那么，情况就会完全相反。

房地产经纪工作事项繁杂，再加上客户或业主性格、行事方法等的多样化，竞争对手随时都可能插上一脚……这一切都使得交易情况瞬息万变。怎么看待这些问题，成为摆在房地产经纪人面前的现实难题。其实，还是像萧伯纳评点看待半瓶水，以及病人看待自己身体那样，你是选择从积极的角度看问题，还是从消极的角度看问题，很大程度上都能改变工作场景，同时也能决定你保持怎么样的心情。

张某的一个客户想租面积五百平方米左右的办公场所，张某精心挑选了三处比较适合的同档次写字楼。可是，当客户看第一处时，一进门就挑出了很多毛病，还说地段也不好。张某没有说什么，又将客户带到了第二处条件稍好一些的写字楼，这一回，客户仍然进门后就挑刺儿，横竖都不合他心意。

张某考虑了一会儿，他认为不是自己推荐的写字楼不符合客户需求，而是客户太挑剔了。这样的话，第三处写字楼也很难让客户满意。想到这里，张某灵机一动，想出一个好方法，很遗憾地跟客户说："王总，非常抱歉，您这么信任我，我却没有能够找到让您满意的写字楼。我们公司手头上比较符合您要求的写字楼就三处，可惜都不太合您的意。"

客户听到这句话，笑着说道："小张，没关系嘛，一共有三处，我只看了两处，说不定第三处就是我要的那间呢。"

张某故意显出有些不知所措的样子，慌忙道："王总，刚才我们看的是我按您的意思挑出来的，我本以为您会喜欢。这第三处写字楼，比这两处还要好，不过……"

见张某神情不自然，客户立刻追问："不过什么？"

张某面露紧张地回道："我们公司不让对外出租啊。那一处场地，也是五百多平方米，地段好，周围环境又漂亮，又安静，附近交通非常便利。不过……我们老总挺中意那里的，还说那里顺风顺水，是块宝地，想等过阵子把公司搬到那里去，所以……"

客户的眼睛一亮，接着张某的话头说道："所以，你们不打算把那块办公场所租出去，是吗？"看到张某尴尬地点头，客户接着说，"小张，你看这样好不好，既然你们公司不打算租出去，那我也不勉强，你带我去看一看，要是条件真像你说的那么好，那我也可以在附近租一个差不多的，是不是呢？"

张某假装硬着头皮应承下来，带着客户去看了第三处写字楼。果不其然，客户走到楼下时就被这儿吸引了，进门后对这间办公室更是青睐有加。加上张某在一旁"煽风点火"，客户铁了心要张某向公司争取争取，把这块办公场所"割爱"给他。张某故作为难一阵后，答应努力向公司争取。几天后，这笔生意就这么做成了。

接连遭受客户拒绝，可能有的房地产经纪人就会怀疑了：他是不是根本就不想租，或者是竞争对手过来探查情况的等。但是，张某却从客户的性格入手分析，并从这一角度出发，成功利用了客户越禁止越要买的心理特征，顺利达成合作。

总之，凡事都有两面，你到底处于什么样的境地，很大程度上基于你自己的看法。如果对工作中的困难一味地悲哀，或茫然而不知所措，不但无法改变目前的状况，而且可能造成更坏的影响。因此，即使你身处绝境，也应该从积极的角度出发思考问题，从危险中看到机遇，从不利中看到能为你所用的有利条件。

11.2 激情

无论是生活中，还是工作中，总有那么一些人虽然忙碌，却总是精神奕奕，斗志昂扬，浑身有一股使不完的劲。而有些人却整日愁眉不展，看上去萎靡不振，行动起来，也是慢慢悠悠的，做不好事就找借口，而不去找原因。从没有投入百分之百的激情云干事，自然不会得到好的回报。

究其根源，其差别就在于一个人有没有投入激情去生活，去工作。若没有投入激情去生活和工作，整个人就会浑浑噩噩，做一天和尚撞一天钟，敷衍了事，对自己、自己所在的公司和其他人极不负责。而一个人若像斗牛士那样对自己所从事的工作有十二分的兴趣和热情，有内心渴望成功与表现的冲动，也就会带着饱满的激情去工作，去战斗。这样，他就离成功不远了。

让激情投入变为一种工作习惯，让习惯自然而然带领你走向成功的彼岸，这就是霍普金斯无论是在经纪事业还是培训事业上都取得成功的原因。

无独有偶，销售界和培训界的另一位大师乔·吉拉德也是一个用激情感染客户，用激情激励学员的高手。在与客户的交流中，兴之所至，他会俯下身来逗客户的孩子发笑；他会在万人瞩目的演讲台上以年迈之躯跳着劲爆的迪斯科，引导学员们狂喊"我是第一名"……

激情也是房地产经纪人战胜挫折，永葆工作热情，创造佳绩的法宝。诚然，房地产经纪工作涉及知识面广，受政策影响大；业主和客户也是千人千面，沟通起来困难重重的；好的房源永远是稀缺的，客户永远是挑剔的，行业永远是虎视眈眈的……受挫总是难以避免的，谁都会陷入低沉之中。不过，这些大都是房地产经纪人工作情绪不佳，业绩不稳的借口。优秀的房地产经纪人永远会像斗牛士那样，自始至终，以积极的姿态，充满激情地做好自己的工作，获取丰厚的回报。

如果你仍然觉得自己缺乏激情，对工作提不起精神，不妨从图11-1所示的4点学起，让自己变成房地产经纪舞台上的斗牛士吧！

房地产经纪人只有点燃自己的激情，方能燃起客户的激情。因为只有真挚、激烈的感情才能感染客户的情绪。情绪如同钟摆一样，负面情绪的能量有多大，正面、积极情绪的能量就有多大。所以，房地产经纪人们，请像斗牛士一样，拿起长剑，亮出自己的激情，感染客户，也为自己的工作增添乐趣吧！

树立一个榜样
从自己的同事、领导、竞争对手，或是一些饱含激情的名人，比如，一些综艺节目的主持人，著名的销售大师等中找到一个榜样，学习并模仿他们飞扬的激情

转变一个观念
饱含激情去工作不是要房地产经纪人去作秀，也不是要你去故作夸张之举，而是要你培养一种积极的工作态度

保持工作激情

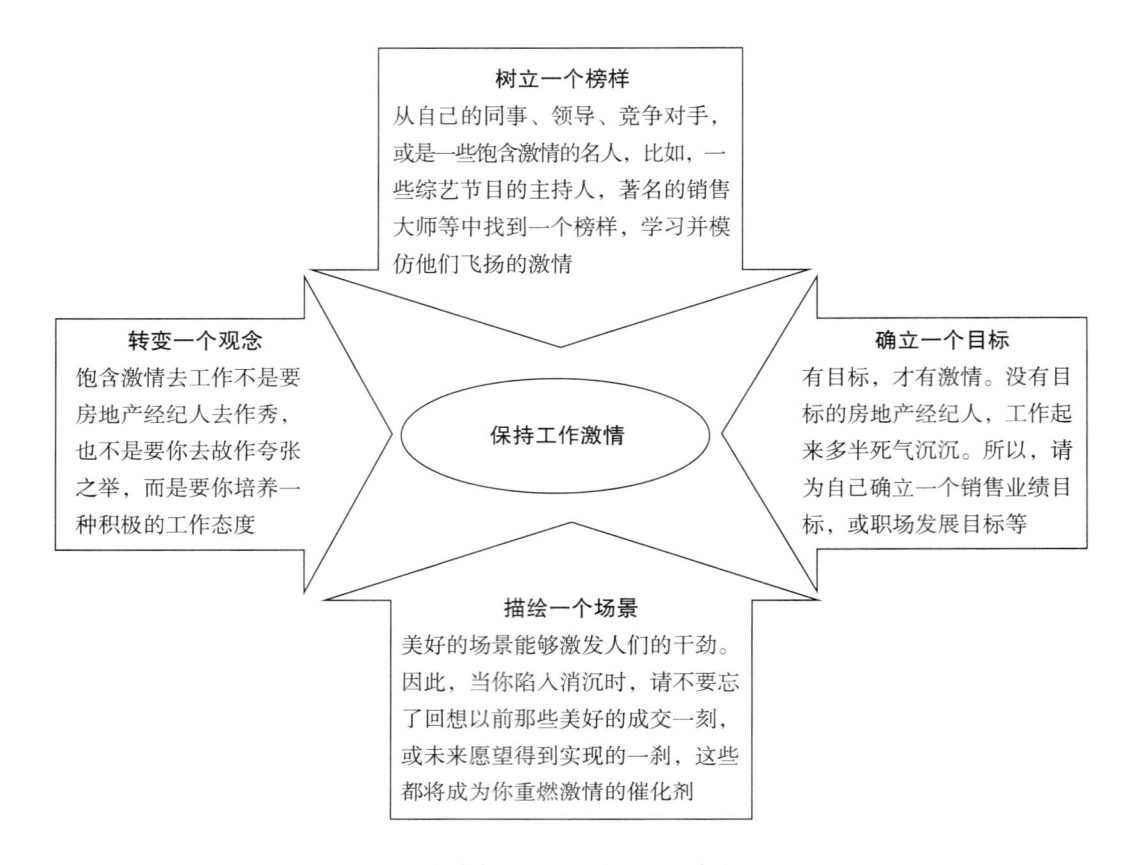

确立一个目标
有目标，才有激情。没有目标的房地产经纪人，工作起来多半死气沉沉。所以，请为自己确立一个销售业绩目标，或职场发展目标等

描绘一个场景
美好的场景能够激发人们的干劲。因此，当你陷入消沉时，请不要忘了回想以前那些美好的成交一刻，或未来愿望得到实现的一刻，这些都将成为你重燃激情的催化剂

图11-1　房地产经纪人保持工作激情的4种方法

11.3　信心

从某种意义上来说，做房地产经纪本身就是一种信心和信赖转移的过程：把自己对房源的信心转移到客户身上，把自己对客户的信赖转移到业主身上。为有效地完成上述转移，达成一次完美的交易，房地产经纪人必须做到以下4点。

1. 房地产经纪人最重要的是要有100%的自信心

对房地产经纪人来说，对自己充满信心也是事业成功的基础。为塑造强悍的自信，可以尝试以下3种方法，如图11-2所示。

1	**进行全面、客观的自我评价**：全面而深入地了解自己，包括性格、兴趣、特长、知识水平、交际能力、价值观念及过去的成功经验和失败教训等；然后，对各个方面进行分析、比较、总结，弄清自己的长处和短处、优势和劣势、稳定因素和非稳定因素、现实方面和潜在方面等，并将它们同自己的经纪工作联系起来综合考量，最终做出全面、客观的自我评价
2	**克服自卑心理和畏惧情绪**：缺乏自信的房地产经纪新人，要么非常自卑，认为自己一无是处，甚至觉得自己根本不适合做销售工作；要么有畏惧情绪，"怕"字当头，怕工作干不好，怕被客户拒绝，怕业绩完不成。这些严重阻碍了自信心的确立。其实，自卑是一天，自信也是一天，那为什么不自信呢？畏惧是一天，勇敢面对也是一天，那为什么不挺起胸膛面对呢
3	**加强心理训练**：克服不良心理习惯，培养自信心，房地产经纪人应在实践中不断加强心理训练，例如，经常进行积极的自我心理暗示，每天上班前大声喊出"我是最棒的，我一定行！"逐步增强自信心；用自己既往的成功经历为自己打气等

图11-2 房地产经纪人培养自信的3种方法

应该指出的是，培养自信心的心理训练是在房地产经纪实践中进行的，离开实践，只靠大脑、单凭心理上的自我激励无异于架设空中楼阁。熟悉了经纪业务，积累了经验，提高了能力，自信心才会产生。可以说，房地产经纪人的自信心是在不断取得成功经验的过程中建立起来的，是从经纪实践中通过努力一步步培养起来的。

2. 要对自己的公司有信心

房地产经纪公司为广大房地产经纪人提供了一个实现梦想的平台，是房地产经纪人工作的大本营，为房地产经纪人的工作提供了强有力的保障。

可是，有些房地产经纪人觉得在房地产经纪公司工作是件丢人的事，或觉得自己公司名头小，在市场上没有竞争力。因此，对自己的公司没有信心，工作起来干劲不足。

其实，这些房地产经纪人不必如此担忧。每一家房地产经纪公司之所以成立、发展，自有其理由和价值，有独特的目标客户群。即使其所在的公司有不尽如人意之处，房地产经纪人也不应该嫌弃它。房地产经纪公司为房地产经纪人搭建了工作平台，房地产经纪人又怎能对自己的"父母"失去信心呢？

每一家房地产公司，包括其他行业公司都或多或少存在一些问题，没有任何一家公司敢于对外宣称自己是完美的。因此，房地产经纪人不应该只盯着公司的弱处，如此不仅会动摇自己对公司的信心，还会影响自己的工作积极性。

3. 要对自己的房源有信心

在很多销售类的图书中，你常能找到含有这么一层意思的话语：在销售自己的产品之前，请先把它销售给自己。也就是要求销售人员先要对自己的产品有信心，然后再卖给客户。而在房地产经纪工作中，房源相当于自己的产品，房地产经纪人也要对它抱有强烈的信心。

房地产经纪人小张代理了一套二居室，80平方米。业主放盘时只要价160万元，还主动留下了钥匙，以方便房地产经纪人带客看房。小张拿到钥匙后，如获至宝，兴致勃勃地先看了一下该房屋。可看了房屋后才发现，该房屋的一个卧室和客厅是挨着的，中间有一个特别长的过道，且连着另一个卧室，可以说这是由一个一室一厅和一个大开间构成的2居室，对于一般的家庭来说非常不方便，且过道是一个很浪费的空间。

小张踩盘回来向大家讲述看房情况后，大家都断定这套房屋没人买，也都不愿意推荐这套房屋。可小张经过一番思考后，觉得这套房屋仍有销售的机会。

于是，他在发布信息时，从不忘记推荐这套特别的房源。后来，一位客户购买了这套房源。

原来，这位客户是一位画家，想要一个独立的画室，且能有一个可以展示自己画作的地方，而这套房屋刚好满足了他的要求。

一栋如此蹩脚的房源也能有其目标客户，所以，房地产经纪人还有什么理由埋怨自己的房源条件不佳呢？说自己的房源远离市区，可有的人就喜欢在郊区置业；觉得自己的房源在一楼，靠近马路，闹腾得很，可有些耳背的老人就中意不用爬楼梯，交通便利的房屋……现在，你还会埋怨自己的房源这也不好，那也不好，对它们失去信心吗？

4. 要把信心传递给客户

房地产经纪人对自己、公司和房源有信心还不够，只有把这种信心传递给客户，才有可能缔造销售奇迹，才有可能成为一名无所不能的优秀房地产经纪人。

把信心传递给客户,这需要房地产经纪人在举手投足,一言一行中体现出对自我价值、公司价值和房源价值的肯定。比如,在客户面前,不卑不亢,把客户当成和自己平等的朋友;在介绍房屋时,多挖掘那些满足客户需求的特质,呈现房屋积极的一面,而不是盯着房屋的弱点心里直打颤。

相信自己、自己的公司和房源是做房地产经纪人的必要条件,当你把这份信心传递给自己的客户时,客户也会对你深信不疑;如果你没有信心,你的客户自然也不会有信心。从某种角度来看,与其说客户是因为房地产经纪人说话的水平高而被说服的,倒不如说是客户被房地产经纪人坚定的信心所感染而主动说服自己的。

5. 不断给自己加油

有资料记载,英国著名的心理学家哈德飞曾经做过一个关于心理暗示的试验,以揭示消极和积极的暗示对人的影响。他对一组受试者说:你的身体非常非常虚弱,就像一个婴儿一样;你非常瘦弱,你的手指像小鸟爪子那么瘦……渐渐地,该组受试者真的相信了。这时,分别给受试者们一个握力器,发现他们的平均握力仅为十三公斤。然后,他对另一组受试者进行了相反的心理暗示:我现在给你喝的是营养液,拳王泰森都喝这个,所以,你会像拳王一样强壮无比。此时,他又测试这些人的握力,结果发现,他们的平均握力竟然达到了六十四公斤!而事实上,这两组人在正常状态下的正常平均握力都是四十六公斤。

心理暗示的作用由此可见一斑。当一个人收到积极的暗示时,就会浑身充满了力量,身心状况大大超出正常水平;而当他收到负面的不利暗示时,整个人就会变得萎缩无力,大失水准。

无独有偶,阿里巴巴网站的创始人马云在谈到自己的创业历程时,说他感触最深的便是"有一点点成功,就用自己的左手温暖右手"。这里,"用左手温暖右手"的过程,不也是鼓励自己,给自己加油的过程吗?正是有了这种自我激励,马云克服了一个又一个难关,最终将阿里巴巴打造为出色的商业网站,而他自己,也成了50年来《福布斯》杂志封面上第一位来自中国大陆的企业家。

不仅是房地产经纪人,只要你活着,就应当走一条不断超越的向上之路。尽管这条路充满了阻力,中途不可避免地要经受挫折和磨难。当你身处困境中时,唯一能够拯救你的,就是你自己。当你不断地为自己加油,不断地为自己的心灵摇旗呐喊时,你的心底便会涌现出一种强大的力量。这种力量支撑着你,推动着你努力向上走,直至到达人生的顶峰。

房地产经纪人黄力入行快一个月了，眼看着几个和自己同时入职的同事接连开单，而自己却一点儿进展都没有，他有些灰心了。因此，当别人忙着找房源、带客看房时，他就显得无精打采，坐在办公室一个劲儿地叹气。

在房地产经纪的道路上，失意和挫败是难免的。但如果你就此怀疑自己，给自己不利的暗示，很有可能从此一蹶不振。而如果你把自己看做一座待开发的金矿，把磨难看成暂时的考验，抖擞精神，投入工作，奇迹就在不远处。

不断为自己加油，唤醒自己内心那个熟睡的房地产经纪巨人，以最好的精神姿态投入到寻找房源和服务客户上，并投入到房地产经纪事业中，这样你就能实现自己的价值，赢得社会的尊重。

11.4 谦虚

在你年幼的时候，父母和师长就不止一次地教导你一定要谦虚，取得了好的成绩，也不能自满。为此，他们讲述了很多小故事，告诉你"满招损，谦受益"的道理。随着年龄的增长，你更加认识到谦虚谨慎的重要性：谦虚使人进步，并且容易获得他人好感。可以说，很多人一直都是在崇尚谦虚谨慎的人文环境中成长起来的。

伟大的物理学家富兰克林，一生勤于创造，精于发明，还赢得过不下百个学位和头衔。但他的墓碑上，却对自己的成就只字不提，只刻着他生前为自己撰写的几个简单文字：印刷工富兰克林之墓。一个在某方面有所成就的人，也往往是谦虚、谨慎之人，古今中外，概莫能外。成就越加显著，就越要懂得谦虚、谨慎，唯有这样，才能不断地超越自己并走向成功的巅峰。

谦虚、谨慎是一种受人尊重的做人准则和行事风格，也是房地产经纪人赢得客户和业主信赖的重要武器。房地产经纪人掌握广泛的房源信息，以及对房源价值的评估情况，并且具有大量的客户信息等，在专业上具有业主和客户无法比拟的优势。但是，这些都不能成为房地产经纪人在客户及业主面前"自高自大"的理由。

房地产经纪人在客户和业主面前要始终保持谦虚、谨慎的态度，不要因为自己对一切了若指掌，就表现得趾高气扬。没有业主和客户喜欢这样的房地产经纪人：在自己面前昂首挺胸，派头十足，唯恐别人不知道他们的本领。只有那些俯下身来倾听客户和业主需求的房地产经纪人，才能给客户和业主以踏实的感觉，才能赢得他们的信赖。

向客户和业主虚心请教，做一名合格的学生，是房地产经纪人谦虚、谨慎精神的最好写照。大部分人都喜欢谦虚、谨慎的人，而自己却"好为人师"，喜欢为他人"指点迷津"，喜欢这种当老师的受尊重感。因此，房地产经纪人不妨在与客户和业主沟通时，多向他们请教学习，一方面摸清他们的相关信息和内心想法，另一方面满足他们"为人师"的愿望。

原本已经没希望的单子，在房地产经纪人一句虚心请教的话语下，可能"死而复生"，其原因就在于客户认可了房地产经纪人这个人的谦虚品质，从而自己也坦诚相待，知无不言。这正应了房地产经纪行业内那句话：先把自己卖给客户，再把房屋卖给客户。

在客户和业主面前谦虚、谨慎，不是空喊口号，而是要房地产经纪人将这种心态和精神落实到行动中去，如图11-3所示。

---

1. **不懂时，不装懂**

   在做房地产经纪工作时，遇到自己不明白的地方，不要不懂装懂，蒙混客户或业主，而要据实以报，待弄明白后，再给予客户正确的答复。不懂装懂无异于欺骗，被揭穿后，就很难再赢得客户和业主的信任

2. **放低自己的姿态**

   保持真诚，时时把自己摆在学生的位置；切忌口出狂言；切忌目中无人，低眼看人；取得成绩也不要骄傲，一切从零开始；永远不要打断客户或业主说话，更不能反驳他们

3. **善于向他人学习**

   善于发现同事、客户、业主等人的长处，并向其请教，以提高自己的素质；主动向业界精英和前辈学习，改正自己的错误，充实自己的技能和知识；任何时候，都不要忘记向他人求教。当遭到客户或业主拒绝之时，话术如下：

   "先生/女士，很抱歉，我是一个月前新加入公司的，因此我有很多地方做得还不到位，但是我很喜欢这份工作，在您否决我之前，您能不能给我的工作提几点指导意见呢？"

图11-3　房地产经纪人谦虚、谨慎的行为表现

谦虚使人进步，谦虚谨慎的工作态度使人业绩突飞猛进。当一名房地产经纪人对自己的工作、同事、业主和客户都虚心以待时，他很有可能已经走在了业绩飘红的路上。

11.5 挫折

人生不如意之事，十有八九。上天对每个人都是公平的，没有一个人能够避免坎坷、挫折、磨难，没有人可以随随便便取得成功。普通大众与少数精英的最大区别，就在于当遭遇困难与挫折的时候，扛不扛得过去。有些人连面对挫折的勇气都没有，更不用说挑战和战胜挫折了；有些人屡败屡战，越挫越勇；而许多人则是一败涂地，再败再涂地，从此便不敢再做尝试了。长此以往，有志之士也将沦落为一介庸人。

房地产经纪工作可以说是世界上最难的工作之一，它需要你与不同的人打交道，困难重重。面对企业内部各种制度和人际关系的掣肘；不断加码的业绩指标；难以揣测的客户与业主的情绪和想法；防不胜防的同行竞争……房地产经纪人常常被压得喘不过气来。在这些挫折面前，是迎头直上，笑到最后，还是退避三舍，成为一介庸人呢？这成为许多房地产经纪人经常面临的两难选择。

在一个偶然的机会下，小孙通过朋友介绍成为了一名房地产经纪人。在没开始上班之前，她一直觉得做这行衣着光鲜，而且工作轻松，不过是在办公室里面打打电话，将手头的房源和客户配个对，然后就是看房、开单，非常惬意、简单。

但当她入职之后，才发现现实和想象的差距那么大：业绩指标当前，她每天都得早出晚归、全天候待命，既要找房源还要找客户，连正常休息时间都没有。在她谈起刚入行的经历时，小孙还是感慨万千，"第一个月最难熬，可以说是处处受挫。因为在这一个月中，要学的东西实在太多了，而且第一张单始终开不出去，这让我感到压力非常大，再加上与同事们的相处和磨合，经常让我产生强烈的受挫感。但是，我咬牙挺下来了，当我拿到第一个订单后，我觉得非常有成就感。"

在小孙从业的3年时间里，做过的单子很多，遭遇的挫折也很多。其中，有一笔单子给她留下了深刻的印象。她说:"前年的时候,当时接到一个五六百万元的大单。第一次看房之后,客户的确也有购买的意向,但是和业主的价格始终谈不拢。而在此后的一个月时间里,这个客户几乎每周都要去看房一两次,每次都试图挑毛病压价。让我在欢喜之余,又备受折磨。当时就连我们店长都觉得这是一个很难伺候的主儿,劝我放弃,不要浪费太多时间。不过,我还是选择坚持下去,在客户和业主之间做好了牵线人的工作。经过几次谈判,终于做成了这笔业务。"

小孙在多年的房地产经纪工作中,从形形色色的客户、业主和同事那儿学到了很多东西,她觉得其中最重要的一点就是:有一颗面对挫折永不放弃的心,困难来了,迎头顶上,往往能开启一番新局面。

小孙以她的切身经历告诉你:挫折其实并不可怕,只要你把它们当成前进路上的垫脚石踩着向前,就能走到成功的尽头。

做任何事情都难免会遇到挫折,做房地产经纪更是如此,遇到挫折后若轻易放弃,也就失掉了成功的可能。所以,房地产经纪人一定要正确认识挫折,将挫折当成一次提升自己的机会,将挫折当成交易达成的前奏,坚定地走下去。例如,在面对客户的拒绝时,不要就此放弃,一定要从容淡定,继续跟进;在遭遇市场低潮期时,也不要灰心,而是转而积累客户,巩固客户关系,搜集房源,为下次成交高峰期的到来做好准备等。具体说来,房地产经纪人可采用4种方法战胜挫折,勇往直前,如图11-4所示。

正视挫折	暂时转移注意力
正视挫折,不要回避挫折,逃避是解决不了任何问题的。挫折其实并不可怕,每一个挫折都对应着多种解决方法	遇到不顺心的事情,不妨暂时将它们抛到一边,想想自己以前是如何克服困难的,或者约几个朋友逛街、唱歌、大吃一顿,然后再专注于工作
向他人倾诉	寻求有效的帮助
遇到挫折,不妨向上级或者朋友倾诉自己遇到的困难。很多时候,把挫折说出来后就不会再有压抑感,心情也更为豁达、轻松,还有助于更好地投入工作	单凭房地产经纪人一人之力,不可能解决工作中遇到的所有问题。所以,出现困难时,房地产经纪人不要总是一个人面对,可以试着求助于团队、上级领导等,也许他们能轻易化解困境

图11-4 房地产经纪人战胜挫折的4种方法

《世界上最伟大的推销员》里面有一段文字写得非常好："我的字典里不再有放弃、不可能、办不到、没法子、成问题、失败、行不通、没希望、退缩这类愚蠢的字眼。我要尽量避免绝望，一旦受到它的威胁，立即想方设法地向它挑战。我要辛勤耕耘，忍受苦楚。我放眼未来，勇往直前，不再理会脚下的障碍。我坚信，沙漠尽头必是绿洲。"一语道破了伟大的推销员面对挫折、困难的态度，也为广大的房地产经纪人提供了强大的精神动力。一句话，不经历风雨怎能见彩虹！

11.6 宽容

人们常用"宰相肚里能撑船"，来夸赞"宰相"的气量大，胸襟广。这句话反过来说同样成立，"肚里能撑船的人才有可能做宰相"，也就是说，一个人有多大的胸怀，就能有多大的事业。气量狭小，容不下他人的人，就很有可能出现周瑜"既生瑜，何生亮"的嫉妒心理，有害自己的身心健康。

做销售，做业务，或者做经纪，与他人打交道的机会多，受到误解、质疑和拒绝的机会也不少，因此，要讲求"心宽体胖"。否则，凡事斤斤计较，和他人"针尖对麦芒"，既毁了交情和生意，还惹得自己大动肝火，不利于自己的身心健康。

而作为一名房地产经纪人，能不能在面临客户诘难和误解之时，保持一颗宽容的心，往往关系到自己与客户关系的好坏，以及业绩的好坏。

张丹是某房地产经纪公司的中介，她真诚地对待业主与客户，就像对待自己的朋友一样，哪怕自己受了什么误会，也从不会埋怨他人，她总是用一颗宽容之心去化解业主和客户心头的疙瘩。因此，她和很多业主和客户都成了好朋友，业绩自然高高在上，也经常受到领导的夸奖。

张丹有一位客户是一位专业的炒房客，她有好几套房屋都是张丹经手办理的买卖合同。不过，有一次，他们的合作出现了隔阂。

事情是这样的，由于客户觉得自己的一套房已经达到了自己的预期收益，决定在短期内将它售出，免得生出什么变数。张丹那儿有一个客户对那套房表示出浓厚的兴趣，说自己认准了这套房。于是，张丹就下了"军令状"，保证在半个月内把事情办妥。

而客户此时已经又投资了一套房，急需利用卖出这套房得来的资金供新房屋。可惜，事与愿违，由于一些突发情况，张丹没能将房屋及时卖出。就这样，客户对张丹发了一通火气，还声称以后再也不和她合作了。

后来，一天早上，张丹听说该客户的母亲得了重病，去了很多医院，都拿那病没办法。张丹的叔叔是一名老中医，专制疑难杂症，在家乡小有名气。她就主动给客户打电话，将自己叔叔的情况和客户介绍了下。客户很感激，接受了她的善意。后来，在张丹叔叔的调养下，客户的母亲竟然神奇康复了。

人心都是肉长的，客户被她这种"以德报怨"的度量打动了，从此更把张丹当成好朋友，后来把自己的炒房业务都交给张丹办理。不仅这样，他还经常介绍生意上的朋友给张丹认识，让他们把业务也放到张丹这里来。

工作中，多一点宽容，多一点理解，就会多一个业绩提升的机会，多一份成交的喜悦。客户有误解，对房地产经纪人发火，并不可怕，可怕的是如果房地产经纪人的心就像针眼那么小，很可能会让狭隘蒙住了心智，甚至和客户唇枪舌战。

从更宽泛的角度去看，宽容还是房地产经纪人的快乐之本，更是房地产经纪人保持身心愉悦的秘籍。对于客户或业主无意的误解泰然处之，友谊之树就会常青不倒；不计较同事的中伤，那么彼此之间便能团结；宽容领导暂时的失察，能使工作更顺利、更协调；宽容下属的无心冒犯，会让他们从此更自觉。

对那些刚刚踏上房地产经纪岗位的新人来说，宽容还是自己赢得同事、上司好感，以及客户和业主青睐的优良品质。所以，请学会宽容，就像站在云端，俯视自己的工作和周围的人，将自己的身心调节到最佳的状态。

11.7 恒心

没有失败，只有放弃。当你遭遇困境，或者心生疲惫，坚持不住的时候，只需再坚持一下，也许就是那么一小下，奇迹就发生了。当然，有时候即使坚持也不能得到理想中的结果，但如果你不坚持，就一定不能得偿所愿。

话虽如此，可是有些房地产经纪人却不见得能在工作中做到持之以恒。被客户或业主拒绝一两次，听到"暂时不购房""房屋已经卖出去了"等论调后，整个人就蔫了。带客看房时，客户给房屋挑几个毛病，说这也不是，那也不行后，就觉得这笔交易无法达成了。在工作中，业绩不如同事，也不知分析自己的不足之处，就想着打退堂鼓，觉得自己不适合做房地产经纪……长此下去，渐生退意，工作积极性也不高，换言之，就是快要坚持不住了。

其实，业主和客户的拒绝与异议很多都是习惯性的，不是自己的真实意思表达。举例来说，业主不乐意把房屋交给你出售、出租就有多种可能。比如，业主碰巧心情不佳、业主对你了解不够、业主已经把房屋委托其他房地产经纪人了等。如果房地产经纪人一听到业主不肯把房屋交给你租售，就逃之夭夭，选择放弃，很有可能丢掉好房源。所以，房地产经纪人在工作中，不要轻言放弃，坚持下来可能会有意想不到的收获。

再进一步，房地产经纪工作受政策、季节、个人身心状况等影响大，经常出现销售低潮期，导致有些房地产经纪人转行、转业。低潮期当前，就算是再资深的房地产经纪人或是业绩一直保持一定水准的房地产经纪人，也会发生连续两三个月业绩持续滑落的情况。于是，有些房地产经纪人开始怀疑自己是否还要坚持下去。

在房地产经纪低潮期，房地产经纪人精神郁闷，偶尔会丧失冷静，连对自己是何许人都会产生怀疑。事实上，发生这种状况绝对不是没有原因的，可能是没有成功开拓新的客户，可能是活动量不够，房源挖掘不力，也可能是家中发生重大事故或生病让自己失去应有的销售水准等。显而易见，原因大都出在你自己身上，因此，失败的责任也应由你自己来承担。即使是受政策、季节等外部环境影响，也不该丧失理智，放弃"深挖一口井"而去"浅挖十口井"。

当房地产经纪人处于销售低潮期时，请不要轻易放弃自己的工作，放弃自己的行业。当你坚持下来，总有一天你会发现自己当初的选择是何等英明。

那么，如何培养一颗百折不挠、屹立不动的恒心呢？如图11-5所示。

1. 相信坚持的力量

涓涓细水，长流不息，可以磨平巨石的棱角，荡平崎岖的山路。所以，持之以恒是一份对美好未来的执着追求，是对房地产经纪工作的无限热爱，是打动客户和业主的不二法宝

2. 坚持做某件小事

无论是在工作还是生活中，房地产经纪人都可以培养一个小习惯并坚持实行，在潜移默化中形成持之以恒的"做事态度"，以此来锻炼自己的"坚持指数"，并将这种态度扩散到房地产经纪工作中。如坚持每天早上起床后喝一杯水、每天睡前阅读一个小时等

3. 理性面对低潮期

做事情难免会遇到挫折。遇到挫折后若轻易放弃，也就失去了成功的可能。所以，房地产经纪人一定要正确认识挫折，坚定地走下去。如在面对业主和客户的拒绝与异议时，一定要从容、淡定，并继续跟进，而不是就此放弃，因为销售是从被拒绝开始的

4. 把自己的决定告诉身边人

既然决定了走向房地产经纪这一行，就要让身边人都知道自己所从事的工作，以及自己长远的职业规划。这样一来，不仅可以赢得他们的鼓励和帮助，还能激发自己的工作积极性。为了保持言行一致，房地产经纪人别无退路，只有"逼"自己在工作岗位上坚持到成功

图11-5　房地产经纪人塑造持之以恒心态的4种方法

坚持住，别趴下，是拳王阿里击败对手的秘诀，也是推销大师原一平战胜销售低潮期的方法，这也应该成为每一个房地产经纪人要秉持的工作态度和职业操守。总之，所有的曲折就像风吹过大树，持之以恒的是大树的挺拔、直立。

11.8　野心

据国外一家媒体调查显示，超过75%的中国女性渴望获得企业高管职位，与其他国家女性相比，中国女性在职业上更具"野心"。巧合的是，在国内，一家会计师事务所也公布了一项调查，结果表明女性高管占国内企业管理层的34%。而在女性高管中，担任CEO（首席执行官）一职的比例为19%，远远高于全球8%的平均水平。

从上面这两项调查中，你是不是能隐约感到"野心"和成功之间是不是有什么联系呢？

在多数人看来，野心不是一种好东西，它经常让大家联想到狼子野心、野心勃勃等稍带贬低意味的词汇。

所谓"野心"是一种企图心。如果有人动机不纯，用错了地方，会遭到人们唾弃。但如果把它用在事业上，用在工作上，它就成了雄心壮志，成了推动成功的原动力，就像上面的两项调查中所显示的那样。

因此，作为一名房地产经纪人，一定要有"野心"，为自己的业绩和未来描绘美好的蓝图，并为之不懈奋斗。如果你业绩不错，衣食无忧，那么，不要就此停止对更高业绩的追逐。如果你所处的情形非常恶劣，也不要忘了让自己的心沸腾起来，激活自己的"野心"。

有没有"野心"，可以决定一个人能不能在房地产经纪岗位上坚持下去，乃至获得成功。业内，经常有一些业绩不太好的房地产经纪人抱怨自己不适合做房地产经纪，说自己口才差、形象不佳、不具亲和力等。在他们的心目中，业绩冠军都是天生的。因此，他们在房地产经纪岗位上，从来不敢有什么奢望，只求填饱肚子，做一天和尚撞一天钟，混得一日是一日，或等待时机成熟再谋求其他出路。反观另一些房地产经纪人，他们先天条件并不怎么突出，可是从入职那天起，就不甘屈居人后，而是瞄准更高业绩，立志成为业界精英，甚至成为公司的高层管理者。从此，在实战中，他们不断摸索，广泛学习，与优秀房地产经纪人为伍，最终自己也成为了房地产经纪界的成功人士。

那么，房地产经纪人应该如何正确树立"野心"，并将它化作工作中的不竭动力呢？一般来说，房地产经纪人可依照4个步骤走，如图11-6所示。

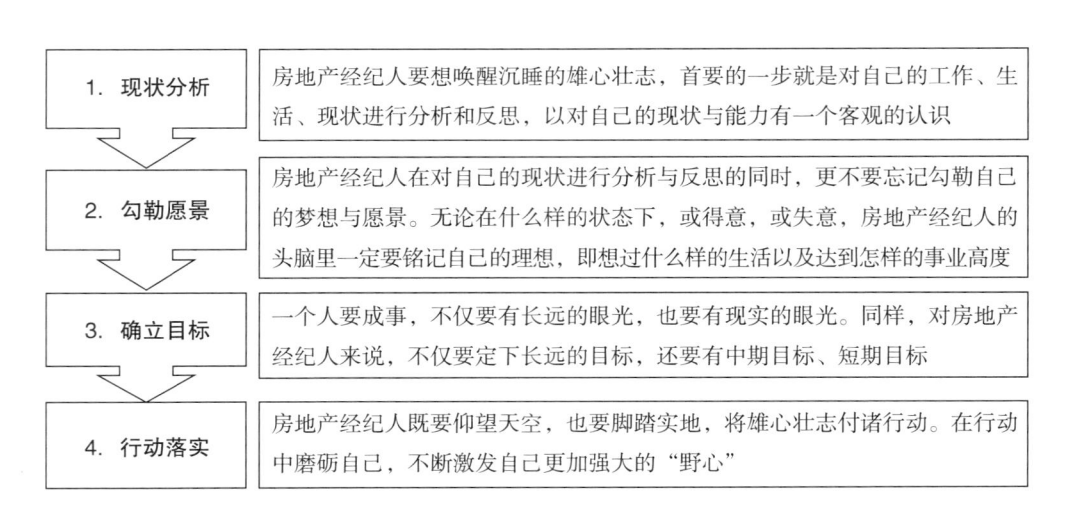

1. 现状分析	房地产经纪人要想唤醒沉睡的雄心壮志，首要的一步就是对自己的工作、生活、现状进行分析和反思，以对自己的现状与能力有一个客观的认识
2. 勾勒愿景	房地产经纪人在对自己的现状进行分析与反思的同时，更不要忘记勾勒自己的梦想与愿景。无论在什么样的状态下，或得意，或失意，房地产经纪人的头脑里一定要铭记自己的理想，即想过什么样的生活以及达到怎样的事业高度
3. 确立目标	一个人要成事，不仅要有长远的眼光，也要有现实的眼光。同样，对房地产经纪人来说，不仅要定下长远的目标，还要有中期目标、短期目标
4. 行动落实	房地产经纪人既要仰望天空，也要脚踏实地，将雄心壮志付诸行动。在行动中磨砺自己，不断激发自己更加强大的"野心"

图11-6 房地产经纪人将"野心"化为行动的4个步骤

总之,"海阔凭鱼跃,天高任鸟飞",心有多"野",心有多大,房地产经纪人就有多大的舞台,就有多大的成长空间。只要房地产经纪人不为自己设限,房产经纪事业就不会为房地产经纪人的成就设限。

11.9 压力

不知从什么时候起,网络流行起了"鸭梨"这个词,"鸭梨很大"成了众多网友的口头禅和个性签名,"××表示鸭梨很大"也成了人们调侃他人的标准用句。这里的"鸭梨"不是一种水果,而是"压力"的谐音。"鸭梨"不是网络中的空穴来风,而是大家在现实生活中遭受压力的影子。繁忙的工作、学习和生活压得你喘不过气来,你将这种压力宣泄到网络中,苦中作乐,构建了令人忍俊不禁的网络"鸭梨文化"。

是的,压力就像空气一样,时刻围绕着你。不论你是不是房地产经纪人,不管在什么时候,都会随时随地和压力作伴。只不过有的压力时间过程短,并且随着压力源的解除,你的压力也就消失了;或者某些压力的强度不足以引起焦虑、抑郁等心理顽疾,你甚至感觉不到它们的存在。只有当压力达到一定的强度,或持续一定的时间后,你才顿感"泰山压顶"。

面对迎面而来的"鸭梨",你该何去何从呢?也许下面某电视台新闻主持人的一番话可以给你以启迪。

某位新闻主持人在电视节目中不苟言笑,一本正经,用他那富有磁性的嗓声分析、点评着各种各样的时事问题,从暴风雪到大地震,从网络趣闻到国事要闻。关于他的话题也很多,有骂他卖国贼、汉奸的,也有因他的为民立言和血性文章而奉他为民族脊梁的。然而,无论是哪一种名头,对他来说都是一种压力,一种无处不在的压力。

在一次访谈节目中,访谈主持人问这位新闻主持人:"面对高强度的工作压力,您如何应对?"

"学会关门。"这位新闻主持人道出了他的秘诀。

他说，新闻主持人这个行业就是绞肉机、名利场，一个公众人物在大众的视线里可以很快成为"民族脊梁"，也可能一下子成为"卖国贼"。在这样的环境中，作为主持人就要学会关门。如果不能把这些问题看淡，而是天天活在别人的舌头里，将是一件可怕的事。如果没有一扇"门"把自己关上，就什么都别想干……

于是他在某段新闻结束后，会把与工作有关的一切都关掉。关上"门"之后，外面的一切都和自己没有关系。工作结束，"门"一关，又是另外一个世界。工作时间，可以懊恼，可以得意，工作一旦结束，关上"门"，放自己回到生活中，做回自己，干自己想干的事，逛街、旅游、看电影、喝咖啡……

这位新闻主持人说话直率，直达事物本质，得罪的人也多，他能够顶住外面的流言蜚语，生活得潇洒，正是因为他懂得关"门"。

对压力"关门"，做回自己，干自己想干的事情，去娱乐，去休闲，去放松，其实，这也是上面这位新闻主持人释放压力的过程。如果他每天都紧绷着一根弦，那么，他被门外的世界所累，迟早会被压垮。

在房地产经纪这一行，压力的来源是多方面的，业绩的压力无疑是最重的一个方面。房地产经纪行业竞争激烈，业内曾有人说过："房地产经纪不是人能做的，是神才能做的。"这个说法一点儿都不夸张。那么多的"神"为了完成公司业绩指标，为了业绩飘红，一直处于"高压"状态。

另外，房地产经纪的工作性质决定了房地产经纪人的工作和生活无法明确划清界限，也就决定了其必须承受更大的压力。房地产经纪人的朋友，也许就是其潜在的客户；房地产经纪人的客户，也许会慢慢成为其朋友。要想成为一个优秀的房地产经纪人，就必须不断想办法延长客户的生命周期，让他们重复购买、交叉购买、重复租赁等，让客户为其介绍更多的客户。而在这个过程中，房地产经纪人的工作和生活已经融为了一体，压力弥漫了他所有的空间和时间。

而压力的积累会极大地损害房地产经纪人的健康，即"压力会杀人"。据心理学家研究表明，压力对情绪的影响包括：容易激动、发怒、意志消沉，严重的还会患上神经衰弱，智力功能降低，甚至有自杀倾向等。压力对行为的影响包括：在工作中粗心大意，对批评过度敏感，难以集中精力，缺勤率高，工作态度恶劣，人际关系变坏等。

对此，房地产经纪人要拿出自己的智慧，及时释放压力，维持健康的身心状态。

培训师在课堂上拿起一杯水，然后问台下受训的房地产经纪人，说："各位认为这杯水有多重？"有人说是半斤，有人说是一斤。培训师则说："这杯水的重量并不重要，重要的是你能拿多久？拿一分钟，谁都可以；拿一个小时，可能觉得手酸；拿一天，可能就得进医院了。其实这杯水的重量是一样的，但是你拿得越久，就越觉得沉重。这就像我们承担的压力一样，如果我们一直把压力放在身上，不管时间长短，到最后都会觉得压力越来越沉重而无法承担。我们必须要做的是放下这杯水，休息一下后再拿起这杯水，如此我们才能拿得更久。所以，各位应该将承担的压力于一段时间后适时地放下并好好地休息一下，然后再重新拿起来，如此才可承担更久。"

压力可以压垮一个人，要避免这种情况的发生，你所要做的就是及时放下心头的压力，具体说来，房地产经纪人可以借鉴以下5个秘诀释放压力，如图11-7所示。

> **1. 放松心情，提高承压能力**
> 烦闷、懊恼、愤恨、焦虑、忧伤等不良情绪是产生压力的催化剂，当人在心情愉快时，整个新陈代谢都会改善。因此，要经常保持愉快的心情，培养坚强、乐观、开朗、幽默的性格，培养广泛的爱好和兴趣，始终保持积极向上的生活态度。同时，应当加强对自身意志和魄力的训练，培养自己不畏强手、勇于拼搏的精神，才能不断提高自己对压力的承受能力
>
> **2. 转移注意力，卸掉压力**
> 面对压力，转移注意力是一种很好的办法。压力太重"背"不动了，就放下来不去想它，把注意力转到让你轻松、快乐的事情上来。休息片刻，呼吸一下新鲜空气。一天中多进行几次短暂的休息，做做深呼吸，可以使大脑放松，防止形成压力情绪。如做体育运动能使你很好地发泄。运动完之后会感到很轻松，不知不觉间就释放了压力
>
> **3. 培养乐趣，化解压力**
> 参加短期旅游、爬山远眺、呼吸新鲜空气等活动，能够开阔视野、增加精神活力。忙里偷闲听听音乐、跳跳舞、唱唱歌、聊天逛街、做健身运动等，也是消除疲劳、让紧张的神经得到松弛的有效方法和精神良药
>
> **4. 积极思考，让压力无所遁形**
> 一个富有积极思维的人，往往能冷静地应对各种变化，化逆境为顺境，变压力为动力。所以，房地产经纪人要学会运用积极的思维，抱着"车到山前必有路"的潇洒气概，为自己创造一个积极、有序、宽松、和谐的生存环境
>
> **5. 做情绪的主人**
> 当压力侵袭时，有些房地产经纪人会变得情绪激动或嚣张跋扈，有些则会变得焦急不安或抑郁寡欢，还有些会变得消极或孤僻离群，这些不良情绪对人的心理和身体有着严重的负面影响。作为一名房地产经纪人，任何时候，都应从不良情绪中走出来，学会做自己情绪的主人

图11-7　房地产经纪人释放压力的5个秘诀

压力及时得到释放，你才能一身轻松，否则，重压在身，就像背着一个沉重的包袱奔跑似的，你又怎么能在激烈的房地产经纪竞争中力压群雄，拔得头筹呢？

房地产经纪人面临来自方方面面的压力。从工作时间来说，为客户提供服务的工作性质决定了房地产经纪人的工作时间常常要超出8小时，甚至在12个小时以上都是常事，一般客户在节假日才有时间看房，所以房地产经纪人基本是常年节假日无休。此外，房地产经纪人还要应对客户和业主的刁难和防范，更要面临来自公司业绩考核的压力和同行业的竞争压力，另外还有家庭环境，市场环境等。而要想在这一领域有所成就，必须化压力为动力，使之助你走得更远。

小徐仅仅是一个高中毕业生，在北京才一年半，就被破格提拔为店长。谈及此事，小徐百感交集："我能走到现在，一直是生活的压力在推着我前进。"

原来，小徐家在西北农村，从小家境贫寒，父亲早逝，母亲患有重病需常年吃药，妹妹还在读小学。高中毕业后家人无力承担他的大学费用，他便主动提出要出去赚钱养家。经亲戚介绍进入北京某房地产公司，起初每个月的工资他不但要维持自己的生活，还要把一部分寄回家里去，日子过得举步维艰，常常每天只吃一顿饭。

由于刚步入社会没有销售经验，业绩也并不好，常常完不成目标，面临着被辞退的风险。在这种压力下，小徐只要想到身患重病的母亲还等着他赚钱买药，年幼的妹妹还要靠他供读大学，他就整晚睡不着觉，只想早早天亮出去寻找客户，提高业绩。

在遇到挫折时，他也会鼓励自己说："没关系！这没什么，我下次就能做得更好！"经过他不分昼夜地努力，他不但成为了店长，还攒钱为母亲做了手术，妹妹以后的学费也不用发愁了。

小徐的成功经验表明，在房地产经纪行业中，只要善于利用压力，花更多的心思和精力去面对给你压力的人和事，你总可以把这些压力踩在脚下以让自己站得更高。如果没有高强度和长时间的工作锻炼，不会磨炼出你坚强的意志；如果没有客户和业主的刁难，不会培养出你处理矛盾的技巧和耐心以及细致为客户服务的品质；如果没有公司业绩的考核和生存的考验，你就不会费尽心力寻找客户和业主并努力促成每一笔交易，让自己的业绩保持增长并获得更多的财富；如果没有来自同行业的竞争，你就不会认识到自身的不足和缺陷，并通过比较提升自己，使自己在竞争中立于不败之地。

那么，在认识到压力的积极作用之后，面对形形色色的压力，房地产经纪人应采取什么样的行动来将其善加利用，使之成为前进的驱动力呢？可以参照如图11-8所示的6点。

> 1. 合理判断，及时释放压力
> 虽然压力对人的成长有必不可少的促进作用，但由于每个人性格的不同，对外界压力在内心的反应也不同。当外界刺激给自己造成的压力过大时，很容易产生一些消极的影响，不利于身心健康，还可能使其走向极端。因此，你需要经常问自己："我还能承受这样的压力吗？"如果不能，则需要参照图11-7中的方法，给自己释放压力
> 2. 树立自信，勇敢面对压力
> 在业绩完成情况不太好，或者受到业主或客户不友好的对待，以及基本生活都出现问题时，房地产经纪人很容易否定自己，产生挫败感并想要逃避或放弃。所以在工作中，房地产经纪人要经常保持自信，坚定地认为自己是优秀的，告诉自己不要退缩，遇到的困难都是暂时并可以解决的，要冷静地分析自己所遇到的问题并将其列出，逐个找出解决办法
> 3. 不断激励自己，达成业绩目标
> 把每个月的考核目标写在纸上，贴在房间里醒目的位置，并将这一目标时刻记在自己心里。每接触一位客户，就要想到离自己的目标又近了一步；每做成一笔交易，就要在心里夸奖自己，并给自己一点小小的奖励；每个月如果超额完成了业绩，可以添置自己长时间以来很需要的一样东西。在自己对自己的奖励下，这些原有的压力会转化为对自己的肯定和成就感，并产生更加努力的动力
> 4. 自我考核，将客户和业主给的压力变成动力
> 客户和业主的指责和形形色色的要求很容易增加房地产经纪人的烦躁情绪和思想压力。要想从这种压力中获得前进的动力，房地产经纪人可以给自己设置"客户满意度"月度指标，并请每一位被自己服务过的客户或业主为自己打分，以此激励自己提供更优质的服务。客户和业主从你的这种做法中也可以感受到你所提供的服务的诚意，从而使交易的成功率更高，业绩更好，并形成良性循环
> 5. 找出差距，在竞争中完善自己
> 在面对同行业的激烈竞争时，冷静观察其中做得出色的房地产经纪人的态度、方法、技巧，将一个比自己优秀但相差不太大的房地产经纪人作为追赶目标，列出他的优点和缺点，并将自己的情况加以对照并完善。在自我能力日渐提高中，这种压力会助你越来越优秀，最终成为同业行中的佼佼者
> 6. 寻求帮助，在众人的监督下前进
> 跟家人、朋友或同事多沟通，借助他们的监督和鼓励来达成目标也是一种不错的方法。请家人和朋友来监督自己每个月的工作完成情况，或者与要好的同事建立联盟，互相鼓励和督促，这样可以克服惰性和想要逃避的思想，并由于面子等因素而不得不加倍努力

图11-8　房地产经纪人化压力为动力的方法

加拿大医学教授赛勒认为，压力是人生的燃料。压力是必不可少的，压力也给你提供了前进的驱动力和方向。房地产经纪人在面对压力时一定要正确处理，通过对压力的合理排解，保持对自己和事业的信心，保持对自我的不断激励、严格要求和向同行学习等，努力将如影随形的压力转换成燃料，让它为你的事业和人生发展增加驱动力。

11.10 坚持

人生就像一首交响乐,有高潮也有低潮,如果没有这高高低低的音符,人生就不会如此丰富多彩。对于一名房地产经纪人,尤其是一名刚走上社会,经验不足的房地产经纪人而言,人生的低潮是他无法避免的成功代价。

被客户拒绝、挨老板骂、被同行挖墙脚……所有这些挫折和失意往往对精神不够强大的房地产经纪人都是一次重创。脆弱或偏执的房地产经纪人,在这些打击之下往往会产生消极、悲观的心理,甚至会选择自暴自弃,不愿再去为了自己的理想而拼搏。

当然,对于平凡的年轻人来说,很难达到宠辱不惊、心如止水的境界,遇到打击,消沉一阵,懒散一阵也无可厚非,只要这一阵的时间不是太长,程度不是太深,人生的大方向还在自己的控制之下,就还有重振旗鼓的希望。面对挫折与失败,倘若心中的灯塔不灭,实现人生自我价值的追求不改,就能到达幸福的彼岸。

人生难免会有低潮期,而伟人与一般人最大的不同就在于,伟人善于在人生的低潮期积蓄力量、韬光养晦,把挫折作为自己的磨刀石。那么,你准备好成为一名伟大的房地产经纪人了吗?

就算是再资深的房地产经纪人或是业绩一直保持一定水准的房地产经纪人,也会发生连续两三个月业绩持续滑落的情况,这就是一般房地产经纪人闻之色变的"事业低潮期"。不曾经历过的人绝对不会知道它的杀伤力有多大,曾经经历过的人则会暗暗祈祷噩梦不要再度来临。

但是,低潮期也并不是一无是处的。人总是在顺境中迟钝,在逆境中敏感,这份敏感如果运用得当,就能加深房地产经纪人对生活的认识;如果运用不当,则会给房地产经纪人徒增怨天尤人的消极情绪。想做一名成功的房地产经纪人,就必须学会如何快速走出人生的低潮期,下面就介绍一些帮助处于个人低潮期的房地产经纪人走出困境的方法,具体内容如图11-9所示。

对于大多数房地产经纪人来说,处在人生的低潮期,要学会缩短痛苦的时间,减少痛苦带来的创伤。这时候,超前的设想也许能帮助房地产经纪人平复心情:假定自己在一年后或十年后再来看这些事情,也许不至于这样低迷,因为这些所谓的"重

```
                    房地产经纪人如何走出个人低潮期
        ┌──────────────────┬──────────────────┬──────────────────┐
        │  制订详细的工作   │   借助各种       │  保持永不服输    │
        │  计划并坚决执行   │   积极的人、事、物│    的劲头        │
        │                  │   来激励自己     │                  │
```

制订详细的工作计划并坚决执行	借助各种积极的人、事、物来激励自己	保持永不服输的劲头
房地产经纪人处于个人低潮期时，最容易一蹶不振，什么事也不想干，也不愿意为了自己的事业而努力。这时候，房地产经纪人最好冷静下来为自己制订一个详细的工作计划并强迫自己实施下去，当行动有效果时低潮期也会逐渐过去	生活中很多成功人士都是在经历了挫折与痛苦之后才功成名就的，因此，房地产经纪人要善于借助榜样的力量，在处于逆境时用榜样来激励自己。另外，房地产经纪人还可以借助布置一个积极向上的环境，用一些小物品来提醒自己不要放弃	房地产经纪人要明确地知道，现实生活中的挫折与失败都是不可避免的，但是只要房地产经纪人保持永不服输的劲头，不向现实妥协，比别人多坚持一步，那么他就会很容易获得巨大的成功

图11-9　房地产经纪人如何走出个人低潮期

创"，本来只是微不足道的事情，根本就不值得房地产经纪人沮丧不已。相信当房地产经纪人全身心地投入到自己的事业并努力拼搏时，其低潮期也很快就会过去。

医院里，一个行将就木的病人从房间窗户往外看见一棵树，树叶在瑟瑟秋风中一片片地掉下来，落了一地。病人盯着眼前的苍凉景色，不由得悲从中来，身体也每况愈下，一天不如一天。她说："当树叶全部掉光时，我也就要死了。"一位老画家得知这件事后，用彩笔画了一片翠绿的树叶，挂在这棵树上。就这样，这最后一片叶子始终没掉下来。病人对未来燃起了希望之火，身心状况也慢慢好转，最后竟奇迹般地康复。

这是小说家欧·亨利在他的小说《最后一片叶子》中所讲述故事的主体情节，旨在告诉人们在低迷期要充满希望地坚持下去。萧瑟的周边环境就像房地产经纪中低迷的市场，如果你充满希望地坚持了下来，就能够"守得云开见日出"，如果放弃了，也就永远没有出头之日。

房地产经纪行业受政策和经济大环境影响深远，每一轮的房地产政策调整和经济调整，带来的都是房地产市场的大波动，致使房价忽高忽低，买卖租赁优惠和限制条目多变。每一次楼市新政策的出台，对房地产经纪人来说，都可能会掀起一次销售狂潮，而更多的则是房地产经纪业的寒潮。在这种冷热交替中，尤其是面临业绩寒冬时，房地产经纪人如果不能坚持下来，也就失去了东山再起的机会。

各行各业都有调整期、低迷期，问题是看大家怎么看待这个时期。每一次的市场调整都是一个新的机会，需要房地产经纪人亲自把握。市场低迷期间，人们只能暂时地观望，也就是持币待购，但这不代表今后他们就不购置房产了。既然是这样，市场这个"蛋糕"仍然在那儿，只是暂时封存在你的食盒中。从某种意义上讲，这个"蛋糕"不会缩水，甚至还会膨胀，因为本来这"蛋糕"应该有十个人吃的，结果有人因为承受不住没有"蛋糕"吃的饥饿和痛苦而放弃了，算下来，剩下来的人能吃的"蛋糕"更多了。而那些中途放弃的人就算后来听说"蛋糕"可以吃了，倒过头加入吃"蛋糕"的行列，也得从头开始找"盘子"和"刀叉"，依然赶不上你吃"蛋糕"的速度。另外，房地产经纪市场的低迷总是暂时的，从长远来看，房地产市场低迷与我国经济发展大势不符，必然会转到蒸蒸日上的发展正轨之上。

上面说吃"蛋糕"是打一个比方，"蛋糕"就是房地产经纪市场，"盘子"就是业主，而"刀叉"就是客户。既然在市场低迷期"蛋糕"吃不到口，坐等无益，那房地产经纪人要去做什么呢？没错！何不更加卖力地去稳固和积累业主和客户资源呢？如此一来，等到市场真正恢复的那一天，房地产经纪人就能吃到更多的"蛋糕"，赚到更多的佣金。

可是这种坚持往往需要付出一定的代价，有些人即使对低迷期有充分的认识，仍然会有一丝动摇。有人说，未来几个月只能拿到底薪。这种说法既对，也不对。房地产经纪人可以这样想，假设当前你的工资是五千元左右，一年能挣到六万元，但这并不意味着在市场低迷期，你就挣不到这些钱。因为，即使你连续八个月没挣到一分钱，但是最后四个月完全可能月均挣到两万元！

那么，房地产经纪人怎么才能保证最后四个月能月均挣到两万元呢？答案就是打好前八个月的基础！市场一变，很多人懒得再去跟业主和客户联系，这样的房地产经纪人是不可能用四个月去创造后期的辉煌成就的。为此，曾有房地产经纪界高手这样做：他用八个月的时间去聊100个客户或者业主。当然，他们必须是真正有购房、卖房需求的。靠这八个月的时间，取得他们的信任，并了解他们的需求。市场一旦回暖，这些客户成单率高达百分之四十，这样他一年的成交套数甚至可以达到四十套，再加上新开发的客户，以及新掌握的房源。一年下来，他的成交量已经在众多房地产经纪人当中遥遥领先了。

数年来，房地产经纪行业在经历各种起起伏伏之后，有的人受不了低迷的市场而选择退出。然而，还有这么一批人，他们在这条道路上执着走下去，并相信很快就会雨过天晴，所以他们笑到了最后。房地产经纪人小张就是一个用坚持赢得胜利的例子。

和大多数人一样，怀揣着到沿海城市寻求一片天地的梦想，2008年，年仅16岁的小张辍学离开家乡，独自一人到沿海某市闯荡。当时，大多数的同龄孩子还待在父母的身边，而小张脑子里更多的是想自己独立、自己闯下一片天地。但是很不巧，2008年，该市的房地产市场正处于低谷，而小张正好就是在那时入行的。几个月下来，他几乎没有任何业务，随身携带的五千多块钱也花完了，还向朋友借了不少钱，他只能维持每天只吃两顿的生活。

顶着巨大的压力，小张只能自己调整，也不敢告知父母自己的处境。但是，倔强的他从没想过放弃。用小张的话来说："如果遇到小挫折就放弃的话，会对这个行业产生阴影。任何一个行业，都是越在冷清的时候越有机遇。"正是这样执着的精神，支撑着小张在市场低迷期仍然投入百分之百的激情去工作。

很多同行业或者同公司的房地产经纪人见长时间以来都卖不出一套房屋，纷纷改行投入到其他工作中去了，坚持下来的也有些整天愁眉苦脸，做事拖拖拉拉，而小张却没有随波逐流。他不仅每天照常上下班，还是每天第一个到达公司和最后一个离开公司的人。对于那些上门打听房地产信息的客户和业主，他也抱着极大的耐心去给他们解释，并且他依然积极地联系和寻找客户和业主，虽然很多客户和业主当时并没有从他那里购房或者委托他卖房，但他交到了很多的朋友。

后来，房地产市场的低迷期终于过去，那些以前和小张一起聊天的客户和业主都纷纷找上了他，并且成为了他的准客户。他们还很信任地把亲戚、朋友介绍给了小张，小张的业绩突飞猛进起来。

现在的小张，容光焕发，手下已拥有一个10余人的团队。并且他还荣登店长之位，历经磨难终见彩虹。小张终于从一个懵懂的少年，成长为独立撑起自己天空的青年。几年间，小张走过了工厂小职员生活，跻身该市房地产行业，目睹了房地产行业的风起云涌，身边的人来来往往，但唯一不变的是他这颗坚持的心，以及一路走到最

后的决心。

在低迷期步入房地产经纪行业，小张用坚持来孕育经纪事业的高潮。著名作家约翰生说过："成大事不在于力量的大小，而在于能坚持多久。"房地产经纪人小张，就是一个真实的写照。

事物都有双重性，往往在市场困难的时候又是最容易学本事和练内功的时候，也是最可以培养人和锻炼人的时候，房地产经纪人何不借此机会练就一下自己的良好心态，提高自己的综合实力呢？没有经过市场困境便不算经历丰富，没有经过市场磨难便不算真正成熟。做房地产经纪人需要有坚定的信念和毅力。凡是真正成功的房地产经纪人都是历经风雨，克服各种艰难险阻的，并且每一个房地产经纪企业和房地产经纪人都一样，只要坚持到底，必定会迎来胜利的曙光。